プラトンのミュートス

國方栄二 著

京都大学学術出版会

αἰτία ἑλομένου· θεὸς ἀναίτιος.

責めは選ぶ者にある
神にはいかなる責めもない

Respublica 617E

はじめに

ミュートスとは何か。ミュートス（μῦθος）は古代ギリシア語であるが、英語の myth からも連想されるように、「神話」「物語」を意味する言葉として受けとめられるのが普通である。それとともに、ミュートスは論理や理性を表わすロゴスと区別されて、真実でない話、荒唐無稽な話というように理解されることが多いと言うことができる。英語でも‘a sheer myth’と言えば、「まったくの作り話だ」という意味になるから、ミュートスは真実でないこと、つまり嘘を語るものという意味を負ってきた言葉ということになろう。一方、哲学は、とりわけギリシアにおけるその最初の形態である「知を愛する（ピロソピアー）」営みとしての哲学は、ロゴスのひとつとして、人間がみずからの知性によって世界や人間について、古い宗教や因習的な観念から解放され、純粋にその本質を認識することを目的とするものであり、そのためにも、できるだけミュートス的な要素を排除するのでなければ哲学は成立しえないというのが、いつの間にかわれわれの共通の理解になってきている。

しかしながら、ギリシア文化の初源に遡って、哲学誕生のプロセスを検討すれば、この非合理的なミュートスから合理的なロゴスへという見方が誤っていることは直ちに明らかとなる。哲学者プラトン（前四二七—三四七年）は対話篇の中でしばしばミュートスを登場させたが、今述べたような誤解があるために、「プラトンのミュートス」はこれまで十分な理解が得られなかったと言っても過言ではない。本書は、ミュートスを語ることと哲学との深い関わりを指摘することによって、プラトンが哲学の文脈の中でミュートスを語った意義を明らかにしようとするものである。

なお、巻頭に載せたエピグラフ「責めは選ぶ者にある、神にはいかなる責めもない」は、恩師森進一先生のお好きな言葉であったが、プラトンのミュートスを読み解くさいのキー・コンセプトになると信じて掲げたものである。

目次

第一部

ミュートスとロゴス

第一章　神話と哲学

ギリシア神話は、ホメロスとヘシオドスに代表される神話的表象の世界であり、一民族の宗教あるいは文学としても稀有とすべき神話の一群である。ホメロスは青銅器時代の最後に位置するアカイア人たちの有様を描いている。『イリアス』は、トロイア戦争十年目に展開された戦闘を、なかでも英雄アキレウスの怒りを語り、『オデュッセイア』はこの戦争が終結し故郷イタケ島へ帰還する途次のオデュッセウスの漂泊、冒険について歌う。これら二大叙事詩の作者として、前八世紀にエーゲ海東部のイオニアと呼ばれる地方に住んでいたと思われるホメロスその人の同定に関しては、近年ではこれらが単一の作者の手になるものではなく、むしろ数世代にわたる吟遊詩人たちが伝承するなかで成立したものであるという主張が一定のコンセンサスを得ている。いずれにしてもホメロスの名で知られるこの詩人（あるいは詩人たち）が長期にわたる口誦による伝承の時代の最後期に位置し、先達から受容した詩の伝承を劇的に新しいものにつくりかえ、それによって生まれた叙事詩が後代のギリシア人にさまざまな領域において深い影響をあたえた、と言うことができるだろう。もう一人の偉大なる詩人であるヘシオドスは、『神統記』（より正確には『神々の生誕』）と『仕事と日』の作者として世に知られる。ヘシオドスにはほかにも作品が帰されることもあるが、少なくともこれら二作品は間違いなくヘシオドスの作であり、しかも現存する。これらはホメロスの作品と比べて、完成度において劣るようにも思われるが、原初の段階から至高神ゼウスがその地位を確立する時代までの世界の歴史を扱った『神統記』、農民として生きる者にあてた、さまざまな教訓にみちた『仕事と日』——これらは、ギリシア人たちにとってその教養の源泉でありえたという点では、ホメロスに少しも劣ることがなかった。無文字社会におけるこれらの口誦文学の目的は、一民族が保有する経験や知識の集積を次世代に伝え遺《のこ》すことにあったことは、すでに指摘されているとおりである。(1) それらはギリシア的教養の一大エンサイクロペディアであったと言えよう。

しかしながら、このように評価される一方で、哲学や科学の目から見れば、これらは単に神話でしかないという見方がもう一方にある。むしろこちらのほうが哲学史、科学史においては普通の見方であると言えるかもしれない。けれども、古代における評価はけっしてそのような過小なものではなかった。ヘロドトスはギリシア人のために神々の誕生と性格とを確立したのはホメロス、そして彼より少し後に活躍したヘシオドスである、と記している（『歴史』第二巻五三節）。ヘロドトスは「わたしの時代より四〇〇年以前に」（すなわち前八三〇年頃）としているが、ホメロス、ヘシオドスの年代設定としては、それほど的外れとは言えないだろう。しかもより重要であるのは、ヘロドトスが彼らをすぐれた神話伝承者としているだけではなく、歴史の資料としても第一級のものと見ていることである。さらに、ホメロスとヘシオドスが、ギリシア人にとって歴史においてのみならず文化全般において重要な意味をもっていたことは、プラトンが『国家』において教育論を展開するにあたって、まずミュートス（物語）を、それも小さなミュートスではなく、大きなミュートスとして、ホメロス、ヘシオドスの物語を標的にしていることからも理解できる。これはギリシア人にとって当然とも言えることであった。

われわれが以下においてまず考察するのは、哲学の誕生にさいしてこれら神話群が哲学とどのような関係にあったかという問題である。これについて今日常識として受け入れられているのは、「哲学は、神話であることをやめることによって、哲学となった」（ヴェルナン）という主張である。この広くおこなわれている想定について検討することは、本書の研究課題であるプラトンのミュートスを考えるうえでも重要である。例えば、ヘーゲルのように、プラトンのミュートスは彼の哲学の全体において消極的な意味しかもたないと否定的な評価を下すのでないならば、そもそもミュートスが哲学の誕生期においていかなる意義を有するものであったかを、とにもかくにも確認しておかなければならない。われわれがまずホメロス、ヘシオドスから議論を始めた理由も実はここにある。

ところで、この主張は哲学だけでなく、自然科学、医学、歴史といったあらゆる学問についてその成立を考えるさいに、常識的な知見として広く認定されている。これによるならば、人間知性に基づく学問は、神話的要素をできるだけ排除することによって成立したということになる。神話的表象と合理的思考とを二分法的に対立するものとみなすことに大きく貢献したのは、おそらくカントからヘーゲルにいたる一八世紀後半のドイツ観念論哲学ではないかと考えられる。特に、G・W・F・ヘーゲルがその初期の著作『精神現象学（*Phänomenologie des Geistes*）』の中で、人間精神が未熟な状態から徐々に成熟した状態へ移行、発展するという理論を提示したことが直接間接に影響して、その後の哲学史家たちは、神話的思考は概念を用いておこなわれる哲学的思考と取って代わられたという見方を自明のこととして受け入れるようになった。その嚆矢となったのは言うまでもなくE・ツェラー（Zeller）の手になる大部のギリシア哲学史であるが、これを最も明確なかたちで主張したのは、W・ネストレ（Nestle）の『ミュートスからロゴスへ（*Vom Mythos zum Logos*）』であろう。[2] その最初の頁は次のような書き出しで始められている。

> 地上の表面を原初において完全に覆っていた水が少しずつ引いて、島嶼や大陸が出現したように、最初期の人間にとっても、彼を取り巻く世界と彼自身の自然本性を覆う神話的思考の層は、悠久の時を経て少しずつ後退し、合理的精神の次第に大きくなりつつある領域が開かれ、光が投じられた。[3]

ネストレにとっては神話的思考を表わすミュートスと合理的精神のロゴスとは、互いに水と油のように相容れることのない対立的な概念であって、ロゴスの勃興は同時にミュートスの終焉をも意味していた。同じ頁には次のような記述もある。

> ミュートスとロゴス――これらの言葉でわれわれは、人間の精神がその間で揺れ動く二つの極点を意味している。ミュートス的な表象とロゴス的な思考とは相対立しあう。前者は意図することなく、無意識のものより創造し、形成し、具象的であるのに比べ、後者は意図を伴い、意識的に分析と総合をおこない、概念的である。[4]（強調は原著者）

ネストレにとっては、ギリシアの科学、学問は、ミュートス的要素をできるかぎり排除し、ロゴス的精神がそれに取って代わることによって、成立する。[5] そして、その第一歩を踏み出したのはイオニアの自然学者たちである。

一般にギリシア哲学の創始者として認められている人びと、いわゆる「ソクラテス以前の」思想家の最初のグループを構成するのは、タレス、アナクシマンドロス、アナクシメネスであるが、これらの人たちは、エーゲ海を越えて、ギリシア本土の対岸に位置するイオニアと呼ばれる地域のうち、ミレトスという都市の出身である。前六世紀における彼らの活動をもっとも適切に言い表わす言葉は、後にヘロドトスの作品に冠された「ヒストリアー（ἱστορία）」であろう。「探求」という意味である。アリストテレスがホメロス、ヘシオドスらを「神話を語る人びと」の意で「ミュートロゴイ（μυθολόγοι）」と名づけたのに対して、彼らにはこれと区別する意味で、「ピュシコイ（φυσικοί）」という呼称を用いている。すなわち「自然を論ずる者たち」の意である。ミュートロゴイたちも世界の成り立ちについて語るが、彼らと自然論者たちと異なるのは、自然論者たちが、神々の、あるいは人間の祖先が誰で、どの神の血筋を引いているのかではなく、自然について、それが究極的にはどのような基本要素から生じたかを問うたところにある。神話的思考は、ガイア（大地の女神）やウーラノス（天空の神）といった神々を登場させ、神々の結婚の連鎖によってものの生成を説明したが、彼らははじめて生成の原理を「乾いた」とか「湿った」とか、「冷たい」とか「熱い」とかいった、われわれが現に経験しているものの性質に置換し、それらにいわば定冠詞を付することによって、「乾いたもの」「湿ったもの」「冷たいもの」「熱いもの」として客体化した。むろんいわゆる基本要素なるものを何と同定するかにおいて、彼らは幼稚な誤りを犯したかもしれないが、それはまた現象の観察とヴェリフィケーション（検証）を通じて、修正することが可能なことであった。かくして超経験的なものから経験的なものへ生成の説明原理を置き換えるという作業によって、今日の科学の萌芽となるものがギリシアに誕生した。このことはわれわれが神話的思考からできるだけ遠ざかることによってのみ可能であった。――これがネストレやその他の学者たちによってつくられ、今日ほとんど常識とみなされている見解である。

イオニア自然学者たちの第一の貢献が、経験される世界の中の身近なものに説明原理を求めたことにあったという見方そのものは、けっして間違っていない。アリストテレスが「最初に哲学した」人たちと呼んだイオニア人たちが哲学を含め科学の発達において新たな一歩を踏み出したことは紛《まが》うことのない事実である。むしろ、われわれが問題とするのは、この新たな自然の発見が、科学が超自然的なもの、不合理的なものを徐々に排除していったことで可能となったのか、ひと言で言えば、「ミュートスからロゴスへ」という移行を表わすものであるのかということである。しかしながら、この一見わかりやすい「ミュートスからロゴスへ」という図式は実際とうまく適合しないことに、ネストレ自身がすでに気づいていた。初期の哲学者たちが現に多くの神話的表象を用いている一方で、ホメロスの神々は合理的精神に基づいた行動をとっている。ヘシオドスの『神統記』もまた伝承された神話を統一的な視点のもとに合理的に整理しようとする動きがある。[6] 一般に神話が従来に考えられてきた以上に合理性を有することを明らかにしたのは、フランスの構造主義者たちである。レヴィ＝ストロース、M・デティエンヌ、P・ヴェルナン、ヴィダル＝ナケといった研究者たちが、次々と成果を発表し、その影響は英米圏にまで波及する勢いを見せている。[7] これらの研究を待つまでもなく、もともとミュートスからロゴスへ移行する決定的な瞬間、すなわち両者を截然と切り離し、その移行の時点を特定化することが困難であることは容易に理解しうるであろう。ネストレはホメロスが神話的伝承の最後に位置すると想定することによって、この難を逃れようとした。[8] 同様に、ギリシア神話研究で著名なG・S・カーク（Kirk）も、ギリシア人が純然たるミュートスの時代を新石器時代にもっていたのであろうと、架空の時代設定をおこなっている。[9] カークもまた、ホメロスやヘシオドスの作品に合理的精神が見られることから、ギリシア神話を不合理なものとみなすこれまでの見方に強く異議を唱えているが、しかしギリシア神話は他の神話とは異なるという理由から、これは例外的な事例であると考えている。[10] 彼もまた、合理性を欠いた純然たるミュートスと神話的要素を含まない純然たるロゴスを想定することで誤りを犯している、と言わねばならない。いかなるミュートスもまったく不合理なものであるわけではなく、いかなるロゴスもミュートス的要素を完全に排除したものではなく、実際のところは、両者はお互いに一方の要素を含みつつ並存しているからである。

ギリシア哲学の誕生期について論じるさいに、右に述べたネストレの、不合理なミュートスから合理的なロゴスへという図式は、単純でわかりやすい分だけ、多方面において容易に受け入れられた。ソクラテス以前のギリシア哲学を論じた記念碑的な業績である『初期ギリシア哲学』(*Early Greek Philosophy*) で著名なJ・バーネット (Burnet) は、もうひとつの労作『ギリシア哲学——タレスからプラトンへ』(*Greek Philosophy, Thales to Plato*) の中で、原初の哲学者たちに見られる原始的な信仰の残滓を強調することよりも、彼らが彼らの先行者たちといかなる点において異なるかを見ることのほうがはるかに重要であるとしながら、「タレスとその後継者たちにより、ある新しいものが世界に到来した」[11] と述べている。このようなバーネットの見解に対して、強く異議を唱えたのがF・M・コーンフォード (Cornford) である。彼はすぐれたギリシア哲学史家としていくつかの重要な仕事を残したが、若い頃の著作である『宗教から科学へ』(*From Religion to Philosophy*) において、最初期の哲学に見られる、科学的精神と宗教思想との深い関係をはじめて明確に規定することを試みた。彼がこの問題に再び取り組んだのは、その死の直前においてであるが、彼の弟子のひとりであるW・K・C・ガスリー (Guthrie) が編纂したコーンフォードの遺稿集『知恵の初源——ギリシア哲学思想の起源について』(*Principium Sapientiae, The Origines of Greek Philosophical Thought*) では、哲学の初源をミュートスに、あるいは祭儀に求めた。彼がタレスらの思想を今日の自然科学の最初の形態とすることに異を唱えた最も大きな理由は、これらの初期の哲学者たちが「実験」の方法を知らなかったことにある。そのことは、コーンフォードによれば、彼らの思想が自然を直接に観察して得られたものではなく、はるかに思弁的であったことと関係している。それは当時の宗教の体系を世俗化させ、より抽象的な体系に置き換えたものにすぎない。秩序ある世界がいかにして混沌（カオス）から生じたかということも宇宙論的なミュートスと共有する問題でしかないし、さらには、彼らに哲学史的な意義が帰せられている基本要素の設定においても、例えばアイテールとゼウス、アーエール（空気）とハデス、水とポセイドンといったふうに、神話の古い神々を見て取ることができる。それゆえにこそ、それら基本要素は能動的な力を有し、生命をもち、不滅であり、そして神的な存在と考えられたのである。以上のような見解を裏づけるために、コーンフォードは、アナクシマンドロスとヘシオドスの『神統記』との対応関係を明らかにした。これは今日でも大筋において認められているところのものである。コーンフォードの研究は過小評価されるべきものではなく、例えば彼によってはじめてヘシオドス『神統記』に見られるウーラノス―クロノス―ゼウスの三時代区分が、バビュロニアのいわゆるクマルビ伝説とも明瞭な対応関係があることがわかったが、(12)特に初期哲学との関連では、同書のカオスの記述、すなわちカオスよりお互いに反対的なるものが分離して生成し、それらが熱・冷、乾・湿といった性質によって特徴づけられるとされていることが、イオニア科学のモデルとなったことは今日においてなお有力な見解である。

けれども、以上のようなヘシオドス『神統記』とイオニア科学の類似性は夙に指摘されていたことでもある。バーネットもイオニア科学の萌芽がヘシオドスに見られることを認めるのに吝《やぶさ》かではなかったのである。しかし彼は両者が根本的に異なるとした。哲学と神話は異なる。哲学は人間の理性に基づく営為であり、その点において神話とは本質的に別のものだという立場をとった。コーンフォードは初期ギリシア哲学者たちがなお強い神話的影響下にあることを示して、バーネットの解釈を的確に批判したと言うことができるが、しかしこの批判は、初期の哲学に見られる古い不合理的な要素の残滓を指摘したにすぎないのではないか、という疑念も残る。たしかに、問われるべきなのは、イオニアの哲学それ自体において根本的に新しいものは何かというところにある。われわれが目を向けるべきはその新しいもののほうであろう。その新しさのゆえにこそ、アリストテレスが「最初の」哲学者と呼んだことを、われわれはまず確認しておかねばならない。しかしながら、それにもかかわらずバーネットのような解釈には疑問の余地が残っている。そして、われわれが問題にしたいのはこの点である。初期のギリシア哲学者たちは、しばしば誤って考えられているように、擬人化された神話的表象を受け取って、彼らの宇宙論においてこれを非神話化したのではない。むしろ世界がいかにしてその構造を維持しているかという問題を解くにあたって、このような擬人化された神話的表象を利用したということなのである。つまり、哲学誕生のプロセスは、擬人化から非擬人化へではなく、擬人化されたモデルと彼らの新しい哲学とが共存するかたちをとったということである。このことは彼らが残した断片や、彼らの思想に関する間接証言の近年における精査によって、ほぼ事実として承認されているところである。

しかしながら、コーンフォードのいくらか誇張されはしたが、本質的には正当な、神話的モデルと哲学との共存という主張にもかかわらず、神話から哲学へという図式はその後の学者たちを支配してきた。W・K・C・ガスリーも、その著名な哲学史（*History of Greek Hilosophy*）の第一巻において、世界についての神話的・詩的な見地より合理的な見地への移行を認めている。[13] カーク／レイヴン／スコフィールド（Kirk, Raven, Schofield）の『ソクラテス以前の哲学者たち』（*The Presocratic Philosophers*）においても、最初の哲学者タレスが「明らかに神話的説明を払拭しており、そのゆえにこそ、彼の思想がどれほど素朴なものであるにせよ、最初の哲学者であると言うことができるのである」と言い、その素朴さもまた彼の弟子であるアナクシマンドロスによって克服され、世界のみならず人類の起源についても合理的な説明がはじめてあたえられたとされている。[14] もちろん彼らとても、神話的思考が合理的精神に完全に取って代わられたと認定しているわけではない。それは「主として神話的なもの」から「主として合理的なもの」への移行であるとしている。[15] けれども、それが不合理なものの除去によるとする点において、彼らは異口同音の見解を示しており、ここにおいて「……から……へ」という図式がいかに強力なものであるかがわかるのである。

この「……から……へ」という図式は、ただに哲学史においてばかりでなく、他の領域においても絶大なる影響力を誇っている。神話学では、現代の研究者たちで指導的な位置にあるF・グラーフ（Graf）も、世界の神話的説明から離れ、理性に基づく説明を始めた最初の人をタレスとしているし、[16] 歴史学の方面でも、このテシスがいかに強力かについては、スネルなどの言によって明らかである。[17] 一方、ギリシアのミュートスや宗教が地位を奪われ取って代わられたわけではないと主張する学者もいた。そのひとりがE・R・ドッズ（Dodds）で、彼の『ギリシア人と非理性』（*The Greeks and the Irrational*）はもう一方の論陣をはっていると言えよう。[18] これはある意味でコーンフォードの研究の流れを受け継ぐものである。さらに、これとは独立にフランスの構造主義の神話解釈が同じような趣旨の主張をおこなっている。いわゆる構造主義的なアプローチについて一言しておくと、ギリシア人のミュートスがそれ自身の合理性を有することは、レヴィ＝ストロース、ヴェルナン、デティエンヌらの構造主義者たちによって明らかにされ、その成果は今日では英米圏の研究者たちにも影響をあたえつつある。J－P・ヴェルナン（Vernant）は一九六〇年代に『ギリシア思想の起源』（*Les Origines de la pensée grecque*, 1962）や『ギリシア人におけるミュートスと思想』（*Mythe et pensée chez les Grecs*, 1965）において、ギリシア人の理性概念が当時の政治的、社会的背景と類比的に発達を遂げたことを跡づけている（これらの先行的な研究としてL・ジェルヌ（Gernet）がいる）[19]。ヴェルナンはこれらの著作ではいわゆる「ギリシア人の奇跡」という考えを斥けているが、ミュートスからロゴスへの根本的な移行を認める点では、基本線においていまだバーネットらの影響を脱していない[20]。しかし、その同じ著者は一九八〇年代に入ってからは、合理性のさまざまな相を認めることによって、ミュートスに含まれる独特のタイプの合理性を主張した[21]。ギリシア神話には、それ自身の豊かな論理構造が見られるという考えはM・デティエンヌ（Détienne）のいくつかの著作によって明快に示されている[22]。これはむろんレヴィ＝ストロース（Lévi-Strauss）の流れを汲む研究であることは言うまでもない[23]。この神話的論理なるものの実際例については、ここで挙げる必要はないであろう[24]。

さて、神話と哲学との関係、あるいはミュートスとロゴスの関係の問題についてどのような態度をとるかは、われわれの研究の方向を見定めるうえできわめて重要である。言うまでもなく、初期ギリシアにおけるミュートスとロゴスの関係はプラトン哲学の内におけるミュートスとロゴスの関係と同じではない。ミュートスもロゴスもその内実を異にしているからである。プラトンのミュートスは、その内容において伝統的なものに負うところが少なくないとはいえ、ホメロスやヘシオドスが語ったものと同じものではない。『国家』の詩人批判において、プラトンはホメロス、ヘシオドスのミュートスを教育という視点から糾弾しているが、プラトン自身がまた対話篇の中でミュートスを語っている。そのミュートスは明らかにホメロスやヘシオドスのものとは異なった性格をもっている。もうひとつの、ロゴスについても、プラトンにおいては、ソクラテス的な探求、すなわちものの「何であるか」（本質）の追求を出発としており、それ以前の哲学者とはやはりはっきりと内容が異なっている。これらのことは認めておかれねばならないのであるが、しかし、それにもかかわらずプラトン以前におけるロゴスとミュートスの関係を見ておくことは、この上なく重要であると思われる。その理由は、ひとつにはロゴスとミュートスとの関係を単に対立的なものとみなし、ミュートスは完成されたロゴスにとっては無用のもの、言い換えれば、ロゴスが完成されるまでの途上においてのみ有用とされるにすぎない、という単純な見方がヘーゲル以来存在し、これがプラトンのミュートスについての誤った理解に影響しているところが多いからである。またひとつには、われわれはまずプラトン以前にミュートスがどのように語られているかを調査することによって、これとプラトンのミュートスを比較することで、プラトンがミュートスにどのような新しい意味をあたえたのかについて学ぶことができると信じるからである。また、プラトンのミュートスについての最近の研究も、プラトン以前の作家における使用例を丹念に調べることから始めるものが少なくない[25]。そこで、われわれも最近のこのような研究傾向をふまえて同じような調査をすることから始めたい。

われわれは次のような手順で考察を進めることにしたい。その第一は、プラトン以前におけるミュートスとロゴスの使われ方を調査することである。実際にテクストを調査するとすぐに明らかになるように、ミュートス＝神話的思考、ロゴス＝合理性という、われわれがこれらの語でイメージするものとうまく対応しないことがわかる。ミュートスがロゴスと対立的に用いられることは、プラトン以前にはないと言ってよいだろう。プラトンがはじめてこれらを対立的に用い、ミュートスを虚偽（ロゴスの真実と比べて）の意味で用いたのである。そのプラトンにしても、ミュートスがおしなべて虚偽だと言っているわけではない。この点は本書の第二部において明らかにされるであろう。一方、ホメロスやヘシオドスにおいては、ミュートスとロゴスが対比的に用いられることはなく、ロゴスのほうはある限られた意味で用いられるのみでほとんど出てこないというのが実情である。しかも、ロゴスはたいていネガティブな意味合いをもっている。ミュートスのほうは、それ自体にネガティブな意味合いはない。この点では、両者はわれわれがイメージしているものと反対であるとさえ言うことができる。それと同時に、ロゴスに合理性の意味が付与されるのは、いわゆるソクラテス以前期の哲学者たちにおいてであることを確認する必要がある。われわれはここにおいて、ロゴスに新しい意味があたえられていることを知ることができる。(第二章)

手順の第二は、ミュートスの真理性について考察することである。ミュートスを語るということは、真理性という点でどのような意味をもつのか。この点を確認するために、われわれはホメロスからヘシオドスに至るギリシア語のアレーテイア(真実 ἀλήθεια)という言葉について調査することになる。これによってわかるのは、プラトン以前において真実を語る二つの方式があったことである。ひとつは記憶によって伝達される真実(事実)であり、それを体現するのがミュートスである。もうひとつは通常の認識を越えた、そして認識されるものに根拠をあたえる真実(真理)であり、初期哲学者たちが用いたロゴスはこれを体現するものである。真実を語るこれら二つの方式は反発しあうことなく共存していた。(第三章)

[第一部] 第一章 注

（1）ハヴロック（Havelock）は、ホメロスのテクストが口誦文学の正確な記録として、読む人のためではなく聞く人のために遺されたことは、無文字社会においてオーラルの主たる目的がある集団が蓄積する知識を保存し、世代から世代へと伝達することにあったことと関連するとみる。ミルマン・パリー（M. Parry）やその後継者であるアルバート・ロード（A. Lord）らのいわゆるフォーミュラ派に代表される、ホメロス詩は文字で書かれた文学ではなく、吟遊詩人（アオイドス）による一連のパフォーマンスとして理解されるべきだとする主張に対しては、ハヴロックはフォーミュラ派のもうひとりの旗頭でありながらも、批判的である。パリーらがアオイドスらの即興的な作詞（improvisation）を重視したのに対して、ハヴロックはむしろ詩の即興性は二次的なものでしかなく、定型表現の技術はむしろ記憶や記録の手段であることを目的とするとして、正しい見方を示している。Cf. E. Havelock, 1963, chap.5; G. Naddaf, 1999, pp.xi-xiv.

（2）この書はドイツのナチス時代に著わされたということでも特別な意味をもっている。W. Nestle, 1940, S.6: “Diesen Weg vom Mythos zum Logos zu gehen, aus der Unmündigkeit zur Mündigkeit des Geistes emporzuwachsen, scheint den arischen Völkern als denen der höchstbegabten Rasse vorbehalten geblieben zu sein, und unter ihnen lässt sich wieder bei keinem diese Entwicklung so klar verfolgen wie bei den Griechen.”

（3）W. Nestle, 1940, S.1.

（4）W. Nestle, 1940, ibid.

（5）W. Nestle, 1940, S.v.

（6）W. Nestle, 1940, S.24-48.

（7）R. Buxton 編集の書物（*From Myth to Reason? : Studies in the Development of Greek Thought*, Oxford, 1999）はその影響の一端と目すべきものであろう。

(8) W. Nestle, 1940, S.21.
(9) G. S. Kirk, 1970, pp.240, 244.
(10) G. S. Kirk, 1970, p.245.
(11) J. Burnet, 1914, "it is far more important to observe the points in which the Milesians differed from their predecessors, whether Greek or barbarian, than to look for survivals of premitive belief in their speculations. No doubt these exist, and there may well have been more of them than we know; but for all that it is true to say that with Thales and his successors a new thing came into the world" (p.18).
(12) *Principium Sapientiae* (p.249 n.1) に付されたE. R. Doddsの注を参照。
(13) W. K. C. Guthrie, 1953, pp.5, 10.
(14) G. S. Kirk, J. E. Raven, M. Schofield, 1983, pp.99, 142.
(15) W. K. C. Guthrie, 1953, p.1; G. S. Kirk, J. E. Raven, M. Schofield, 1983, p.7.
(16) F. Graf, 1993, p.98.
(17) B. Snell, 1980⁵, S.20. Cf. M. Finley, 1975, pp.17, 30ff. なお、スネルの方法に対する批判としては以下の著作を参照。B. Williams, 1993, pp.21-26; R. Padel, 1992, pp.44-48.
(18) Doddsのこの書についてはG. E. R. Lloyd, 1979, pp.4-5を参照。
(19) 構造主義者たちに影響を与えたのは、L. Gernet, *Recherches sur le développement de la pensée juridique et moral en Grèce*, 1917である。ジェルヌの功績については次の論文を参照されたい。S. von Reden, 1999 (ed. R. Buxton).
(20) この点についてはG. S. Kirk, 1974, pp.276-278を、「ギリシア人の奇跡」については、L. Gernet, *Les Grecs sans miracle: Textes réunis et présentés par Riccardo di Donato*, 1983を参照。
(21) 同著者の*Passé et présente: Contributions àune psychologie historique réuniès par Riccardo di Donato*, 1995(特にpp.292-293, 303)を参照。
(22) 例えば、*Les Jardins d'Adonis: La Mythologie des aromates en Grèce*, 1972.

（23）同じような結論は、構造主義者以外からも、W・ブルケルト（Burkert）らによって出された。W. Burkert, *Structure and History in Greek Mythology and Ritual*, 1979, pp.5ff.

（24）それらについては今挙げた諸書を参照されればよいであろう。本書では、構造主義的な手法は採用しないことを断っておかねばならない。プラトンのミュートスは問答法的な議論と密接に関連しており、いわゆる「神話的思考」なるものをプラトンの解釈に応用できるとは思われないからである（この方面からのプラトンのミュートス解釈の例として、Vidal-Naquet によるアトランティス・ミュートスの解釈を挙げることができる。これに対する反論は第二部で述べられる）。プラトンのミュートスは、伝統的な神話から借用した部分が少なくないが、それにもかかわらず、それらはつねに問答法的な議論を補完、あるいはこれに代わるものとしてのみ理解されうる（Cf. K. Morgan, 2000, pp.37-38）。構造主義者によるギリシア神話一般の解釈に対する批評としては、G. S. Kirk, 1974, pp.80ff. などを参照されたい。

（25）例えば K. Morgan, 2000, M. Janka, 2002 など（ただし、これらの成果によって得られた本書のミュートス解釈は、最近の傾向のものとは必ずしも一致していないことを付言しておく）。

第二章　ミュートスとロゴス

ロゴスとミュートスというと、われわれがロゴスでまず思い浮かべるのは、「言葉」とか「論理」とか、あるいは「理性」という意味であるのに対して、ミュートスのほうは「神話」とか「物語」といった意味合いであろう。mythとは、日本人のわれわれにとっては記紀にみえる神代の世界、すなわち国産みの神話のことであり、他方、欧米人にはギリシア・ローマや、その他の異民族の（キリスト教からいくらか距離をおいたかたちでの）神話を意味している。あるいは、ロゴス（λόγος）はbiology（生物学）やecology（生態学）他のようないわゆる「学」を成立させる、人間の合理的な思考を表わし、ミュートス（μῦθος）はこれに対して人間の非合理的な、時には原始的な表象能力に根づいたものとみなされることが多いと言えよう。けれども、ことをギリシア哲学に限って言えば、ロゴスとミュートスの理解のためには、いささか乱暴な言いかただが、そのような先入観を取っ払って考えるほうがよい。両者は多くの場合ともに単なる「話」以上のものではないからである。例えば、ギリシア語にミュートロギアー（μυθολογία）という表現がある。mythologyといえば神話学と訳されるのが普通であるが、プラトンは晩年の『法律』篇において国家建設をめぐる議論にこの言葉をあてている（752A）。このような例は『国家』にもみられ、対話者ソクラテスはそこで展開される理想国家論をこの名で呼んでいるのである（501E）[1]。文字通りには「ミュートスを述べる」ことであるが、この場合ミュートスは「神話」ではないし、「物語」でもない。強いて訳すならば「話」あるいは「論」ということになる。これと同じようなことはロゴスについても言うことができるだろう。この語を論理とか、理性とかの意味として使うのは、後に述べるように、そのもともとの出自からすれば、どちらかと言うと特殊な、限定された用法であるからである。

　ミュートスとロゴスが初期のギリシア文学の中で対比的に用いられたことは一度もない。まず、ミュートスについて論じることから始めよう。ミュートス（μῦθος）という語の語源は明らかではない。ミュートスおよびその派生語ミューテオマイ（μυθέομαι 物語る）、その他（ἀμύθητος, μυθολογέω など）が出現する。その語根である「ミュー」（μυ-）はもともと「なにかを響かせる」というような意味をもつが[2]、ギリシア語の語源研究で著名なシュミット（Schmidt）は、このような意味はホメロスには見出せないという理由でこの語源説明を斥け、その代わりとして σεπ- を挙げている[3]。しかし、これも形態論的に承認できるものではない。われわれはミュートスの語源を探っても明確な答えを得ることはできない[4]。むしろ、ホメロスにおける実際の用例からその意味合いを考えるほうがよいと思われる。

　ミュートスはホメロスでは五〇回以上現われる。この点ではロゴスと対照的であると言うことができる。ロゴスはホメロスでは二度しか出てこないからである。ホメロスにおけるミュートスは単に「言葉」「話」という意味以上のものではない。その用例をいくつか挙げてみることにしよう。例えば、『イリアス』第七歌では、「アレクサンドロスのミュートス（μῦθον Ἀλεξάνδροιο）」（*Il.* 7. 374, 388）という言葉が二度ほど現われる。プリアモスと伝令使イダイオスによって使われるが、それはギリシア方の王メネラオスに妃ヘレネを返さぬというパリス（アレクサンドロス）の「言葉」である。これに対してディオメデスがそれはトロイア方の破滅を意味するにすぎぬと反論すると、その「ミュートス」（7. 404）にギリシア軍が歓声をあげる。これも「言葉」である。次いで、アガメムノンが伝令使にギリシア軍がどのように対応するか、その「ミュートス」（7. 406）を聞いたであろう、と伝令使に言う。これも「言葉」である。ただし、ミュートスはいつも声として発せられるわけではない。海神テティスとゼウスが相談している様子を見てとったヘレ（ゼウスの妻ヘラのこと）は、なんとかその企みを問いただそうとするが、ゼウスは彼女に答えて、「ヘレよ、わたしのミュートスをなんでも知ろうと思ってはならぬ」（*Il.* 1. 545）と言う。これには「考えていること」というような訳が普通あてられている。しかし、これも声には発せられないが、やはり「言葉」である。このようにホメロスでは（そして後の作家においても）ミュートスは通常「言葉」や「話」以上の意味のものではない。特に限定すれば、話の中で、あるいは話によって語られるもの[5]と言い表わすことが多い。たいてい話を伝える中で、その話に先立って、あるいはその後に用いられている。この報告文の中でという限定はホメロスのすべての用例にではないが、多くの場合にうまく適合している。つまり、ミュートスとは「話」のことであるが、より正確に言うと、報告されるもの（消息）という意味でよく用いられるということである。そして、報告文は、かならず「……によれば」というように、語られることがらを実際に見聞した者（authority）の存在との関連で話される。[6]この点では、ミュートスは主観的な色彩をもつ言葉であると言えるだろう。後に述べるように、真実を表わすアレーテイアもそのような傾向をもっているが、そういう意味では両者は密接な関係を有している。

一方、ロゴスは、少なくとも名詞形のままでは、ホメロスでは極端に用例が少なく、二例を数えるのみである。

（パトロクロスは）物語（λόγοις）をして、無聊を慰めていた。（*Il.* 15. 393）

がその一例で、もうひとつは女神アテナが至高の神ゼウスに、

（アトラスの娘がオデュッセウスを）日夜優しく甘い言葉で（μαλακοῖσι καὶ αἱμυλίοισι λόγοισι）その心を惑わす。（*Od.* 1. 56）

であるが、ここには合理性（rationality）の意味を確認することはできない。その動詞形の「レゴー」（λέγω）はラテン語の「レゴー」（lego）と同様に「集める」を原意とする。[7] このかたちではいくつか用例を集めることができるが、[8] これも特に合理性と結びつく意味合いは実際には見られない。むしろ、ロゴスの使用で注目されるのは、右の『オデュッセイア』の例でもわかるように、否定的な意味が込められていることである。もちろん否定的な形容辞（μαλακοῖσι, αἱμυλίοισι）が付せられているからで、ロゴスはそれ自身は否定的でも肯定的でもない、中性的な意味であるとも言うこともできようが、ホメロスの例があまりかんばしくない意味で使用されていることはやはり注目されてよいだろう。この点はミュートスと対照的である。ミュートスのほうはアレーテイア（真実）と結びついて、むしろ肯定的な意味で用いられていることが多いと言えるからである。この点はあとで改めて確認したい。

ヘシオドスの場合は、今度はロゴスについて先に見ると、

ロゴスども（λόγους）（*Th.* 229）

とあるのは、エリス（争い）の子らを列挙したもので、ポノス（労苦）、レーテー（忘却）、アルゴス（悲嘆）、ヒュスミネス（戦闘）、マケー（戦争）、ポノス（殺害）、アンドロクタシア（殺人）、ネイコス（紛争）、プセウドス（虚偽）、ロゴス、アンピロギア（口争い）、デュスノミア（不法）、アーテー（破滅）といった名前が並ぶが、これらは互いに「ひとつの心根」（すなわち邪心）の者どもと言われている。ここではロゴスはむろん悪い意味で、「空言」「虚言」といった意味合いであろう。

（ゼウスと女神との結婚について）ゼウスは、策を用いて、甘い言葉で（αἱμυλίοισι λόγοισιν）メティスの心を欺き、呑み込んだ。（*Th.* 890）

偽りと甘い言葉（αἱμυλίους λόγους）（*Op.* 78）

（日の吉凶について）上旬の六日に生まれた子は、人を誹り、偽りを語り、甘い言葉（αἱμυλίους λόγους）や内緒話が好きな男になろう。（*Op.* 789）

の三例は明らかにホメロスを模した表現で、ここでもやはりロゴスは虚偽の可能性のある、否定的な意味で用いられていると言うことができる。残る一箇所は、「物語」の意味で使われているところで、有名な五時代説話を述べるにあたり、

もしよければ、物語（λόγον）をもうひとつ語ろう。（*Op.* 106）

としてロゴスを使用している。

一方、ミュートスとなると、『神統記』で三回、『仕事と日』で三回現われる。ヘシオドスの『仕事と日』(Op. 194)では「曲がったミュートス(μύθοισι σκολιοῖς)」と否定的な形容辞がついているが注目される。これはホメロスにはない特徴であるが、その他の例(Th. 169, Op. 194, 206, 263)を見るかぎりでは、ミュートスは「話」「物語」の意味である。『神統記』(Th. 24)の、

このミュートス(μῦθον)を女神はわたしにまず最初に告げた。

とあるのも、今の四例と同じ意味である。羊飼いであった作者ヘシオドスに告げられる物語、つまり『神統記』全編で語られる神々の誕生と闘いの物語を指すのに、ミュートスの語が用いられているのである。ヘシオドスでは、ロゴスもミュートスも、否定的な形容辞がつけば否定的な意味をもつと言えるが、特にロゴスの場合には、しばしば「虚偽(プセウドス)」と結びつけられ、あまりかんばしくない意味をもつことがわかる。このように見ると、ロゴスとミュートスとは通常考えられているのとはまったく逆の関係にあるように見える。ホメロスとヘシオドスを見るかぎりでは、ロゴスはミュートスよりもその意味において否定的なのである。

ただし、これには反対の意見もある。ヘシオドスにおいてミュートスはすでに否定的な意味合いがあると主張する論者もいる。そのひとりが先に挙げた構造主義解釈で知られるM・デティエンヌである。右に述べたように、『仕事と日』(Op. 106)で、五時代説話、すなわち金の時代から、銀の時代、青銅の時代、英雄の時代、そして現在の鉄の時代へと下降する時代の推移についての物語には、ミュートスではなくロゴスの語が用いられている。デティエンヌはこれを真実の物語であるから、と解している。[9] けれども、これに対しては、神が語るときには『神統記』(Th. 24)ではミュートスが用いられていたことが反証となろう。羊飼いヘシオドスに語

られた神の言葉（ミュートス）は、その後に続く「神々の生誕の物語」を指しているが、これには真実も、真実に似た虚偽も含まれており、ミュートスだから虚偽、虚構だと考えられているわけではないのである。[10]

このようにホメロス、ヘシオドスにおいては、ミュートスはロゴスよりも否定的な意味をもっているとは言えない。これらの作家においてミュートスの特徴と言えることは何であろうか。『神統記』（*Th.* 24）のミュートスは、神々によって語られるものである。ヘシオドスはミュートスを神の声として受け入れた。一方、ホメロスにおいてはそのような使用例はない。ホメロスでは、ミュートスは（そしてアレーテイアも）いつも人間によって語られるものである。しばしば用いられる「ミューテーサスタイ」（μυθήσασθαι）は、出来事を見聞した人間が他の人間に伝えるということにほかならない。しかし、出来事を見聞した者が他の者に語るという点では、両者は異なることはないとも言うことができるだろう。つまり、ミュートスはいつもその真実を保証するようなある存在を前提しているということである。ホメロスでは、直接見聞したある人間が他の人間に語り、ヘシオドスでは直接見聞した神々が人間に語るという仕方で、[11]伝達の媒介となる者が人間、神と違いがあるものの、規範となる（normative）存在をかならず想定するということでは同じである。

ミュートスについて全体的なチャートを得るために、辞書を手がかりに意味を列挙してみよう。

μῦθος　I. 1. *word, speech*, freq. in Hom. And other Poets, in sg. And pl.; esp. *mere word*
2. *public speech*
3. *conversation*, mostly in pl.
4. *thing said, fact, matter; threat, command; charge, mission; counsel, advice*
5. *thing thought, unspoken word, purpose, design; matter*

6. *saying*
7. *talk* of men, *rumour; report, message*
II. 1. *tale, story, narrative;* (in Hom, like the later λόγος, without distinction of true or false)
2. *fiction* (opp. λόγος, historic truth)
3. generally, *fiction; legend, myth*
4. *professed work of fiction, children's story, fable*
5. *plot* of a comedy or tragedy

（III は省略）

ロゴスの用法が「計算」「関係」「説明」「比率」など多面的である[12]のに比べて、ミュートスのほうは「語る」というその原初的な意味をつねに残しているのが特徴と言えるかもしれない。Ｉは「語」「話」「噂」等々の文字通り「語られたもの」の意味であり、Ⅱはさらになんらかの筋を含む「物語」の意味となるが、これらも広い意味での「言葉」である。上記のうちホメロス、ヘシオドスで確認される用例はⅠ・1－5、Ⅱ・1である。このうちⅠ－5は先述した『イリアス』（1. 545）のような例である。これら以外の用法では、Ⅱ・5にあるように、劇ではミュートスは筋を表わしている。Ⅱ・2はロゴスと反意的に用いられる場合で、historic truth すなわち「実際に起きたこと」に対する虚構、フィクション[13]を言う。けれども、上に述べたように、少なくとも初期のギリシアにおける用例ではこのような対比は見られない。

ミュートスおよびその派生語がそれ自体に否定的な意味がないことは、その後の作家においても同様に言えるように思われるが、これについても、先に挙げたデティエンヌは異論を述べている。デティエンヌが挙げるいくつかの典拠のうち、比較的よく知られているのはピンダロスの『ネメア祝勝歌』第七歌の一節である。[14]

賢しら（σοφία）がミュートスでもって人を欺く。（*Nem.* 7. 23）

このミュートスは詩人の物語でなく、アキレウスの武具をめぐってオデュッセウスが発した言葉のことである。しかし、文脈を見るかぎり、これは「話」「言葉」でもってということで、嘘、虚偽を含みうる「フィクション」と解釈する必然性はないように思われる。[15] ピンダロスの『オリュンピア祝勝歌』（*Ol.* 1. 29）、『ネメア祝勝歌』（*Nem.* 8. 33）などの例も、ヘシオドスの場合と同じく、否定辞を伴ってのみ否定的な意味をもつにすぎない。

このミュートス＝ネガティブ説が最も有力な根拠とするのが、歴史家のヘロドトスである。実際には『歴史』ではミュートスの語はたった二度しか使用されていないのであるが、第二巻（二三節）では、ナイル川の洪水についての誤った説明にこの語が用いられている。つまりこれをオケアノス川に結びつけようとするもので、ヘロドトスは、オケアノスはホメロスのような詩人の考案したもので、現実にはないと見ている。もうひとつの同巻（四五節）では、エジプト人がおこなっているヘラクレスの犠牲式に関する馬鹿げた話について用いられている。両方ともホメロスやヘシオドスと違い、虚偽の話の意味に近づいていると言えるかもしれない。なんらの根拠もなく語られているもので、ともに斥けられるべきミュートスである。しかしながら、ヘロドトスはどのような話がミュートスに入るかというような仕方で語っているのではない。つまり、これらは斥けられるべきミュートスだと言っているのであって、ミュートスは斥けられるべきだと言っているのではないのである。われわれはこれを混同してはならない。ミュートスはここでもやはり「話」以上の意味ではない。ヘロドトスが同じような虚偽の話についてロゴスという表記も用いていることは注目されてよいであろう。これは第二巻（一一六節）で、ヘレネがトロイアに赴いたことについて二通りの説明があるとして、これらをロゴスの名で呼び、ともに真実ではないとしている。[16]

ヘロドトスは、多分に伝聞に基づくところを、さしたる考証を経ずに記録していることの多い歴史家であるが、一方これより後のトゥキュディデスは、ペロポンネソス戦争の経過をつぶさに見聞し、客観的に分析し、記述した歴史家として知られている。そのトゥキュディデスがミュートスを批判的に述べているとして有名な箇所がある。『歴史』（第一巻二二節）では「物語めいたこと」（τὸ μυθῶδες）を歴史的事実と明確に区別しようとしている。けれども、そのトゥキュディデスも神話物語をすべて非歴史的なものとして排除しているわけではない。第二巻二九節ではテレスとテレウスについて余談を語っているが、そのさいにはその史料であるホメロスを物語作家として批判するどころか、むしろ歴史の典拠として扱っているのである。トゥキュディデスにとってトロイア戦争は歴史的事件であったし、伝説的なミノス王も歴史上の人物とみなされた。彼は時として詩人の物語について疑念を表わす場合もある。しかし、ミュートスそのものを批判しているわけではないことに注意する必要がある。このようにミュートスそのものに否定的な意味を確認することはできない。一方のロゴスのほうは、ホメロスやヘシオドスにおける用例はわずかなものであるが、『オデュッセイア』（1. 56）のように、ロゴスのほうに否定的な意味が込められているのである。その点ではヘシオドスでも同様であった。かくして、以上の文献調査より帰結することは、ミュートスがロゴスに比べて否定的な取り扱いがされていることはないということ、むしろ多くの場合に、ロゴスが否定的な意味合いを背負っているということである。

このロゴスをよりポジティブな意味で用いることは初期ギリシア詩にはなく、むしろそれは哲学者たちの功績であると言うことができる。この点について次に簡単に確認しておこう。[17]

ロゴスは、ここに示されているのに、人びとは、それを聞く以前にも、ひとたび聞い後にも、けっして理解するようにならない。なぜなら、すべてのものごとは、ここに語られたとおりに生じているのに、彼らはまるでそれを見聞きしたためしがないも同然で、しかも、多くの話や事実を見聞きしながらそうなのだ。（ヘラクレイトス断片一）

私にというのではなく、このロゴスに聞いてそれを理解した以上は、それに合わせて、万物は一であることに同意するのが知というものだ。[18]（ヘラクレイトス断片五〇）

ヘラクレイトス（Heracleitos）の書物の最初はロゴスという言葉で始められるが、それはホメロスやヘシオドスにおけるような虚言の意味のものではない。「私」という私的な存在に対して、「ロゴス」は公的なものであり、その公的なものを把握するのが知である（断片二）。ここではロゴスは単なる言葉ではなく、世界を支配する理法とも言うべきものである。

現前してはいないけれども、知性には現前しているものをしっかりと見よ。（パルメニデス断片四）

汝が多くの経験に支えられた習慣に強いられて、この道を行きながら、もの見分けえぬ眼と、鳴りさわぐ耳と舌とを働かせることのないように。

汝はただロゴスによってこそ、わたしによって語られた異論多き論駁を判定せねばならぬ。[19]（パルメニデス断片七）

パルメニデス（Parmenides）が説くのは、認識能力としての感覚と知性・ロゴスとの絶対的な峻別である。感覚はわれわれを欺くがゆえに、真知に至るためには知性によって、ロゴスによって判定するのでなければならない。ヘラクレイトスとパルメニデスとでは、感覚についての評価は同じではない。運動、変化を否定しさるエレア派のパルメニデスにとって、感覚はただ虚妄のものでしかなかったが、ヘラクレイトスのほうは、「博識はノオス（知性）をもつことを教えない」（断片四〇）という言にあるように、単なる知識の集積だけでは真の知に到達しえないとしながらも、感覚や知覚に一定の評価をあたえている。「見えるもの、聞こえるもの、認知しうるもの——そのかぎりのものを私は優先させる」（断片五五）などの断片は、感覚が人間にとってロゴスに至るための前提となるものであり、その意味において評価されるべきものであることを教えている。しかし、ヘラクレイトスにおいても感覚の有限性はたえず強調されている。「目や耳は、その意を解せぬ（バルバロイの）魂をもつ場合には、人びとにとって悪しき証言者である」（断片一〇七）と言われる。このように、ヘラクレイトスは、ロゴスに至るためには、感覚から出発しながらも、これから一定の距離をとって知性を正しく働かせることが重要であると考えている。この点では、もう少し後代のエンペドクレスにあっても同様であると言えよう（例えば、エンペドクレス断片三を参照）。いずれにしても、われわれは単なる感覚所与だけによる経験知では知に至ることができない。むしろ、経験される世界の彼方に真実にあるものの世界があるわけで、ロゴスや知性は人間にとってそれに至るための唯一可能な方途である。

右に挙げたいくつかの断片からも、ロゴスが積極的な意味をもつに至るためには、人間がもつ知識の限界に関して、認識論的な洞察をくぐりぬけなければならなかったことがわかる。彼らより少し以前の詩人哲学者クセノパネス（Xenophanes）は、人間には正確な知は不可能であって、彼らに許されるのは「思惑（ドコス）」のみであると主張した（断片三四）。これは、ホメロスがムーサのもつ直接的な知に比して、人間は「噂（クレオス）」しかもたないと（『イリアス』第二歌四八六行）言ったのと対照的である。ホメロスの場合には、ただ情報の間接性のみが問題にされていて、場合によっては（現場に居あわせた者ならば）直接知をもつことは原理的に不可能ではないのに対して、クセノパネスの場合には、人間の認識の本来的な有限性が指摘されている。この点については、後に再びふれることになるが、ここで最後に確認しておくべきことは、これら初期哲学者たちにおいては、ロゴスには詩人たちが述べたような否定的な意味合いはもはやなく、むしろ有限的な認識能力の彼方にあるものを指していたことである。もはやロゴスは語り手から離れることのない「言葉」ではなく、むしろ客体化し、同時に抽象化も推し進められることになる。[20]

ここにきてロゴスはミュートスよりもより高位に据えられることになったと言えるかもしれない。しかし、その彼らにしても神話的表現それ自体を否定したわけではないことを確認しておくことは重要である。クセノパネスは人間の姿をした（anthropomorphic）神々を描いたとしてホメロスやヘシオドスを難じたが、ミュートスそのものを否定しているわけではない。パルメニデスにいたっては、その哲学の表現にムーサならぬ無名の女神を用いている（断片一）。つまり、初期の哲学者たちの登場によって、ロゴスはその積極的な意味をもつに至ったが、その新しい哲学はミュートスの否定から出発したわけではないのである。

第二章　注

（1）本書一七六頁注（13）参照。

（2）E. Hoffmann, 1925, S.61: "etwas tönen gemacht, dass es laut annehmen will（μύζειν: mugire, munkeln, usw.）."

（3）J. H. Schmidt, 1876, Bd.1.

（4）唯一言えることは、ミュートスとロゴスは語形成が逆だということであろう。λέγω より λόγος という名詞が、μῦθος の名詞から μυθέομαι などの派生語が出てくる。Cf. M. F. Meyer, 1999, S.38.

（5）Cf. M. F. Meyer, 1999, S.40.

（6）プラハ言語学派のマルティンはこれを "mythos is the marked member of the pair whose unmarked pair is epos（'word', 'utterance'）"（R. P. Martin, 1989, pp.12-16）というかたちで説明している。

（7）καταλέγω（カタログ的に数え上げる）も同じような意味のものとしてしばしば用いられる。

（8）*Il.* 3. 188; *Od.* 4. 327, 451; 9. 14, 334.

（9）M. Détienne, 1986 [1981], p.47. Cf. G. Nagi, 1982, p.779.

（10）もうひとつこのような解釈の根拠として挙げられるのは、『神統記』（*Th.* 27）である。ここでは女神がヘシオドスに「真実を語ろう」と宣言するときに、作者はホメロスで多用された ἀληθέα μυθήσασθαι ではなく、ミュートスを含意する μυθήσασθαι を避けて、むしろ ἀληθέα γηρύσασθαι（γηρύσασθαι は「宣べる」の意）を使用しているというのである。しかしながら、『仕事と日』（*Op.* 10）では「真実を語る」という表現は ἐτήτυμα μυθήσασθαι（テクストは μυθήσαιμην, ἐτήτυμα は ἀληθέα とほぼ同義）を用いているし、『神統記』の箇所も μυθήσασθαι と読む写本もある。したがって、虚偽を語るような意味で μυθήσασθαι を理解することはできない。

（11）このように語られることの真理性は、見聞することの直接性にある。本書五六－五七頁参照。

（12）λόγος の意味を辞書によってその大項目のみを挙げると以下のようである。I. computation, reckoning, II.

relation, correspondence, proportion, Ⅲ. explanation, Ⅳ. inward debate of the soul, Ⅴ. continuous statement, narrative（whether fact or fiction）, oration, etc, Ⅵ. verbal expression or utterance, Ⅶ. a particular utterance, saying, Ⅷ. thing spoken of, subject-matter, Ⅸ. expression, utterance, speech regarded formally.（Ⅹは省略）

（13）フィクションの意味の内実については後でふれなければならない。

（14）M. Détienne, 1986 [1981], pp.46-47.

（15）したがって、辞書（LSJ）がこの箇所を先のⅡ・2（*fiction*）に（*Ol.* 1. 29とともに）配しているのには賛同できない。

（16）同じような例として、『歴史』第二巻一三一節では、ミュケリノスの娘の死についての二つの説明をロゴスと呼んで、やはりともに斥ける。ほかにも、第三巻三節、第四巻七七節、第七巻二一四節、第八巻一一九節がある。

（17）初期哲学者におけるロゴスの意味に関する分析は、すでに多くの研究においてなされているので、ここではその成果を簡単にたどるにとどめる。

（18）ヘラクレイトス断片の訳は、内山勝利訳（一九九六年）による。ただし、議論の都合上一部改変してある。

（19）パルメニデス断片の訳は、藤澤令夫、内山勝利訳（一九九七年）による。

（20）ロゴスという言葉が、哲学的な意味合いを有するようになる過程において、最も重要な働きをしたのは、おそらくヘラクレイトスであろう。詳しくは、内山勝利「人の語りとしてのロゴス」、一九九七年を参照されたい。

第三章　ミュートスの真理性

われわれは先の章において、ミュートスがそれ自身に否定的な意味合いを有するという見方は誤りであることを確認した。たしかにミュートスは批判されることがある。しかし、ミュートスを批判するということは別のミュートスに取って代わられるということであって、ミュートスであることそのこと、つまりミュートスであるという形式そのものが批判されているわけではない。言い換えれば、ミュートスのもつ虚構性を批判することによって、より厳密なるものを求めるという思考は初期のギリシアの文献にはないということである。このことは初期の哲学においても変わることがない。ミュートスを「作り事」として位置づける試みは実はプラトンから始まる。しかし、後述するように、その事情はわれわれが普通想定しているよりもさらに複雑である。ところでホメロスやヘシオドスの例を見るときに、ミュートスの特色と言えることは何であろうか。マイヤー（Meyer）はその主観的な特色を挙げている。[1] ホメロスにおける用法などに注意すると、ミュートスはむしろアレーテイア（真実）と深く関わるものであることがわかる。それはミュートスが記憶と関わることが多いからである。もちろんミュートスが真実であると言う場合でも、それは語られることがらについてなんらかの権威を前提しており、その前提に従うかぎりは偽であることが疑われないということ以上のものではない。今日のわれわれが真実、あるいは真理と言うときに、すでに哲学者たちの吟味・考察を経ているがゆえに、かえって誤解を招くおそれがあるが、初期ギリシアにおける詩人はこのような吟味・考察を通過していないので、彼らにとって真実とはひとえに「記憶されるべきもの」として現われるのである。このことについて次に述べてみよう。

真実が「記憶されるべきもの」の意にほかならないことは、初期の詩が口誦詩から出発していることと無関係ではない。例えば、プラトンが『国家』において初等教育の制度について論じるにあたってまず問題にしたのはホメロスやヘシオドスのミュートスであったが、それはなぜかというと、言うまでもなく当時において詩は韻文形式をとった知識のエンサイクロペディアであったからである。過去の文化を継承するさいにとられた方法は、過去にあった事績を詩人たちが朗誦することによって保存することであった。プラトンはこれを特にミーメーシス（模倣）との関連で問題にしたが、朗誦によって朗誦者が歌に登場する人物と一体化するからである。[2] 本を目で読むという習慣はずっと後におこなわれたものであって、それがあったとしても読書の主流にはならなかった。むしろ詩の朗誦こそギリシア文化において中心的な位置を占めるものであった。[3] 無文字社会において口誦詩の伝統の主たる目的は、その世代の文化（知識の集積）を保存し、世代から世代へ伝えることにある。それゆえに、その知識は記憶されうるもの（memorable）でなければならない。簡単に言えば、この社会において真実とは記憶されるものということになる。今述べたように、ミュートスそのものがもつ虚構性（より正確には虚偽性）が問われたのは、ずっと後のことである。おそらくミュートスそのものを虚偽であるのではないかと問うたのはプラトンであると思われるが、[4] それまでは、ミュートス批判はミュートスそのものの批判ではなく、それが正しく伝達されていないというところにあった。したがって、ホメロスその他の叙事詩について真か偽かを問うのは、われわれの真偽の判断基準（criterion）によるのではなく、正しく記憶されているか否かということでしかないのである。この点について前もって了解しておくことが必要である。

このミュートスと記憶との関係は、真実を表わすギリシア語のアレーテイアの語法について見るとき一層明らかとなるであろう。われわれは次にホメロスにおけるアレーテイアの用法について検討し、次いでヘシオドスにおけるその変容について調べることにしたい。これらの考察によってわれわれはミュートスにおける真実ということの意味について知ることができる。そして、ホメロス、ヘシオドスにおいては、記憶されるべき事実（factum）の意味であり、それ以上のものでないことを明らかにしてみたい。

1. ホメロスにおけるアレーテイア

真実あるいは真理を表わすギリシア語は、アレーテイア（ἀλήθεια 叙事詩ではアレーテイエー ἀληθείη）であるが、周知のようにM・ハイデッガーの語源解釈によれば、アレーテイアはア・レーテイア（ἀ-λήθεια）すなわち否定辞のア（α privativum）とレートー（λήθω）あるいはランタノー（λανθάνω）からなるとされる。ハイデッガー自身の説明では、「アポパンシス（ἀπόφανσις）としてのロゴス（λογός）の真であることは、アポパイネスタイ（ἀποφαίνεσθαι）という仕方におけるアレーテウエイン（ἀληθεύειν）すること、つまり、あるものを——隠れていることから取り出して――その隠れなきこと（発見されてあること）において見えるようにすることである」[5]と言われる。このハイデッガーのものとして知られる解釈は、数十年遡ってドイツの文献学者クラッセン（Classen）あたりから始まっているようであるが[6]、語源解釈を離れたハイデッガー自身の主張を度外視するならば、今日では一般の支持を得ていると言うことができる。これに対する反対意見は、フリートレンダー（Friedländer）によって表明されたけれども、一九六二年にでたハイチュ（Heitsch）の研究は、ホメロスからデモステネスまでの用例においてアレーテイアはランタノー（λανθάνω）に属する語であることを検証したもので、それによってフリートレンダーも後に自説を大幅に修正することを余儀なくされている[7]。この語源解釈は、古く遡ればおそらくセクストス・エンペイリコス（後二世紀）[8]やオリュンピオドロス（後六世紀）[9]に、あるいはヘシュキオス（後五世紀頃）[10]や『エティモロギクム・グディアヌム』（後一一世紀頃）[11]や『エティモロギクム・マグヌム』（年代不詳）[12]といった古辞書に遡ると思われるが、今日では『初期ギリシア叙事詩事典』（*Lexikon des frühgriechischen Epos*）で、メッテ（H. J. Mette）が担当したアレーテース（ἀληθής）の項目においても、あるいはフリートレンダー以後に出た語源事典やその他の研究でも、受け入れられているのである[13]。

けれども、この語源解釈から引き出される語そのものの意味については、かなり違った意見が出ている。(1)ハイチュによれば、ドイツ語の Wahrheit が判断の正しさを表わしているのとは異なり、アレーテイアは隠されていないこと（Unverborgenheit）として客体に属する。つまり、彼によると、真実を語るという表現は、世界のうちに隠れなきものとして現われているなにかを言葉でくり返すことであり、したがって、隠れなきこととは、みずから現われてくることによって隠れなきものとなっている対象の性質である[14]。これは先の引用の中で、ハイデッガーが考えている意味とほぼ同じと言うことができる。他方、(2)メッテによれば、アレーテイアを語ることは、言表の対象が隠れなきままであるような仕方で語ることである。[15] つまり、対象はそれ自体からではなく、言表において隠れないものとなるのである。これはまさにハイデッガーが否定しようとした意味にほかならないだろう。ホメロスにおいてアレーテイアがもつ可能な意味として、上に述べた二つの意味を含めて、フリートレンダーは次の三つを挙げている。[16] すなわち、(一)あるものが現実的であること(Wirklichkeit)、(二)言表や信念が正しくあること(Richtigkeit)、(三)人格の誠実さ、正直さの三つである。最後の意味に関しては、ホメロスにおける用例が一箇所のみあるとされ、メッテはこれを Loci Dubii(存疑)に入れているが、[17] この点に関しては後に述べたい。最初の二つの意味のうち、(一)はハイチュ(ハイデッガー)の解釈に、(二)はメッテの解釈に相当するであろう。われわれはまず、ホメロスのテクストそのものに立ち返って、アレーテイアの個々の用例について、できうるかぎり原文に即して検討していくようにしたいと思う。

一　アレーテイアの語義

ホメロスの中では、ἀληθείη あるいは ἀληθής[18] はただ一回の例外を除けば、つねに「語る」という動詞とともに用いられている。用例は、『イリアス』で ἀληθείη が二例、形容詞の ἀληθής が二例の合計四例である。『オデュッセイア』では ἀληθείη が七例、形容詞の ἀληθής が七例の合計一四例ある。たいていカエスーラ(causura 詩文における休止)の後に置かれるが、これも例外的にそうでないものがある。ともに用いられる動詞は、καταλέγειν(七回)が最も多く、そして注目されるが、μυθεῖσθαι(五回)も多く用いられ、他に ἀγορεύειν(二回)、ἀποειπεῖν, ἐνισπεῖν, εἰπεῖν(各一回)がある。さて、ホメロスにおける用例は合計一八回あるわけであるが、いずれも α privativum と λήθη とからなるというアレーテイアの語源説明がそのまま当てはまる。その最もわかりやすい例は、『イリアス』第二三歌における、パトロクロスのための葬礼競技の一場面である。戦車競争の賞が定められた後、競技者たちが一列に並ぶと、

(1) アキレウスは、はるか遠くの平原にあるゴールを目指して、その傍らに、父君の身に随う、神にも似たポイニクスを審判者として置いた。それは、駆け具合を記憶し、アレーテイアを宣べるためであった(ὡς μεμνέῳτο δρόμους καὶ ἀληθείην ἀποείποι)。(*Il.* 23. 358-361)

と言われている。このテクストで、アレーテイアが文字通り「レーテー(忘却)のないこと」の意味で用いられているというのは、この語と並べられている μεμνῆσθαι が、心に留めること、記憶すること、言い換えれば「忘れない」ことを意味するからである。[19]

ハイデッガーとフリートレンダーの論争は、ギリシア語のアレーテイアが言表の正しさか、それとも対象の側から現われ出るものかというところにあった。われわれは、アレーテイアはホメロスにおいては一貫して言表の側の性質として使用されているという解釈の立場に立つ。この箇所が、ハイデッガーおよびハイチュが主張したような Unverborgenheit の意味の例としてしばしば引かれるのは[20]、ここで言われている真実が、ポイニクスが宣べる判定の正しさというよりは、誰が事実勝利を得たかということ、すなわち駆け具合の真実(ἀληθείη δρόμων)であるように思われるからである。しかし、テクストで「駆け具合を記憶し、宣べる」と言われている点に注意せねばならないだろう。アレーテイアは事柄における真実ではなく、語り手によって「記憶されたもの」がアレーテイアなのである。

ギリシア語のアレーテイアに関する研究で著名なのは、W・ルターによるものである。それによれば、例え

ばヒストリアー（ἱστορία）が「探求」とともに、「探求されることがら」（歴史）を意味することができるし、ロゴス（λόγος）が「言葉」のみならず、「語られる内容」を意味することができるように、対象の側の性質か言表の側の性質かというような区別がはじめから明確に意識されていたかのごとく、テクストから一義的に決定するのは困難である、という。[21] これはこの問題に対する最も常識的な立場からの解答ということになるかもしれない。そもそもアレーテイアが「記憶されたもの」であるとしても、それが「正しく記憶されたもの」であるためには、その正しさを保証するものがなにかなければならないだろう。それは、記憶する者の側にはないはずである。同時にまた、事柄の側に真実があるとしても、それが語られなければ、真実として意識されることはない。それを語るのはもちろん言表する者である。したがって、対象を正しく結びつけて、あるいは分離させて語る者が、真実を語る者である（アリストテレス『形而上学』第九巻1051b3-4）というのが、正しい規定ということになるだろう。しかしながら、ここでわれわれが論じているのは真実・真理の定義ではない。アレーテイアという言葉が、最も古いギリシア語の中でどのように使用されているかという問題である。さらに、この問題についてはホメロス以後の用例も調査する必要があるが、これについてはあとで述べたい。

ここでは、次の点に注意を喚起しておきたい。ランタノー（λανθάνω）は、Verborgenheitというような訳語から連想されるような、なにかを覆うことによる知覚の遮断や、あるいは一般になにかが隠された状態を意味するものではないことである。語の意味は、文字通り「注意を免れる」ことであって、例えばメリオネスの武者ぶりが他のギリシア人には気づかれなくても、ひとりイドメネウスには知られている（*Il.* 13. 273. λήθω μαρνάμενος, σὲ δὲ ἴδμεναι）という例で言うならば、メリオネスの行為はイドメネウスを除く他のギリシア人にとって覆われてあるというのではなく、知覚されてはいても、正しく目が向けられていないということである。[22]

ホメロスの例に戻ってみよう。『イリアス』第一二歌において、ἀληθής が唯一「語る」という動詞とともに用いられていない例がある。原文に多少の疑義が生じているけれども、同じような例がヘシオドスに見られることからも、ἀληθής と写本通りに読むのが、おそらく正しいであろう。[23]

(2) 手間代稼ぎの、注意深い（ἀληθής）女が天秤をかけるように、すなわち、あたじけなくも子供らのために労賃を稼ごうと、分銅と羊毛を両の手に等しい重さにしながら持ち上げるように、そのように両軍は持ち合っていた。（*Il.* 12. 433–435）

人格の「誠実さ正直さ」の例として、フリートレンダーが挙げているのはこの箇所である。けれども、このように解することは文脈からして不可能である。女が羊毛を量るのは、明らかに良心からではなく、正確な重さを知ることによって充分な報酬を受けるためである。すなわち、女の仕事に対する忠実さは、必ずしも善性によるものではない。ἀληθής は「誠実さ正直さ」ではなく、むしろ先の例と同様に、ここでも「（自分の仕事を）忘れない」という意味で用いられているように思われる。[24]『イリアス』第一二歌四三三行の参考箇所として、よく引かれるのにヘシオドス『神統記』の中の、ネレウスについて述べた一節がある。ポントス（海）は、最初の子として、「嘘をつかず真実なる」（ἀψευδέα καὶ ἀληθέα）ネレウスを産む（*Th.* 233）。この ἀληθής を、注釈家はここでも「誠実な（truthful）」という意味に解している。[25] しかし、直前に言及されているエリス（争い）の子らのうち、偽り（ψεύδεα）と忘却（λήθη）が、これら二つのネレウスの性質にそれぞれ対応していること（*Th.* 229, 227）、またこれに続いて「正しい宣告を忘れない」（οὐδὲ θεμίστων λήθεται）という言葉（*Th.* 235–236）が語られることを考えあわせれば、ἀληθής は文字通り「忘れない」ことの意味で用いられているとするのが自然なのである。

右の二つの用例で、もし「忘れない」というそのもともとの意味が保たれていると考えられるのであるならば、ἀληθείη は語る者の記憶に関わることがらとしてとらえられることになるであろう。あるいは、スネル（Snell）[26] の言うように、ある認識の連続性の中にあって、なにひとつ λήθη にゆだねないことが、ἀληθείη である条件となるだろう。そして、もしそうであるとすると、ἀληθείη が、なにかが偽りでなく本当にそうであったというような客観的な真を表わすことは、その原初的な意味とは関わりのないことになる。ψεῦδος（嘘、虚偽）は ἀληθείη と異なる語根に属し、ἀ-ψευδής なものとしての、すなわち ψεῦδος と反対概念としての ἀληθείη は、本来の意味のものではないということになる。次に、この点について考えてみたい。

『オデュッセイア』第一四歌で、接待を受けたオデュッセウスが主人の消息について心当たりを話せるかもしれないと申し出ると、豚飼エウマイオスは、

> (3) 流れ者たちは、もてなしを受けたいばかりに、でたらめな嘘をつくもので（ψεύδοντ'）、真実を語る（ἀληθέα μυθήσασθαι）気持ちは少しもないのだ。（*Od.* 14. 124-125）

と言って、断っている。この用例は、ἀληθέα μυθήσασθαι が ψεύδεσθαι と反意的に用いられ、偽りに対する真を表わしている点で注目される。同様に、第一三歌では、(4) オデュッセウスが女神アテナに自分の身の上について真実を語らず（οὐδ' …ἀληθέα εἶπε）、嘘をついている例がある（*Od.* 13. 254）。

さらに、この真実と嘘の対置は ἀληθής 以外の語でも見られることが注意されねばならない。『オデュッセイア』第三歌で、女神アテナが、オデュッセウスの消息についてネストルに尋ねることを、テレマコスに勧める

くだりがあるが、そこでは「真実を語るように（ὅπως νημερτέα εἴπῃ）、そなた自身で頼みなさい。彼が嘘を言うことはないであろう（ψεῦδος δ' οὐκ ἐρέει）」（*Od.* 3. 19）と別の語が用いられている。われわれがここで確認しておかなければならないことは、ホメロスでは真実を表わすのにアレーテイア以外の語がしばしば用いられているという事実である。そしてこの事実はアレーテイアのもともとの意味を確定するということにおいてもきわめて重要である。

右の『オデュッセイア』第三歌では、νημερτής（誤ることのない）という語が真実の意味で用いられている。この語は、否定的意味の接頭辞 νη- と語根 ἁμαρτ-（ἁμαρτάνω 誤る）からなる形容詞で、「誤りのない」というその語義から考えても、ψεῦδος（偽り）と反対的な意味をもっている。一方、アレーテイアのほうはそれ自体に ψεῦδος と反対的な意味はない。そのアレーテイアが(3)の例のようにいっしょに用いられることには、韻律上の理由（metri gratia）が考えられる。νημερτέα は「— — ⏑⏑」という韻律であるのに対し、ἀληθέα は「⏑ — ⏑⏑」というかたちになるからである。けれども、一般に νημερτής のほうは、スネルが言うように[27]、誤りのないこと、特に事実が実際に的中しているような場合に使われる。したがって、アレーテイアに比べて客観的な意味を有すると言えよう。さらに、ホメロスで真実を表わす語として、他に ἔτυμος がある。ἔτυμος には、これと似た語形として、ἐτός、ἐτεός、ἐτήτυμος があり（ほかに、エテオクレスなどの人名に現われる）、これらはともに動詞 εἶναι（ある）に由来している。ἀληθής が人間の記憶に基づいているという点で、主観的な意味が強いのに対して、ἔτυμος は客観的な正しさを意味するのに用いられる[28]。したがって、その語義からしても、ψεῦδος と容易に対立する。用例を挙げれば、『イリアス』第一〇歌において、「偽りを言おうか、それとも真実を語ろうか（ψεύσομαι, ἦ ἔτυμον ἐρέω）」（534）というネストルの自問の言葉は、ἔτυμος によって語られているのである。

これに対して、『イリアス』第六歌で、召使の女に対して、「さあ真実のことを語ってくれ（νημερθέα μυθήσασθε）。腕白きアンドロマケは、館よりいずこに出かけたのか」（*Il.* 6. 376）、と主人ヘクトルが問い質《ただ》すくだりがあるが、召使の女がアンドロマケの居所について話していくその最初の言葉は、

(5) ヘクトル様、あなたが真実のことを語れ（ἀληθέα μυθήσασθαι）と命じておられますので、（*Il.* 6. 382）

で始められている。さらには、『オデュッセイア』第四歌における求婚者たちの会話の中には、「わたしに真実のことを語ってくれ（νημερθὲς ἔνισπε）」（*Od.* 4. 642）と述べたすぐ三行あとに、今度は「わたしに次のことについても真実のことを語ってくれ（ἀγόρευσον ἐτήτυμον）」（4. 645）という別の表現が見られる。以上の例からわかるように、これらの語はその異なる意味にもかかわらず、実際の用いられ方においては同じように使用されているので、われわれは一層の注意が必要である。そのうちどの語を選ぶかは韻律上の問題の域を越えないことがしばしばあるからである。

しかしながら、われわれは、このような韻律上の理由を考慮しても、ἔτυμος 系統の語が ἀληθής とは別の適用の可能性をもっていることに注目せねばならない。後者は、話者が語られることがらをどのように体験したかについて述べる報告であり、したがって記憶が重要な役割をするが、これに対して、前者は語られることが実際に当たっていることに関する供述である。[29] 例えば、後にふれることになるが、オデュッセウスが「真実に似た（ἐτύμοισιν ὁμοῖα）」虚偽を語るというとき、それは「事実として起こっている物事に似た、現実に似た」虚偽という意味である。そして、両者のこのような意味の相違は、その用いられ方の違いとなって現われている。それはつまり、ἀληθής に特徴的であるような話者との関係（次に述べられる三極の構造）が ἔτυμος には欠け

ているということである。われわれはまず ἀληθής に見られるこの関係について述べることにしよう。

二　三極構造

これまで挙げた例から、ホメロスの中でアレーテイアが現われるのは、多くの場合、ある特定の事実を報告するという設定の下においてであるということがわかる。すなわち、最初の(1)の例で言えば、勝敗の事実（A）が、ポイニクスという報告者（B）を通じて、その事実に関わりをもっているアキレウスを含むギリシア人（C）に報告される、という三極の構造でなっており、（A）から（C）への伝達経路に歪曲がなければ、それがアレーテイアであるということである。同じような例として、『イリアス』第二四歌には、老王プリアモス（C）が、アルゴス殺しの神ヘルメス（B）に息子ヘクトルの死体の様子（A）について尋ねるくだりがあり、

(6)　さあ、わたしにあらゆる真実を話してください（πᾶσαν ἀληθείην κατάλεξον）。わたしの息子はまだ船の傍らに置かれてあるのか、それとももはやアキレウスが手足をばらばらにして、自分の犬に投げてやったのか（*Il.* 24. 407–409）

と言われている。ホメロスにおけるアレーテイアの使用範囲は、後に見られるように必ずしもこのような目撃者の報告にのみ限られるわけではないが[30]、しかしその多くの用例によく適合すると言うことができるであろう。そして、われわれはそのような用例を『オデュッセイア』においていくつも見出すことができる。オデュッセウスが長い漂流の末にパイエケスの国に着いた後、王妃アレテから求められて、漂流譚を語った最後に、

(7) このように辛い気持ちであるが、あなたに真実をお話しました（ἀληθείην κατέλεξα）。(*Od.* 7. 297)

と締めくくっている。あるいは、いわゆる冥界行において、アキレウスの亡霊が子と父の消息を尋ねるのに答えて、オデュッセウスは、

(8) 高貴なる父上ペレウスについては、わたしはなにも聞いていないが、あなたの愛しい子ネオプトレモスについては、あなたが命ずるとおり、あらゆる真実をお話ししましょう（πᾶσαν ἀληθείην μυθήσομαι）。
(*Od.* 11. 505–507)

と言っている。これらの例からも知られるように、ホメロスにおいてアレーテイアは、多くの場合、報告者によって伝えられる事実を表わす。すなわち、ものの全体をとらえるような普遍的な真実あるいは真理を語るというのではなく、語られるのは個々の出来事や事実である。しかもその事実についてひとは、報告者を通じてという間接的な仕方でしか知ることができない。先に引用された(6)の例で言えば、プリアモスは館より離れてあるギリシア人の船で起きていることは、アキレウスの侍者を称するヘルメスに、真実を質すほかはないし、(8)の例にいたっては、冥界にいるアキレウスにとっては、自分の目で真実を確かめることはまったく不可能なことである。ἀληθείην の使用が、このように（A）から（B）を通じて（C）への伝達経路に隔たりがある場合に多く見られること[31]は、ホメロスの、とりわけ『オデュッセイア』の著しい特色をなしていると言うことができるであろう。同様な例を労を厭わずに列挙していくと、第三歌には、(9)テレマコス（C）が、父オデュッセウスの消息を知るためにピュロスを訪れた折に、ネストル（B）にアガメムノン殺害について（A）尋

ね（ἀληθὲς ἐνίσπες, 247）、(10)ネストルも真実を語ることを約束する（ἀληθέα πάντ᾽ ἀγορεύσω, 254）くだりがある。また、第一六歌では、(11)豚飼いエウマイオス（B）が、テレマコス（C）にオデュッセウスの素性（A）について（ἀληθέα πάντ᾽ ἀγορεύσω, 61）、あるいは、(12)オデュッセウス（B）が再会した息子テレマコス（C）に自分のイタケ帰国のありさまについて（A）真実を語っているし（ἀληθείην καταλέξω, 226）、第一七歌では、(13)テレマコス（B）が母ペネロペイア（C）に父オデュッセウスの消息について（A）（ἀληθείην καταλέξω, 108）、あるいは、(14)ラケダイモーン王メネラオス（C）にイタケの情況について（A）真実を語っており（πᾶσαν ἀληθείην κατέλεξα, 122）、第二二歌では、(15)乳母エウリュクレイア（B）が主人オデュッセウス（C）に留守中の屋敷における女中たちの行状について（A）真実を語っている（ἀληθείην καταλέξω, 420）例がある。[32]

しかし、この三極構造はアレーテイアの用例のすべてについて当てはまるわけではない。ホメロスの中には、目撃者が過去の出来事を報告するのとは明らかに異なる例がある。『オデュッセイア』第一七歌の冒頭で、テレマコスが、乞食を装ったオデュッセウスのために、町で施し物を受けられるように配慮してやるが、しかし自分の客人として迎えることはできないと言って、

(16)　もし客がこれにひどく腹を立てるのであれば、客にとってよろしからぬことになるだろう（ἔσσεται）。
　というのも、わたしは真実のことを語る（ἀληθέα μυθήσασθαι）のが好きなのだ。（*Od.* 17. 14-15）

と脅す場面がある。さらに、第一八歌では、口汚く罵られたオデュッセウスは、女中たちがいまどんなことを言っているのか、テレマコスに早速言うことにしよう（ἐρέω）と威嚇すると、

（17）　オデュッセウスが真実のことを語る（ἀληθέα μυθήσασθαι）と思ったので、（*Od.* 18. 342）

女中たちはあたふたと館に逃げ込んだ、と言われている。これらの例で ἀληθής と呼ばれるのは過去にではなく、将来に属することがらである。したがって、報告者の伝達場面にのみアレーテイアの用法が局限されるとは必ずしも言えないことになる。右の例は脅し威嚇する場合であるが、次に引用する例は、今度話者が相手に対して報酬を約束する場合である。オデュッセウスは、忠実な召使たちにこう約束している。

（18）　お前たち二人に真実を語ろう（ἀληθείην καταλέξω）。もし神が求婚者たちをわたしの下に屈服させてくださるならば、二人ともに妻を娶らせよう（ἄξομαι）。また、財産とわが家近くに建てられた家とを贈ろう（ὀπάσσω）。（*Od.* 21. 212–215）

この例でも、真実はすでに起きたことがらではなく、将来に実行を約束されたものを指している。このようにアレーテイアはいつもいわゆる既成の事実の意味のみに限られるわけではない。しかしながら、この将来に約束されたことがらは個別的な出来事を指す点では、これまでの例と変わるところはない。それは、いわば将来の予測的な事実ともいうべきものである。目撃者の報告場面であれ、将来について語る場面であれ、個々の出来事や事実についての記述にのみ用いられるということが、ホメロスにおけるアレーテイアの特徴であり、その点では、後に述べるヘシオドスとは異なっている。われわれはアレーテイアという言葉が人間の記憶と関係が深いということをすでに述べた。右の三例は、過去ではなく未来の出来事を述べているという点で、これまでのものとは違っていた。けれども、それらが記憶された出来事（あるいは事実）ではなく、記憶されるべき出来事（あるいは事実）である。そういう意味では、それらもまた人間の記憶、意識と関わっていると言わなければならない。記憶された、あるいは記憶されるべきアレーテイア――その最も理想的なかたちをわれわれは文芸の女神ムーサ（ミューズ）において見ることができる。ムーサこそは、記憶の神格化であるムネーモシュネーの娘たちであるからである。

三　エテュモスとアレーテース

以上の考察から、アレーテイアが多くの場合に三極の構造をとって報告されること、そして、そのすべての場合において、記憶されたことあるいは記憶されるべきこととして語られることが確認された。次に確認すべきことは、エテュモスおよびそれと同系の語（エテオス、エテーテュモス、エトス）がこのような関連なしに使用されているということである。しかも、アレーテイアの語義を知る上で、この確認は非常に重要な意味をもっている。ところで、この系統の語とアレーテイアあるいはアレーテースとの相違を明らかにするためにしばしば引かれるのは『イリアス』第二歌のオデュッセウスが語る次の言葉である。

カルカスは本当のことを予言しているのかどうか（ἦ ἐτεὸν…. μαντεύεται ἦε καὶ οὐκί）。（*Il.* 2. 300）

本当のこととは、ギリシア軍が十年後にトロイアを征服するであろうことを指す。それは、予言者が過去のことを「記憶」しているから真（つまり、「ありのままに」と言うときの真）だというのではなく、それが客観的に見て正しいという意味で真だということである。(33) つまり、アレーテイアは本来は話者が出来事をどのように体験したか（あるいは体験することになるか）について述べる報告であり、しかもその出来事が話者の注意を免れることなく記述されるような場合について言われる。これに対して、エテュモス系の語は、記述されることが事実として「当たっている」ことを述べた場合に用いられる。そして、実際に後者の用例にあたってみると、アレーテイアに特徴的である話者との関係が欠けていることがわかる。アレーテイアの場合には、報告者がその内容にもれ落ちることがないように注意すればよいだけであるのに比べ、エテュモス系の語は、情報としてもたらされるということにはまったく無関心であり、むしろ事実の客観性にのみ焦点があてられている。

先に述べたように、われわれが叙事詩についてなんらかの結論を得ようとするとき、避けては通れないのが韻律の問題である。叙事詩において語の使用はしばしば韻律の理由（metri gratia）によることが多い。したがって、アレーテースとエテュモスの相違は韻律について考慮するだけで説明されるのではないかという疑問が当然生じる。しかし、これら二語については韻律は説明の理由にはならない。真実を語るという意味は、ἀληθέα μυθήσασθαι とも、ἐτήτυμα μυθήσασθαι とも表記しうるが、韻律的にはともに「⏑– ⏑⏑」となるからである。また、形容詞の「真実の」は ἐτήτυμος（⏑– ⏑⏑）とも、ἀληθής（⏑––）とも書けるが、後者はスポンデーとなるものの、韻律的価値は同じである。[34] したがって、上に述べられたことは、韻律上の問題を考慮に入れても、なお成立すると言うことができる。

さて、もともとアレーテイアとエテュモス系統の語は、本来的に言って、上記のような意味の差異を含んだ語であったが、時代が下がるにつれて、この原初的な意味の違いは見失われ、それらはともにアレーテイアの語のもとに包摂されるに至る。この点について、次に述べたい。

先に述べたごとく、ハイデッガーのようにアレーテイアが現われる場所をものの側に、より正確には、ものが現われるその現象そのものの側にあるとする解釈を「客観的解釈」と呼ぶとすれば、もうひとつの解釈は、人間の判断の中にあるということで、「主観的解釈」と名づけることができるであろう。ただし、「人間の判断」と言っても、初期ギリシア詩の用例が出てくるのが哲学的な文脈においてではないことは言うまでもないことである。むしろ、それは人間のコミュニケーションおいて現われるということである。したがって、それが人間の記憶との関連でのみ出てくれば、それは主観的な意味のものであるということになる。この主観的解釈の支持者には、われわれを含めて、メッテ、クリッシャー、スネル、コール（Cole）などがいる。

アレーテイアは、すでに述べたごとく、レーテー（λήθη）の否定を意味する。厳密に言うならば、レーテーの意味は主として「忘却」であるが、その動詞形のランタネイン（λανθάνειν）の意味から明らかなように、本来の意味は「注意を免れる」ということである。「AがBをランタネインする」とは、「AがBの注意を免れる」ことを意味する。この場合、Aに関することは多くの場合Bの記憶に関係するが、そうでない場合も考えられる。それは今現在のことに関わる場合もあれば、将来の出来事に関係する場合もありうる。ただ言えることは、いずれの場合もAはつねにBの判断に関わっているということである。この状態を簡単に「意識の逸脱」と言うとすれば、アレーテイアはその逆の「意識の上にあること」を意味する。[35] これはホメロスなどごく初期の用例を見るかぎりつねに当てはまり、反対に、その客観的意味合いを見出すことは困難である。

これに対して、「真実を見る」とか「真実を聞く」とかいった例は、もう少し時代を下ってから登場する。前者の例としては、アイスキュロスの『アガメムノン』に、

これだけのことを聞いて、真実のことを聞いたということを知りなさい（τοσαῦτ᾽ ἀκούσας ἴσθι τἀληθῆ κλυών）。（*Agam.* 680）

後者の例としてはピンダロスの『ネメア祝勝歌』第七歌に、

もし彼らが真実を見ることができたのであれば（εἰ γὰρ ἦν ἕ τὰν ἀλάθειαν ἰδέμεν）……。（*Nem.* 7. 25）

その例がある。アレーテイアがわれわれの認識の向こうに、認識とは独立に存在するという意識がホメロスのような詩になかったことは明らかである。その明確な意識は、言うまでもなく、哲学者の登場を待たねばならないであろう。哲学のコンテクストにおいてはじめて真実はその客観的な意味を得るからである。哲学において、単なる出来事の真実とは異なる「真理」（アレーテイア）をはじめて唱えたのは周知のようにパルメニデス（断片一、二九行）であるが、その真理はいわば複数の「あるものども」（τὰ ὄντα）ではなく、単数の「あるもの」（τὸ ὄν）の真理である。この場合に、「あるもの」とはわれわれが感覚するものの彼方にあると想定される存在者を指している。このようなものの認識は、すでに述べられたように、[36]人間のもつ感覚能力に関する根本的な懐疑を経てのみ可能であった。先に引用したクセノパネスの断片（三四）に続いて、

これらのことは、真実に似たものとして（ἐοικότα τοῖς ἐτύμοισι）思惑されてあれ。（断片三五）

とあるように、人間が知るところのものは真実に似たものであっても、おしなべて思惑（ドクサ）でしかないという意味において、真実（真理）はわれわれの通常の認識を超えたところにある。

文学における真実は、むろんこのような意味のものではない。ただしかし、ホメロス以後の文学が、単なる主観的な意味だけでなく次第に客観的な意味を有するに至る、その途上にあったことを確認することができる。右のアイスキュロスやピンダロスにおける用例は、そのような例に含めることができるであろう。話者の主観

的意識から独立に、アレーテイアは見られるべき、あるいは聞かれるべき客観的事実となる。このような用法は、ホメロスにはなかったと言うことができる。[37] われわれはこのようなアレーテイア概念の移行の例をヘシオドスに見ることができるかもしれない。それは『神統記』のよく知られた一節である。そこではムーサ（ミューズの神）たちが羊飼いヘシオドスに次のように語りかける。

野山に暮らす羊飼いよ、卑しく哀れな者たちよ、喰《くら》いの腹しかもたぬ者よ、私たちは、たくさんの真実に似た虚偽（*ψεύδεα πολλὰ ἐτύμοισιν ὁμοῖα*）を話すことができます。けれども、私たちは、その気になれば、真実（*ἀληθέα*）を宣べることもできるのです。[38]（*Th.* 26–28）

ここでヘシオドスは、ホメロスでは区別されていた二つの真実を結び合わせている。それはつまりムーサの語る「真実」と予言者の告げる「真実」である。ムーサたちは月桂樹の枝をむしり取らせて、[39] その上で神の声を吹き込む。それは「*τά τ᾽ ἐσσόμενα πρό τ᾽ ἐόντα* を歌うためである」。ギリシア語はホメロス『イリアス』第一歌で予言者カルカスが語ると言われているものと同じものである。普通の意味は「あるであろうこと、そしてあったこと」である。つまり予言者の権能は過去・未来の出来事を語るということにある。ヘシオドスにおけるこの一句の意味については諸解釈があるが、この点については後述する。一方、ムーサの語る真実とは、言うまでもなく、『イリアス』の軍船のカタログの冒頭に見えるような、過去の出来事についての真実である。このようにホメロスでは予言者とムーサに帰されていた二つの真実についての知を、ヘシオドスはともにムーサに帰しているのである。エテュモスは、先の『イリアス』第二歌の、カルカスが「真実のことを予言しているのかどうか（*ἢ ἐτεὸν.... μαντεύεται ἦε καὶ οὐκί*）」（*Il.* 2. 300）という例のように、予言者について用いられた語であった。それはアレーテイアのように一つ一つ数え上げられるものとは本質的に異なるものを指している。それがヘシオドスにおいてはともにムーサの権能に属するものとされているのである。

ヘシオドスの右の詩句については後に再び問題にされるが、今ここでは、この箇所がアレーテイア概念が変様するに至る第一歩であることを確認しておきたい。われわれは、ここのアレーテイアが客観的意味を有していると言うのではない。むしろ、ホメロスにおいてアレーテイア、ネーメルテイア、そしてエテュモス系の語という、真実という言葉が有する異なるアスペクトをもっていたものが、少しずつアレーテイアという概念に包摂されていく、そのプロセスの第一歩であるということを言うのである。スネル（Snell）は、ホメロスでは㈠アレーテイアは記憶（あるいは意識）において欠落することなく保持されたものを、㈡ネーメルテイアは誤りのないもの、実際に的中しているものを、㈢エテュモス系の語は客観的に見てそうであるものを指し、これらの区別は、（韻律上の理由によって若干類同化されることはあっても）ほぼ守られていると言っている。[40] この区別はホメロス以後において崩れ、アレーテイアという言葉がこれらを吸収し、真実という言葉のもつ異なるアスペクトを含んだより豊かな言葉となっていく。その最初の傾向がすでにヘシオドスにおいて見られるのである。

コール（Cole）は、アレーテイアが他の語の意味を包含するに至った時期を前四世紀に設定しているが、[41] むろんその過程はずっと早くから始まっている。ネーメルテイアはすでに早くから消失し、エテュモス系の語は、ἐτύμως（ピンダロス、バッキュリデス）や ἐτέον（アリストパネス）の副詞表現を除くと、これも少しずつ消えていく。対して、アレーテイアは、もともと保持していなかった客観的な意味合いをもつことになり、[42] おそらくピンダロスの頃になって、ホメロス的な形態が失われたと言ってよいだろう。この事実は、アレーテイアをハイデッガーのように解釈する立場にとって不利だと言わざるをえない。アレーテイアは、もともとは人間の意識に関わる言葉であって、客観的な意味とか、ものの側にあるとか、隠されたものが現象してくるとかいったことは、その原初的な意味には含まれていないからである。(43) 客観的意味は、むしろ以上述べたように、「真実」を表わす、アレーテイアとは別系統の語にあって、それが後にアレーテイアに吸収されるようになったのである。

しかしながら、アレーテイアを語るということは、本書の主題であるミュートスを語るということとどのように関連するのか。この問題について、もう一度ホメロスに戻って考えてみることにしたい。

四　歌人と真実

ホメロスの作品中で、最も正確な報告をあたえることができると考えられている人間は、歌人（アオイドス）である。『オデュッセイア』第八歌で、オデュッセウスは歌人の歌を、

> デモドコスよ、すべての死すべき人間のうちで、はるかに君を称える。ゼウスの子かアポロンが君に教えたのだ。なぜなら、実に見事に、君はアカイア人たちの運命を、すなわちアカイア人たちが成し遂げたこと、身に受けたこと、苦しんだことを歌っているからだ。さながら君自身がその場にいたか、その場にいた他の者から聞いたかのようであった（*ὥς τέ που ἢ αὐτὸς παρεὼν ἢ ἄλλου ἀκούσας*）。（*Od.* 8. 487-491）

と言って褒め称えている。デモドコスはムーサ（ミューズ）に寵愛され歌を授けられた代わりに視力を奪われた盲目の歌人であるが（8. 63-64）、オデュッセウスの賛辞の言葉から、彼の歌の見事さは、とりわけその記憶の生々しさのうちに見出されていることがわかる。すなわち、デモドコスの歌は、その場に居あわせたオデュ

ッセウスの目からも、出来事を正確に描写するものであると思われたからこそ、褒め称えられているのである。スネルの有名な言葉である「現場にいることの多さが、すなわち知の多さ[44]」ということがここに当てはまるであろう。そして、その知の確かさは、歌人がムーサから直接歌を授けられることによって保証される。このことは、『イリアス』第二歌のいわゆる軍船のカタログの冒頭をなす有名な一節において、明らかに示されている。

オリュンポスに宮居しますムーサたちよ、わたしに語ってください。あなたがたは神であり、その場に居あわせ、すべてのことを知っているが（πάρεστέ τε, ἴστέ τε πάντα）、他方、わたしたち（人間[45]）は、ただ噂を聞くだけで、なにひとつ知ることがないのだから。誰がダナオイ人たちの指揮官や領主であったかを語ってください。（*Il.* 2. 484-487）

アレーテイアは、これまでの用例では、いつでもオデュッセウスとか、ネレウスとか、あるいは乳母とかいった人物が語る場面にのみ現われているが、右の引用によるならば、これらの人びとがもたらす報告は結局は「噂」（κλέος）でしかなく、不正確さを免れることはできないであろう。他方、真実を知ろうとするとき、歌人はつねにムーサに訴える。[46] ムーサから得られる知は、先に述べた報告場面に見られるような間接知ではなくて、むしろもっと直接的なものであると言える。つまり、ムーサはあらゆる出来事の現場にいることによって（omnipresence）、歌われることの真実性を保証しているのである。このような意味で、歌人はアレーテイアとより密接に、より直接的に結びついているのである。

ホメロスでは、歌人は二つの役割を演じている。次にこれを見ることとする。歌人デモドコスは、人を楽しませるべく（τέρπειν）神から歌をあたえられたと言われるように（*Od.* 8. 45）、また、豚飼いエウマイオスが、歌人を歌によって楽しませる（τέρπησιν）者と呼んでいるように（*Od.* 17. 385）、ホメロスにおいてふつう歌人が担っている役割は、ムーサからあたえられた歌によって聴衆を喜ばせることにあると考えられている。そして、聴衆を喜ばせることのない歌は、歌としての資格がないと言えるであろう。かくして、アルキノオスはオデュッセウスの涙を見て、デモドコスに歌を中断させたし（*Od.* 8. 538）、ペネロペイアは、歌人ペミオスの歌が聞くには辛い帰国物語にふれたために、歌をやめさせたのである（*Od.* 1. 340）。このようにホメロスにおいて歌人のもつ役割には、知識をあたえることと、聴衆を楽しませることの二つがある。『オデュッセイア』第一二歌で、セイレンたちが人びとを魅惑する（θέλγουσιν）歌を歌っている場面がある（40, 44）。「魅惑」（θέλξις）をあたえうることは、歌人たる者の条件である。[47] セイレンは、いわば最も神的なタイプの歌人であると言うことができよう。彼女らの歌を聞く者は、(a)心楽しむとともに（τερψάμενος）、(b)以前に増した知識を得て（καὶ πλείονα εἰδώς）帰って行くと言われている。その理由は、セイレンたちがトロイアの地で人びとが経験した苦難も、また地上で起きることもことごとく知っているからである（*Od.* 12. 188-191）とされる。死すべきものである歌人にとっても、その役割は、(a)聞く者を楽しませることと、(b)真実を語ることにあると言うことができる。[48] さらに、『オデュッセイア』の第九歌から第一一歌にかけてオデュッセウスが語っている長い物語もまた同じような例とみなされるであろう。聴衆のひとりアルキノオス王は、オデュッセウスを歌人に喩えながら、

> オデュッセウスよ、そなたを見て、人を欺く者とも山師とも私たちは思わぬ。黒き大地は、ひとが確かめることさえできぬような出所より、偽りをこねあげる人間たちを、数多く世に撒き散らし育んでいるが、そのような者とは思わぬ。むしろ、そなたには言葉の優美さがあり、すぐれた才覚がある。歌人が語

るごとく（ὡς ὅτ' ἀοιδός）、そなたはすべてのアルゴス人とそなた自身の痛ましい苦難の物語を巧みに語った。

（*Od.* 11. 363-369）

と言って、賛美している。「歌人が語るごとく」と言われるのは、物語が聴衆を喜ばせる優美さ（μορφή）を有していると同時に、真実性をもっていることにほかならず、両者を具えもつことが、歌人としての理想と考えられているのである。[49]

　かくして、アレーテイアは歌人と密接に結びついていると言うことができる。歌人が普通人と異なり、いわゆるエピパネイア（神の示現）を通じ特別な力を得て、真実を語る者であるということは、ギリシア人に一般に認められており、ホメロス以後の芸術形式において受け継がれた考え方である。しかし、ホメロスでは、聴衆にもたらされるアレーテイアの内容そのものに関しては、先の報告者が伝える場面と本質的な違いはない。すでに引用された、「誰がダナオイ人たちの指揮官や領主であったか」（*Il.* 2. 487）という例や、あるいは、「誰が最初にアガメムノンに立ち向かったのか」（*Il.* 11. 219）、「どのようにして最初に火がアカイア人たちの船に落ちたのか」（*Il.* 16. 113）などが例示しているように、歌人がムーサから求めるものは過去に起こったことについての真実であることがわかる。したがって、間接的であるとないとを別とすれば、聴衆にもたらされるものは、ともに個別的な出来事についての記憶である。

　アレーテイアを語るというのは、ホメロスでは、たいていはこのように個々の出来事の事実について語るということでしかないが、ヘシオドスにおいては、アレーテイアはより一般化されている。その点について見るためには、先に一度引用された『神統記』冒頭の、ムーサがヘシオドスに語りかける部分について検討しなければならない。

2. 真実と真実に似た虚偽――ヘシオドス『神統記』

ヘシオドスは『神統記』の序歌（prooimion）のなかで、ムーサたちによって歌の技術を授けられた経験を語っている。これは先にも引用したが、改めて引いておく。それによると、ヘリコンの山で羊を放牧していたヘシオドスに対して、ムーサたちが次のように語りかけたという。

> 野山に暮らす羊飼いよ、卑しく哀れな者たちよ、喰《くら》いの腹しかもたぬ者よ、私たちは、たくさんの真実に似た虚偽（ψεύδεα πολλὰ ἐτύμοισιν ὁμοῖα）を話すことができるのです。けれども、私たちは、その気になれば、真実（ἀληθέα）を宣べることもできるのです。（*Th.* 26–28）

ここでムーサの神々は二つのことを語ることができると宣言している。ひとつは「真実に似た虚偽」であり、他のひとつは「真実」そのものである。この一節は、問題のある箇所で、これまでにもいくつかの解釈が試みられた。われわれの目的は、ヘシオドスにおいて真実や真実に似た虚偽が、ホメロスと比べてどのような意味内容をもっているかを調べることにあるのだが、その前にこの箇所について一応の解釈を提示しておかねばならないであろう。

この箇所は、一般には、ヘシオドスがみずからの詩を、ホメロスあるいは他の叙事詩人たちの語る虚構の世界と対置させていると解釈されることが多い。[50] このように読むと、ここでムーサは、真実に見えるが実はそうでないような虚偽（ψεύδεα ἐτύμοισιν ὁμοῖα）を捏造する――これがホメロスの世界である――のでなく、真実を語るようにと、ヘシオドスに指図をあたえているということになる。つまり、二七―二八行は、他の詩人たちの偽りの歌を斥け、自分の歌こそは真実の歌であるという、いわば真理の宣言となる。このように、真実を語るということに重い意味をもたせ、それがそのままパルメニデス（断片一、二九行 DK28）によって継承されていったとする解釈を、哲学的解釈と呼ぶとすれば、この解釈は今述べたような真実と虚偽との峻別に基づいていると言うことができる。

しかしながら、この解釈は今日多くの支持を得ているにもかかわらず、古代ではまったく知られていない。ホメロスの物語で語られていることがらは、古代においてはむしろ史実として考えられることのほうが多かったと言うことができる。例えば、プラトンの『法律』（682A）では、イリオスの話が歴史的な事実として引用されているし、またトゥキュディデスにとってホメロスは、詩人であるとともに歴史家でもあったことは、その記述の中で、ホメロスの詩句を例証として少なからず用いていることからも明らかである。[51] もっとも、物語である以上は、その中に空想的な話が含まれることがあることは、むろん言うまでもない。例えば、ホメロスに登場するキュクロプスやスキュレは（ホメロス一個人が考え出したかどうかは別として）詩人の創造による架空のものと言えるかもしれない。しかし、同様にして、ヘシオドスに出てくるテュポエウスその他の怪物も、それに劣らず空想的であると言わねばならないであろう。ルキアノスの『嘘好き』（*Philopseudes*）では、ひとが嘘を言うのは愚かさのためばかりでなく、賢明で見識において驚嘆すべき者であっても、嘘を好んで語ることがあると言われている。それはとりわけ詩人たちが語る嘘のことであるが、そこで虚偽の例として挙げられているウーラノス去勢やプロメテウス繋縛の話は、ヘシオドスで語られているものである。[52] つまりこのような意味では、ヘシオドスの話もホメロスに劣らず偽りなのである。

したがって、物語は当然ながら虚偽を含むものであるけれども、しかし、一般には詩人はムーサに助けられることによって、「多くの真実の出来事[53]」にふれるものだと、考えられていたのである。そして、このことは、先に述べたように、ホメロスの作品の中でも、『イリアス』第二歌の軍船のカタログの冒頭をなす一節や、『オデュッセイア』第八歌において、歌人デモドコスの見事な歌に対して語られたオデュッセウスの讃辞の言葉の中に、明確に示されていた。ホメロスにおいても、歌人はムーサを通じて真実のことを語る。しかもそれは、報告者がもたらす不確かな「噂」（間接知）ではなく、「その場に居あわせ、すべてのことを知っている」(*Il.* 2. 485-486) ムーサによって直接的に歌人へと伝達されたものである。あるいは、『オデュッセイア』第九歌から第一一歌にかけてのオデュッセウスの苦難の物語を、アルキノオスは、虚偽（ψεύδεα）を作り出す人間とは異なり、歌人のように（ὡς ὅτ᾽ ἀοιδός）語った（*Od.* 11. 363-369）と言って、褒め称えていた。歌人によって語られるものは、このように真実のものでなければならなかった。もしヘシオドスがホメロスの語ることは真実ではなく虚偽だと言っているのだとしても、両者がともにムーサに真実を求めているという点では同じであるということになる。したがって、二七―二八行が真理宣言であり、そこに決定的な出発点が見られるというのであれば、両者の主張するものになにか本質的な差異がなければならないであろう。しかしそれは何であるのか。ここではこの問題について考えるのに、『神統記』の中で最も重要であると思われる箇所、すなわちこの二行を含む二二―三五行（いわゆるエピパネイア）の部分を取り上げて考察してみたい。ここで、はたしてムーサたちは何を歌えとヘシオドスに命じたのか、そして、その歌はホメロスの中で歌人が歌っていることと実際にどのように異なっているのか。これらについて調べてみたいと思う。

問題の部分（二二―三五行）を見ると、ムーサたちはある時にヘリコンの山麓において羊飼いヘシオドスに美しい歌を教えたことになっている。そして、まずはじめに語りかけた言葉が冒頭に挙げた二六―二八行であるが、ムーサたちは、このように語ったうえで、月桂樹の枝をむしり取らせて、[54]詩人の象徴たる杖として授けた。こうして、τά τ' ἐσσόμενα πρό τ' ἐόντα（あるであろうこととあったこと）を褒め歌うように、神の声を吹き込んで（三一―三二行）、ヘシオドスに対して、永遠にある浄福なる者たちの族を讃美することを命じたのである（三三行）。

まず、ムーサたちがヘシオドスに歌うように命じたものは何であるか、という問題から始めよう。それは、むろん永遠なる神々のことであるが、問題となるのは、τά τ' ἐσσόμενα πρό τ' ἐόντα の意味である。三八行でも、ムーサたちの歌うことがらとして、τά τ' ἐόντα τά τ' ἐσσόμενα πρό τ' ἐόντα（あること、あるであろうこと、あったこと）という同じような表現が現われる。これは先にもふれたように、『イリアス』で予言者カルカスについて用いられている表現である。

この者（カルカス）こそ、あること、あるであろうこと、あったこと（τά τ' ἐόντα τά τ' ἐσσόμενα πρό τ' ἐόντα）を悟り、ポイボス・アポロンがこの者に授けたその予言の技により、アカイア人の船をイリオスに導いたのだ。（*Il.* 1. 70-72）

予言者は過去、現在、未来に起こることがらを知る者である。一方、ホメロスでは、真実を知ろうとするとき、歌人はつねにムーサに訴える。[55]ムーサが語っていることは、例えば「誰がダナオイ人たちの指揮官や領主であったか」（*Il.* 2. 487）などの例のように、つねに過去の個別的な出来事についてであり、ムーサはこのようにいわば目撃証人であった。これに対して、ヘシオドスではムーサは予言者の役割をも演じているのである。これはどのように考えたらよいのか。

すでに述べたように、ホメロスでは、エテュモス系の語は予言者に用いられており、アレーテイアはムーサにふさわしい語であった。これら両方の言葉が、ここでムーサについて用いられていることは、明らかにヘシオドスにおいてムーサの概念が拡張されているということを示している。ヘシオドスのムーサは、ただに過去に起きた出来事の目撃証人であるばかりでなく、未来をも予見する、予言者としての権能をも兼ねそなえた存在となっている。しかし、もし三二行の言葉が予言者の語ることがらと同じ内容のものであるということになると、古くからあるヘシオドスに対する批判が当てはまるのではないかという疑問が生じる。それはこの箇所への古注（スコリア）やルキアノスが指摘していることであるが、ヘシオドスは三二行で描いたプログラムのうち、未来について歌う約束を実行しなかったのではないかという批判である。[56] この不履行への非難を回避する試みが昔から試みられているが、[57] そのひとつとして、この三二行を別な意味で読むことも可能である。それは次行の三三行と関連させて読むもので、[58] インスピレーション（ἐνέπνευσαν 三一行）と命令（ἐκέλονθ' 三三行）とは実質的には同じ行為であるので、τά τ' ἐσσόμενα πρό τ' ἐόντα を「これから生じることがらと昔起こったことがら」ではなく、むしろ αἰὲν ἐόντα すなわち永遠にあるもの（神々）を指すと考えるのである。ただし、哲学的な意味での永遠存在のことではなく、二一行と同様に不死なるもの（ἀθάνατοι）のことを言っている。[59] そうすると、ここでの召命は予言とは関係なく、むしろムーサたちは不死なる神々のことを語るようにと神の声を吹き込んだことになる。このように解釈して困難を乗りきることも可能であろう。しかし、この解釈は、『イリアス』第一歌との明らかな表現の一致にあえて目を向けようとしない点で不自然さを残している。そして、困難を回避するためのやや人工的な解釈の嫌いがないでもない。むしろ、詩人が過去、現在、未来を見通す予言者の位置にはじめて立つのがヘシオドスのこの箇所ではないか。コーンフォード（Cornford）は、seer-poetという、予言者であり、かつ詩人でもあったギリシアのムーサの徒の系譜をヘシオドスのこの箇所から始めている。[60] われわれもまた、解釈上の困難を人工的に過ぎるようなテクスト解釈によって回避する方途をとらず、むしろより自然な読み方を選ぶべきであろう。したがって、ここでムーサが命じていることは歴史的な事実を語ることではなく、予言者としての使命を自覚しつつ、神々の系譜を物語るということになる。

先の古注やルキアノスの非難は、ヘシオドスの神々の系譜が未来について語っていない、ということであったが、叙事詩の序歌の理解のためにはそれはあまり重要な問題であるとは言えない、と思われる。詩人が未来については語りえないのであるから、未来の部分がないことは当然のこととも言えるであろう。もともと叙事詩の序歌は、古注やルキアノスに見られるような、論理的につじつまを合わせるだけの解釈では理解できない性格をもっている。[61] ただしかし、より問題であるのは、ここで詩人が予言者としても性格をもっていることから、この召命そのものを、厳粛な宗教的使命を自覚しながら神学的な真理を語ることという意味でしばしば理解されることにある。[62] これは二七―二八行を真理宣言と読むほとんどの解釈者が共通して挙げている論点であると言うことができる。しかし、われわれは詩人が同時に予言者でもあることと、二七―二八行の解釈とを切り離して、改めてそこの行文の意味を考えなければならない。たしかに、ムーサは詩人ヘシオドスに神の声を吹き込んだとされているが、しかしそれが真理であるとは明言されていないからである。ナイツェル（Neitzel）は神に関わるがゆえに真でなければならないと考えているが、[63] しかし、ムーサは真実に似た虚偽を語る能力を自分の内に認めていたのであり、それが真でなければならぬとはしていない。つまり、エピパネイアであるということの厳粛さは必ずしも歌われることの真実性を保証していないのである。

二七－二八行の行文はどう読むのか。これはその直前の二六行と比較して読まなければならないと思われる。二六行を見るかぎり、コントラストは羊飼いである人間とムーサの神の間にある。スコリアが示唆しているように、二六行はヘシオドスに侮辱的な言葉を投げかけることによって、ムーサのあたえる精神的なものと対比された動物的なものを指し示している。[64] これに比べて、ムーサの人間に対する優位を語るのが二七－二八行で、これらはともにムーサの技に属することで、ムーサの知の二面が、「……できる」（ἴδμεν 原意は「知っている」）の修辞上のくり返し（いわゆる anaphora）[65]によって語られている。このようにことがらの両面を語ることは、ヘシオドスの特徴であると言うことができる。『仕事と日』一一行以下では、二種類のエリス（争い）が語られている。また、同書二一九行以下では二種類のアイドース（恥じらい）が出てくる。[66] これらはまったく別々のものが二つあるというのではなく、同一のものが二種類の異なった働きをするということである。二七－二八行も同様に、ムーサの知は真実と真実に似た虚偽の両面からなるということが言われているのだと思われる。つまり、両者のコントラスト（真実に似た虚偽を語るのはホメロス、真実を語るのはヘシオドスというように）ではなく、二つの能力をともに詩人に伝えるというのが、この行文の趣旨なのである。

では、ヘシオドスが二七－二八行で示そうとしたものは何であるのか。ヘシオドスのムーサの両面性、すなわち真実と真実に似た虚偽を語るということの原型は、ホメロスに見出される。ただし、ホメロスではこの両面性をもつのはムーサではなく、オデュッセウスである。オデュッセウスは『オデュッセイア』第一一歌（363-369）では真実を語る者であったが、同書第一九歌では「たくさんの真実に似た虚偽を語った（ψεύδεα πολλὰ λέγων ἐτύμοισιν ὁμοῖα）」（203）と言われている。ここではオデュッセウスはクレタ人に変装し、ペネロペイアに真実を隠しておかねばならない状況にあったけれども、真実に似た虚偽を語ったのはムーサたちによるものではない。第一一歌の場合には「歌人のように」真実を語ったと言われているのと対照的である。ホメロスでは、このようにムーサ（そして、ムーサから歌を授けられる歌人）は真実のみに関係している。われわれが注目したいのは、この「真実に似た虚偽」という文句をヘシオドスがムーサのインスピレーションに適用していることである。ホメロスの歌人はムーサに助けられて、つねに真実を歌おうとするが、彼らにはただ一種類の詩歌のみが存在し、それが偽りのものでありうる可能性に気づいていないかのようである。他方、ヘシオドスのムーサは、時にもっともらしい虚偽を語り、時に真実を語る。(67) ヘシオドスはこのようにホメロスと違って、詩歌に二つの要素を認め、それが一般に真実と真実に似た虚偽からなることを認めている。ここで言われる虚偽は、一般の解釈で考えられているような「誤り」（実際には、このような意味はホメロスではほとんど出てこない）といった消極的な意味ではない。『神統記』のような作品には、真実ばかりでなく、虚偽も当然含まれている。しかし、それは真実に似たものとして、むしろ積極的な意味をもっている。ホメロスの例では、たしかにオデュッセウスの語った話は嘘である。しかし、ペネロペイアが夫の着物、人柄などについて語られた話に涙しながらも満足するのは、嘘に含まれた真実のためである。つまり、真実に似た虚偽とは、真実に近い、部分的には真実を含んだ嘘ということである。

このように真実に似た虚偽は、非難を示す言葉であるよりは、むしろ語り手の熟達した技を指す言葉として用いられている。それはホメロスにも見られるが、しかし歌人とは直接には結びついておらず、ヘシオドスにおいてはじめて歌人と結びつき、以後の文学形式において受け継がれていくのである。ピンダロス『ネメア祝勝歌』第七歌で、

> わたしは、オデュッセウスの物語が、ホメロスの甘き歌によって、その経験をさらに凌いだものとなることを期待する。（*N*. 7. 19–21）

というのもその例のひとつである。ここはホメロスへの言及であるが、オデュッセウスの物語と詩的な技が結びつけられているのが注目される。ホメロスはオデュッセウスの物語を彼の実経験よりもより内容豊かなものに仕上げた。詩的な技である「虚偽と翼ある技巧」（ψεύδεσι…. ποτανᾷ <τε> μαχανᾷ, *N*. 7. 22）こそ物語をすぐれたものにするものである。このように虚偽を語ることは、詩人としてけっして非難されることではなかったのである。プラトンが『国家』第二巻において展開した批判を見ても、われわれはギリシア人の同じような、詩人についての共通の理解を見て取ることができる。それは、国家の守護者を教育するのにふさわしい文芸について論じている箇所であるが、ホメロス、ヘシオドスその他の詩人は、虚偽の物語（μύθοι ψευδεῖς）を組み立てて語っていたし、今も語りつづけている（377D4）のだと非難されている。ここで注意しなければならないのは、プラトンが彼ら詩人の物語を作りごとであるがゆえに批判しているわけではないということである。むしろ、詩人の物語が虚偽を含んでいることを事実として認めながらも（377A5）、しかし、ホメロス、ヘシオドスの物語がよからぬ仕方で虚偽を語っている場合には非難されるべきだ（377D9）と主張しているのである。逆に、ヘシオドスに出てくるウーラノス去勢の話などは、それがたとえ真実であっても（εἰ ἦν ἀληθῆ）軽々しく語られるべきではないと言われている（378A）。同書382Dの表現を用いれば、「虚偽をできるだけ真実（ここでは神の真の本性）に似せて」語ることがむしろ大切だと考えられているのである。単に真実を語ることが勧められ、虚偽を語ることが非難されているわけではないのである。この「真実に似た虚偽」はプラトンのミュートス論を理解するうえでも重要な意味をもっている。この点について、われわれは後に再び論じることになるであろう。

プラトンの『国家』第二巻の議論を見るとき、われわれがこれまで考察してきたホメロス、ヘシオドスにおける真実（アレーテイア）や真実に似た虚偽とミュートスとの連関が明らかとなる。プラトンは『国家』においてミュートスを論じるにあたって、ホメロスやヘシオドスの詩について何を非難しようとしたのか。もちろん、それは彼らが神々の姿をふさわしくないかたちで描いたからであろう。しかし、プラトンは詩人をつまらぬ作家として目下に見ているわけではない。むしろ、「子供の頃から僕をとらえているホメロスへの愛と畏れ」（595B）がその批判を困難なものにしていると言っている。そのような愛情をもつがゆえに批判がむずかしいのは、ホメロスの詩がそれほど魅惑的であるからである。われわれは『国家』のここの議論からプラトンの真意を読み取ることはそれほどむずかしくはない。もう一度、『神統記』の序歌の部分に注目してみよう。この部分をヘシオドスの真理宣言と読む「哲学的解釈」は、序歌の中でムーサの言葉がおかれているより大きな連関を無視しているとしか思われない。問題の二二－三五行の箇所の前後の動詞に注意してみると、ここではアオリスト形が五回（二二、二四、二九、三〇、三一行）、未完了過去形が一回（三三行）と、集中して過去時制が用いられている。他方、一－二一行は、ムーサのつねにおける技を述べており、[68]三六－五二行では、産んだという表現以外はすべて現在形である。このことは、二二－三五行がヘシオドス自身の過去の経験を語っていることを示している。二二行の「ある時」（ποθ'）は三五行に対応し、三五行の「もっとも槲樹《かしわ》や岩根にかかわるこうしたことは、これくらいにしておこう」という一句は、諸解釈があるが、古注のように槲樹も岩根も古い過ぎ去ったものを指すと解釈するのが自然であり、[69]この行で話は現在に戻っている（叙事詩などに見られる、いわゆる環構成）。したがって、二二―三五行で言われたことは、序歌の中で見れば、本題から離れたこと（digression）である。むろん、だからといって重要でないというわけではないが、一般の解釈のようにこの部分だけを他と切り離して読むのは、全体の構成からしても、きわめて不自然であることになる。[70]

　現在（すなわち本題）においてむしろ強調されているのは、ムーサの神々がもたらす喜びや快楽である。ムーサの歌はゼウスの心を喜ばせ（τέρπουσι 三七、五一行）、その声は快く（ἡδεῖα 四〇行）、彼女らに愛でられた人の声も甘やかで（γλυκερή 九七行）、またひとが生の苦しみの中にあっても、他所へ心を逸らせてくれる（一〇三行）。ホメロスにおいても、これらの言葉は同様に注目されてよいであろう。[71] そして特に注目されるのは、『神統記』の序歌の最後の箇所で、「古往の人びとの誉れ」の讃歌と「オリュンポスに宮居する幸《さきわ》う神々」の讃歌（一〇〇―一〇一行）とが並び置かれていることである。前者はホメロスのような英雄叙事詩を、後者がヘシオドスのような神統記を指すことは明らかであるが、これらは対立されているのではない。むしろともにムーサによって歌われて、それによって喜びが生まれると言われているのである。このように、詩は喜びをあたえうるものと考えられている点では、ホメロスもヘシオドスも同じである。[72]

　プラトンにおいても、ミュートスが「真実に似た虚偽」であることは重要な意味をもつが、その場合には真実も真実に似た虚偽も、ホメロスやヘシオドスにおける意味とは異なっている。プラトンが詩人批判において最も注目したのは、詩人たちのミュートスが人間たちを魅惑し、心をとりこにしてしまう危険をはらんでいることにある。[73] そうした危険を警戒しながらも、プラトンはミュートスを語ることを禁じることはなかった。むしろ、「真実に似た虚偽」という言葉にまったく異なる意味を包含させながら、よりダイナミックな仕方でミュートスを展開するのである。

第三章　注

（1）M. F. Meyer, 1999: "die subjektive Färbung", S.44. マイヤーによれば、その特徴はとくにその動詞形 μυθέομαι においてよく現われている。

（2）ハヴロックはそれを「反応の心理」と呼んだ。Havelock, 1963, Preface.

（3）ホメロスが口誦詩に属することにだれも異論を唱えないであろうが、その口誦詩の本質についてはさまざまな見解がある。ホメロスの詩が単一の詩人の創造物であるよりは吟遊詩人たちによる一連のパフォーマンスによって成立したものであるという見方が、近年において、パリー（M. Parry）をはじめとするいわゆる「フォーミュラ派」と呼ばれる人びとを中心にコンセンサスを得つつあるが、いずれにしても口誦詩の本質から記憶を排除しようとする考え方は正しくない。例えば書物というものを orality とどのように連関させるかは困難な問題を含むが、とにかくホメロスが orality の正確な記録であることは否定できない。

（4）これに関連するソフィストたちの活動については、ここではふれない。

（5）M. Heidegger, 1929, S.219. ――「アポパンシスとしてのロゴス」すなわちアポパンティコス・ロゴスは、アリストテレス『命題論』第四章の真偽を含む命題を指すが、この一文はハイデッガーの解釈の特徴をよく表わしている。本来、アポパンティコス・ロゴスは、みずからの意見を表明したものという「中動相（Middle voice）」的な意味のものであるが、これに対して、ハイデッガーは、真理が事物から（ἀπό）現われる（φαίνεσθαι）ものと解釈しているわけである。

（6）"Wahr ist den Griechen das Unverhüllte, ἀ-ληθές (von λήθω, λανθάνω), und die Wahrheit, ἀλήθεια kommt den Dingen und Worten zu, in so fern sie sich unserer Einsicht nicht entziehen, " (Joh. Classen, 1851. E. Heitsch, 1962, S.24 の引用による。Cf. H. Ebeling, 1885, s.v. ἀ-ληθείη; E. Boisacq, 1923, s.v. ἀληθής.

（7）P. Friedländer, 1954（第2版）, S.233-248; 1963（第3版）, S.233-242; E. Heitsch, 1962, S.24-33.

（8）Sextus Empeiricus, *Adversus Dogmaticos*, ii, 8: ὧν ἀληθῆ μὲν εἶναι τὰ κοινῶς πᾶσι φαινόμενα, ψευδῆ δὲ τὰ μὴ τοιαῦτα· ὅθεν καὶ ἀληθὲς φερωνύμως εἰρῆσθαι τὸ μὴ λῆθον τὴν κοινὴν γνώμην.（感覚に現われているもののうち、すべての人に共通に現われているものが真なるものであり、他方そうでないものは偽りである。したがってまた、語源を遡って言うならば、共通な認識からの注意を免れていないものがアレーテスなのである。）

（9）Olympiodorus in Platonis Phaedonem Commentaria, p.156, 15（Norvin）
ἡ ἀλήθεια τὸ ὄνομα δηλοῖ λήθης ἐκβολὴν εἶναι τὴν ἐπιστήμην.（アレーテイアという名詞が、知識とは忘却の排除であることを明らかにしている。）

（10）Hesychius s.v. ἀληθέα· ἀψευδῆ καὶ τὰ <μὴ> ἐπιλανθανόμενα. s.v. ἀληθής ..... ἤ μνήμων, κατὰ στέρησιν τῆς λήθης.（アレーテア……偽りなきもの、忘却されざるもの。アレーテース……忘却の欠如という意味でのもの覚えのよさ。）

（11）Etymologicum Gudianum, παρὰ τὸ λήθω.

（12）Etymologicum Magnum, τὸ μὴ λήθη ὑποπῖπτον.

（13）H. Frisk, 1954, S.71; W. Luther, 1966, S.34f..; P. Chantraine, 1968, s.v. λανθάνω; A. W. H. Adkins, 1972, p.5.

（14）E. Heitsch, 1962, S.31-32.

（15）s.v. ἀληθείη.

（16）P. Friedländer, 1964, S.236.

（17）s.v. ἀληθείη.

（18）以下この節では煩雑になることを避けて、ギリシア語のまま記す場合が少なくないことをお断りしておく。

（19）Cf. *Il.* 23. 648, μευ ἀεὶ **μέμνησαι** ..... οὐδέ σε **λήθω**.

（20）例えば、P. Friedländer, 1964, S.236 参照。

（21）W. Luther, 1966, S.36-38.

（22）同様に、世におこなわれている裁きは、ひとりゼウス目には見落とされることなく（οὐδέ ἑ λήθει）、正しく知られる（*Op.* 267-269）。Cf. T. Krischer, 1965, S.162-163.

(23) 別の読み方として ἀλῆτις (vagrant) があるが、一般に支持されていない。

(24) W. Leaf, 1900–1902 (第2版), I. p.555; Liddell & Scott, s.v. ἀληθής, B. *not forgetting, careful*, Cf. A.I.2. of persons, etc. *truthful, honest*, (not in Hom.); B. Snell, 1978, S.94.

(25) M. L. West, 1966, ad. loc.

(26) B. Snell, 1978, S.94.

(27) B. Snell, 1978, S.98–99. νημερτής と ἀληθής や ἀτρεκής との微妙な意味の差異については、Cole, 1983, pp.13–17 を参照。

(28) B. Snell, 1978, S.95–100, 104; T. Krischer, 1965, S.166–167.

(29) クリッシャーによれば、それは真正でないものに対する真正なもの (das Echte im Gegensatz zum Unechten) を指す (T. Krischer, 1965, S.166.)。

(30) ベーダーは、アレーテイアの用法がこの三極構造のみに局限されるように主張している (H. Boeder, 1959, S.96–97)。たしかに多くの例は（本文で述べられるように）このような場面で用いられるが、しかしそうでない箇所 (*Od.* 17. 15; 18. 342; 21. 212) も見られることにも注意される必要がある。

(31) (1)の例では、ゴールはスタート地点から「遠く」(τηλόθεν 359, Cf. 452) 隔たっていた。

(32) われわれは、報告者が語るという場面において、しばしば καταλέγειν という表現が現われることに気づく。このような場面において、καταλέγειν という語のもつ意味を知るのによい例として、『オデュッセイア』第五歌で、神々の会議においてアテナが神々に向かって、オデュッセウスの「多くの心労を λέγειν した」(5)と言い、他方、『イリアス』第九歌では、城市に火がつけられようとする時にクレオパトレが夫メレアグロスに向かって、町を滅ぼされた人びとが受ける「あらゆる心労を καταλέγειν した」(591) と言う、よく似た文脈がある。ともに同じような表現が見られるけれども、クリッシャーが指摘しているように、テクストで λέγειν が πολλ'(α)（多くの）と結びつけられ、他方、καταλέγειν が ἅπαντα と結びつけられているのは偶然ではない。先の例の場合には、オデュッセウス帰国の許可を認めさせるだけの理由をアテナは神々に訴えれば充分で、オデュッセウスが経験した出来事のすべてを語るまでもないのに対し、後の例では、クレオパトレは、夫の怒りを収め城市を守らせるためには、征服された城市がこうむる一切のことがらを数え上げる必要があったと考えられる（Cf. T. Krischer, 1971, S.155–156）。「さあそれではわたしに正確に語ってくれ」（ἀλλ᾽ ἄγε μοι ..... ἀτρεκέως κατάλεξον）というしばしば見られる表現が明らかに示しているように、καταλέγειν は語られる対象をあますところなく、正確に描写する場面で多く用いられ、もっぱら情報を与えるさいに適用される。そういう意味において、アレーテイアは καταλέγειν とよく結びつきうると言うことができよう（Cf. T. Krischer, 1965, S.168–169）。

（33）先に述べたように、クリッシャーは、エテュモス系の語の意味を、アレーテイアと区別して、“das Echte im Gegensatz zum Unechten” と言い表わす（T. Krischer, 1965, S.166）。他の用例としては、*Od*. 19. 567 で本当の夢と偽りの夢があるとして、前者は οἵ ῥ᾽ ἔτυμα κραίνουσι と呼ばれる。*Il*. 10. 534（= *Od*. 4. 140）では「私は偽りを語っているのか、それとも本当のこと（ἔτυμον）を語っているのか、言わずにはおれない」と言われる。この語の語源的意味については Hoffmann や Boisacq を参照。

（34）なお、*Il*. 22. 438 の「真実の使者（ἐτήτυμος ἄγγελος）」では、どの目撃者もアンドロマケにあらゆる個別的なことがらを報告しなかったということではなく、もっぱらアンドロマケが事実を経験しなかったということが言われている。また、*Od*. 23. 62 の οὐκ ἔσθ᾽ ὅδε μῦθος ἐτήτυμος, ὡς ἀγορεύεις（この話はおまえの言うように真実ではない）という一文で、ここでも韻律上は ἀληθής と置換可能だが、ペネロペイアが言おうとしたのは、事実として当たっていないということである。

（35）Pratt（L. H. Pratt, 1993, pp.19–20）の指摘するように、λανθάνειν することはなんらかの事態がその人に気づかれていない状態を指すので、「忘却」にのみ限定して語るのは誤りである。例えば、ホメロス『イリアス』第三歌で、ヘラがトロイアの女たちに気づかれずに町を通ったと言うとき、

πάσας δὲ Τρῳὰς **λάθεν**.（*Il*. 3. 420）

ヘラはトロイアの女たちに彼女のことを忘れさせたということではなく、（コンテクストでは沈黙と外衣によって）彼女らに気づかれずにすんだということである。つまり、λανθάνειν や λήθη は過去にもっていた認識を喪失してしまう、簡単に言えば記憶を喪失することを必ずしも含意しない言葉である。むしろ、知覚がなんらかの理由で遮

断されて、その対象を知覚していない、あるいは知覚していてもなんらかの理由で意識されていない状態（例えば、別の事柄に意識を集中させているために、その対象について意識していない状態）をも含んでいる。過去に経験したことをなんらかの理由で意識しないならば、それは忘却となる。これらさまざまな条件のもとにその対象について「気づいていない」ことをいう。したがって、過去についての記憶のみに関係させることは誤りということになる。このことはその否定形とも言うべきアレーテイアについても当てはまる。以上のことはアレーテイアの原義を考える場合につねに留意させるべきことである。しかし、この点について考慮されていないとして、Pratt が Cole らの解釈に異を唱えるのは誤りである。主観的解釈はこの点を留意した上でも成立する。Cf.）Cole, pp.8-9: "ἀλήθεια is that which is involved in, or results from, a transmission of information that exclude λήθη, whether in the form of forgetfulness, failure of notice, or ignoring."

（36）本書三六頁。

（37）すでに述べたように（四〇－四一頁）、ホメロスにおける用法が、「もの」と「言葉」とがいまだ不可分であった時代のものであるとする、ルターの主張には賛同することができない（W. Luther, 1966, "die Dinge und die sie bezeichnenden Wörter noch in einem untrennbaren Wirkungzusammenhang stehen", S.37, Cf. S.31）。ホメロスにおける用例はすべて人間の主観的意識との関連でのみ現われている。

（38）ヘシオドス『神統記』からの引用は廣川洋一訳（岩波文庫、一九八四年）を拝借した。

（39）テクストは δρέψασθαι と読む。本書七七頁注（54）参照。

（40）B. Snell, 1975, S.100.

（41）Th. Cole, 1983, p.13.

（42）アレーテイアが客観的な意味で使用されている例は、上記の Pind. *N.* 7. 25, Aesch. *Agam.* 680 のほかには、Soph. *Tr.* 91, Pind. *O.* 7. 68-69, *I.* 2. 10 などが参照されるべきである。その意味の変容についての詳細な考察は、Krischer, Snell, Cole によってなされたが、検討すべき箇所についての網羅的な考証は Levet がおこなっている（J.-P. Levet, 1976）。

（43）「真理はどこにあるのか（Wo ist die Wahrheit?）。」これがハイデッガーの真理論の一貫した問いである。ハイデッガーは、真理についての伝統的な解釈として、(1)真理の場所は判断にある、(2)真理の本質は判断と対象との一致にある、(3)アリストテレスは真理の根源的場所を判断のうちにおいた、という見解を挙げ、これを批判している（M. Heidegger, 1927, S.214）。真理とは「知性とものの一致（adaequatio intellectus et rei）」という見方は、真理概念の解釈としてはかなり古いものであるが、ハイデッガーはこれよりもさらに古い、真理という言葉の源として、アレーテイアという語を取り上げて、ギリシア語におけるその用例をたどることによって、真理の本来的な意味は、判断の一致ではなく、Unverborgenheit（隠されていないこと）として、むしろ現象の中にあることを主張した。これはハイデッガーの見解の中でも一般によく知られたものであるが、この解釈に対抗するためには、彼のプラトン、アリストテレス解釈についても検討する必要がある。特に、(2)(3)に関しては、ハイデッガーの解釈に耳を傾けるべきところが少なくない、とわたしは考えている。しかし、同時に、彼の見解はプラトン『国家』、アリストテレス『形而上学』についてのかなり強引な解釈に基づいており、批判されるべき点も多いと思われる。この問題に関しては、本書の議論から逸脱することになるので、ここではこれ以上は論じない。ここでわたしの述べたことはハイデッガーの言う(1)に関連するが、アリストテレスが判断以外に真理の場所を設定していることは認めねばならないし、その事実は哲学的にも重要な意味をもっていると思われる。しかし、少なくともアレーテイアという語を歴史的にたどるならば、やはり判断のほうに関連しているというのがわたしの意見である。もし historisch な検証がこの場合に重要でないと考える人がいれば、むしろわたしの議論はその人に向けられたものでないことを断わっておく。

（44）B. Snell, 1980^5, S.128.

（45）アマイス・ヘンツェによれば、ἡμεῖς は歌人を指す（Ameis-Hentze, 1930, s.v. B. 486）。しかし、いずれとも大差はない。

（46）例えば、*Il.* 11. 218; 14. 508; 16. 112.

（47）歌人ペミオスは、「死すべき者たちを魅惑する歌（θελκτήρια）」を知っている（*Od.* 1. 337）。また、オデュッセウスの物語は、歌人の歌のごとく聞く者を魅了した（ἔθελγε）と言われる（*Od.* 17. 518-521）。

（48）Cf. G. B. Walsh, 1984, pp.5–6.

（49）本書では、歌人の歌の見事さは、記憶の正確さ、生々しさの意味に理解されている（*Od*. 8. 487–491 や *Il*. 2. 484–487 の例を参照）。しかし、優れた歌を歌うことは、新しいことがらの報告というよりは、伝承されたものをより整然と（κατὰ κόσμον）語るという意味での、伝承物語の再解釈であるという見方がある。これについては岡道男『ホメロスにおける伝統の継承と創造』（Iホメロスの独創性）、一九八八年、二七－二八頁参照。『オデュッセイア』第八歌の κατὰ κόσμον は、'very *correctly*'（T. B. L. Webster, 1939, p.170）のように、本書では正確さの意味に理解された（ただし、G. B. Walsh, 1984, p.8f. 参照）。

（50）"v.27. ceteri poetae epici, qualis Homerus fuit, indicatur, v.28. vero didactici, quorum familiam ipse Hesiodus ducit."（C. Goettling, 1878, p.7）Cf. H. Diller, 1946, S.141, O. Gigon, 1968（2版）, S.14, W. J. Verdenius, 1972, p.234, 1983, p.28 n.70, H. Neitzel, 1980, S.387–401. 他方、W. Marg, 1970, S.88, W. Stroh, 1976, S.85–112, M. Heath, 1985, pp.258–262 は、ヘシオドスの詩が真実と虚偽の両方を含むと考える。

（51）Thucydides, 1, 3, 3; 1, 9, 4; 1, 10, 3; 3, 104, 4, 6. Cf. M. L. West, 1966, p.162: "no Greek ever regarded the Homeric epics as substantially fiction.", F. M. Cornford, 1952, p.104.

（52）ルキアノス『嘘好き（*Philopseudes*）』二。

（53）プラトン『法律』682A。

（54）三二行は δρέψασθαι と読めば、ムーサがヘシオドスに月桂樹をむしり取らせたことになる（E. R. Dodds, 1951, p.131, "They granted me to pluck for myself"）。そうすることによって詩人は象徴的に召命を受け入れたことを示すことになる。現代の校訂者の多くはこの読みを好む。もうひとつの読みである δρέψασαι とすると、ムーサが折って与えたということになる。後者の場合でも、召命そのものをフィクションにしてしまう（von Fritz）ことにはならない。むしろ、羊飼いの杖であったものが詩人の杖となっていたことである（W. J. Verdenius, 1972, p.237）。

（55）例えば、*Il*. 11. 218, 14. 508, 16. 112.

（56）Cf. T. Gaisford, 1814, p.384 (ad v.32). ルキアノス『ヘシオドスとの対話（*Disputatio cum Hesiodo*）』二。

（57）E. N. Tigerstedt, 1970, p.172 に詳しい。

（58）念のために原文を示しておく。

…………………… ἐνέπνευσαν δέ μοι αὐδὴν
θέσπιν, ἵνα κλείοιμι **τά τ' ἐσσόμενα πρό τ' ἐόντα,**
καί με ἐκέλονθ' ὑμνεῖν **μακάρων γένος αἰὲν ἐόντων,**（*Th.* 31-33）

（59）W. Marg, 1970, S.91, H. Neitzel, 1980, S.397-398 がそのように解釈する。一方、W. J. Verdenius, 1972, p.239, W. Stroh, 1976, S.89 は、問題の句を「万物」の意味に読んでいるが、これはこの句に含まれている時間的意味を無視することになる。

（60）F. M. Cornford, 1952, pp.76ff.

（61）例えば、『イリアス』の序歌では「英雄の死体が犬や鳥の餌食になった」と言われている。現イリアスにはそのような記述がないところから、古イリアスにそのような記述があったであろう、という推測がなされたが、これも同類の誤った解釈である。叙事詩をこのように論理的にのみ理解しようとするのは正しいやり方ではない。筆者はこの点については、故岡道男教授に教示を得た。この章における論述は教授の解釈と同じではないが、教授から学んだことの多くに影響されていることを断わっておく。

（62）例えば、"den religiösen Wahrheitsanspruch auf die Dichtung zu übertragen"（H. Maehler, 1963, S.40-41）, F. M. Cornford, 1952, pp.99-102, E. R. Dodds, 1951, p.100 n.118.

（63）H. Neitzel, 1980, S.399-400.

（64）Cf. T. Gaisford, 1814, p.383（ad v.26）. W. J. Verdenius, 1972, pp.233-234.

（65）ἴδμεν による anaphora は、『オデュッセイア』第一二歌のセイレーンの場面でも現われる（*Od.* 12. 189-191: **ἴδμεν** γάρ τοι πάνθ', ὅσ' ἐνὶ Τροίῃ εὐρείῃ Ἀργεῖοι Τρῶές τε θεῶν ἰότητι μόγησαν, **ἴδμεν** δ', ὅσσα γένηται ἐπὶ χθονὶ πουλυβοτείρῃ.）。

（66）岡道男、一九九二年、四二－四五頁。

（67）ムーサはAを語ることができるが、その気になれば（εὖτ' ἐθέλωμεν）Bを語ることができるというのは、『オデュッセイア』第一四歌（444-445）の例のように、思いのままにAやBを語りうるということであって、Bのみをここで語ろうという意味にはならない。これは神の権能を示すための常套句であり、ヘシオドスにおける同様の例としては、*Th.* 429, 430, 432, 439がある。Cf. M. L. West, 1966, p.163（ad v. 28）.

(68) 七、八、一〇行の過去形はtimeless。Cf. M. L. West, 1966, p.155（ad v.7）.

(69) すなわち、「過ぎ去ったことを語ることが私にとって何の役にたつであろうか（τί μοι χρεία ἐστὶν ἀρχαιολογεῖν;）」という意味（T. Gaisford, 1814, p.384 (ad v.35)）。

(70) H. Neitzel（1980, S.393-394）は、ヘシオドスが若い頃に学んだ叙事詩の多くが偽りに満ちていることに憤慨したというように考えているが、テクストにはそのような解釈を支持するようなものはない。

(71) Cf. W. J. Verdenius, 1983, pp.29-30; Zs. Ritoók, 1989, pp.336-339.

(72) もっとも、ヘシオドスにとってムーサは、英雄叙事詩も神統記も語る者ではあっても、それはホメロスにおけるような単なる記憶の保持者としてではない。ムーサはムネーモシュネ（記憶）の娘と言われながらも、彼女らが実際にあたえるのは「忘却」である（五五、一〇二－一〇三行）。これはひとつの矛盾とも見えるが、ホメロスとは異なるそうした仕方で喜びが詩であるための重要な条件であることが示されているのである。

(73) すなわち、その詩が「多くの人びとに聞くに快く楽しいものであることを否定するからではない。むしろ、詩としてうまくできていればいるだけ、いっそう……こうした詩句を聞くべきではないからなのだ」（*Rep.* 387B, 藤澤令夫訳）と言われる。

結語　ミュートスとロゴス

哲学の生誕にさいして、一般に常識的な知見として認定されている見解は、一方に合理的思考のロゴスと他方に神話的思考のミュートスを対立的な概念として設定し、ロゴスがミュートスを駆逐することによって成立したとするものであるが、この見解を最初に提示した人たちのひとりであるネストレがすでに気づいていたように、初期の哲学者たちは実際には多くの神話的表象を用いており、ホメロスやヘシオドスの作品には合理的精神の萌芽が見られる。もともとミュートスがロゴスへ移行する決定的な瞬間を特定することが困難であるばかりでなく、そもそもまったくロゴス的な要素を欠いたミュートスとか、まったくミュートスを含まないロゴスとかを想定すること自体が誤っており、実際には、擬人化から非擬人化へ移行したのではなく、擬人化されたモデルと新しい哲学とが共存するかたちをとっていたのである。けれどもこの「ミュートスからロゴスへ」あるいは「神話から哲学へ」という図式は非常に強力で、哲学のみならず他の古典学の分野においても絶大なる影響力を誇った。ミュートスはロゴスが完全性に到達するともはや無用なものである、言い換えれば、ミュートスはロゴスが完成されるまでの途上においてのみ有用であるというこの見方は、プラトンのミュートス解釈においても厳然として存在している。

われわれはプラトンのミュートスについて正しい理解を得るために、まずプラトン以前においてミュートスがどのように語られたかを調査し、これとプラトンのミュートスを比較した上で、プラトンがミュートスにどのような新しい意味をあたえたのかを学ぶという方策をとることにした。これによってはじめてプラトンのミュートスの意義が理解されると信じるからである。プラトン以前の資料に関する調査は二つの面からおこなわれた。ひとつはプラトン以前におけるミュートスとロゴスの語の使用について調査することであり、もうひとつは、ミュートスがもつ真理性について考察することであった。

その成果を以下にまとめると、まず第一の問題に関して言えば、われわれはロゴスという言葉で論理や理性を、ミュートスという言葉で神話や物語を予想するのが普通であるが、そういったわれわれの通念とは異なり、両者は初期のギリシア文学の中で一度として対比的に用いられたことはないのである。ホメロスにおいては、ミュートスの使用がロゴスを数の上で圧倒しているという点を除くと、両者はともに言葉、話の意味で、特にロゴスのほうに合理性の意味を確認することはできない。むしろ、「ロゴスで心を惑わす」といった否定的な意味合いで用いられていることが注目される。この点はヘシオドスでも同様で、ロゴスは「空言」「虚言」といった悪い意味合いで使用されている。このようにロゴスとミュートスとは、通常考えられているのとは逆に、ロゴスのほうがその意味において否定的なのである。ロゴスが積極的に合理性の意味をもつようになったのは、哲学者たちの功績である。人間知識がもつ有限性の自覚とともに、ロゴスは語り手の人間から離れ客観化し、より抽象的なものとなる。初期ギリシアの哲学者たちによって、ロゴスとミュートスの位置は逆転したと言うことができるかもしれない。しかし、その場合にも、彼らはミュートスを否定することによって、ロゴスの思想に到達したのではなかった。

一方、ミュートスのほうの特徴は、出来事を見聞した者がこれを他の人に伝える場合に、正しく記憶されて伝達されるならば真実であるというように、記憶とそれによって保証される真実とに深く結びついているところにある。ひと言で言えば、ミュートスとは「記憶されるべきもの」であった。これはもちろんギリシアの文化が無文字社会から出発していたことと無関係ではなく、文化は記憶によって次世代へと受け継がれたからである。同時にミュートスは人間の教育（パイディアー）とも深く関連し、プラトンはその虚偽性について『国家』において問題にしたが、しかし注意しなければならないのは、そのプラトンもミュートスという伝達形式そのものを批判したのではなかったということである。こうしてみると、すでにプラトン以前において、真実を語る二つの方式があったことがわかる。ひとつはミュートスによって記憶を通じて語られる真実であるが、これは出来事の真実という意味において事実というのと変わるところはない。ミュートスは記憶によって伝達される事実であった。もうひとつは、言うまでもなく、哲学者がロゴスを客体化し抽象化することで、通常の認識を越えたものをこれによって認識できると主張したもので、これは事実を越えた、そして事実に根拠をあたえる真理である。これを体現したのがロゴスであった。真実を語る二つの方式は反発しあうことなく共存していた。クセノパネスにおいて、両者は対立した（というよりも、一方的に片方を攻撃したというほうが正しいが）ように見えるが、クセノパネスが批判したのは、ミュートスにおいて語られる内容であって、ミュートスという形式そのものではなかったのである。

ギリシア語のアレーテイア（真実 ἀλήθεια）に関する調査は、今述べたことを裏づける意図をもっている。ホメロスにおいてアレーテイアが出現する場面の多くは、報告者がある事実について別の人に伝達するという場面で用いられ、伝達経路に誤りがなければ、語られることはアレーテイアであると言われる。ホメロスにおけるアレーテイアの特徴は、これを別の真実を表わす言葉と比較すると明らかになってくる。アレーテイアは本来話者が出来事をどのように体験したかを述べる報告場面で用いられる語であるが、真実を意味するエテュモスあるいはその同属語のほうは、それが情報としてもたらされることには無関心であり、事実の客観性にのみに関わる言葉である。その後には「アレーテイアを聞く」（アイスキュロス）とか「アレーテイアを見る」（ピンダロス）のように、アレーテイアの客体化、客観化がおこなわれるようになってくるが、その最も初期の用例におけるアレーテイアは、正しく記憶されたものというような、主観的な意味合いをもったギリシア語であった。エテュモスやネーメルテイア（誤りなきこと）という真実を表わしていた言葉は次第に使われなくなり、その結果アレーテイアはそれらの語の意味をも包摂するようになり、それとともにアレーテイアの語義も拡大した。

ヘシオドス『神統記』二七―二八行は、従来は誤ってムーサがもっともらしい作り事ではなく、真実を語るという、真理宣言の意味に解釈されてきたが、これは前後の文脈を無視した解釈である。われわれがヘシオドスのこの箇所で注目すべきはむしろ「真実に似た虚偽」という表現である。この言葉は、ホメロスにおいてはオデュッセウスがその話で聴衆を魅了するという文脈で用いられていたが、けっしてムーサと結びつけられることはなく、ムーサが詩人にあたえた権能は、真実を正しく伝達すること以上のものではなかった。一方、ヘシオドスでは、この「真実に似た虚偽」がムーサの権能のひとつに数え上げられることで、ミュートスはまことしやかに虚偽を語るという意味をもつに至ったのである。まことしやかな虚偽は、それからただちに連想されるような否定的な意味のものではなく、むしろ語り手の熟達した技を指す言葉である。この表現と、これによって意図されたことは以後の文学において受け継がれていくのであるが、同時にその技が練成されていることの度合いは、聴衆をどれだけ魅了するかというところにおかれていた。プラトンが理想国家における教育に過去のミュートスをそのまま取り入れることに危険を感じたのはそのためである。つまり、プラトンはホメロスやヘシオドスを、虚偽を語る詩人として非難したわけではなく、むしろ彼らのミュートスは神の本性を正しく伝えていないがゆえに、その意味において真実に似ない虚偽として、これを追放したのである。

こうしてみると、真実を表わすアレーテイアは、一方で詩人が語るような、記憶され、伝達されるものの集積を、他方では哲学者が現象の彼方に、現象よりも確実に存在するものとして想定した真理の二つの局面をもつ言葉となったことがわかるが、すでに述べたように、哲学は後者が前者を駆逐することによって成立したのでなく、しばしば両者が混淆したかたちで現われたのである。それとともに、詩人が語ることがらにも、単に真実を語るということではなく、これに見せかけながら虚偽を語り、虚偽を語るにおいてすぐれた者が詩人としてすぐれているとする見方が生まれ、これに対抗して、詩人とは異なる意味において、真実に似た虚偽としてミュートスをみずからの作品の中に取り込もうとする哲学者が出現した。それがプラトンであった。

第二部
プラトンのミュートス

プラトンのミュートスの研究というと、プラトンの哲学の中では、彼のイデア論に関する研究と比べて、なにか特殊な研究のように感じられるのが普通であろう。しかし、プラトンのイデア論と言っても、実際に彼の作品を繙読すれば、そのような議論が語られることがいかに少ないかに気づくことになる。プラトンをイデア論の哲学者と考えることは、イデア論が彼の哲学体系の中でどれほど重要な位置を占めようとも、彼の哲学のほんの一面だけしか見ていないのではないかと危ぶまれる。イデア論が彼の主要な教説であることを否定する者はいないが、プラトンが対話篇において説いていることはけっしてそれだけではないからである。以下におけるわれわれのミュートス研究においては、ミュートスがプラトンの哲学において特殊的な位置を占めるものではなく、むしろイデア論と少しも劣ることのない、彼の中核をなす思想のひとつであることを示すことをその目標としたい。しかし、まずは後代におけるミュートスへの評価からみなければならない。以下に述べるように、プラトンのミュートスは、近代においてばかりでなく、すでに古代においても彼の死後正しい評価を受けていたとは言えないからである。

第一章　後代の評価

一　古代

プラトン解釈は古代においてすでに始まっている。プラトンの哲学は、プラトンの死後、あるいはおそらくプラトンの存命中においても、彼が創設したアカデメイアおいて活発に論じられた。その成果は今日においても断片的に知ることができる。また、その弟子の一人で、あらたにペリパトス派の祖となったアリストテレス、およびその弟子たちも、プラトンから影響を受け、あるいはこれを攻撃したが、その攻撃はプラトンをどのように解釈したかということと不即不離の関係にある。さらに、プラトン解釈に最も貢献した人たちとして、紀元後三世紀以降の、プロティノスに連なる、いわゆる新プラトン派の人たちがいる。「新プラトン派」とは近代における呼称であって、彼ら自身はプラトンの徒をもってみずから任じていた。その代表とも言うべきプロティノスの解釈はしばしばアリストテレス的用語法に汚染されている欠点があるものの、プラトンの著作の深い読解に基づくもので、今日でも教えられるところが少なくない。

プラトンのミュートスに関する古代の解釈でよく知られているのはこの新プラトン派のものである。彼らは、ミュートスはアレゴリー（寓意）の一種として読まれるべきだと主張している。彼らは、プラトンが荒唐無稽とも言うべき物語を、問答法的論議とともに、あるいはそれに代えて用いたことには別に理由があるはずだと考えた。つまり、ミュートスをより評価しようとする試みが彼らのアレゴリー解釈である。われわれは例えばプロクロスの『プラトン「ティマイオス」注解』といった書物の中に、その例をいくつも見ることができる。例えば、プラトンが『ティマイオス』の中で説く宇宙創造の物語が、文字通り開始点をもった創造行為を言うのか、あるいはアレゴリーでしかないのかという問題は、今日においてもなおさかんに論じられており、その意味では彼らの解釈は現代でも有効な解釈のひとつを提示していると言うことができるのである。

しかしながら、アレゴリー解釈は新プラトン派が創始した解釈ではないことも断っておかねばならない。初期の叙事詩（例えば、ホメロス『イリアス』第九歌 502-512）や抒情詩（例えば、アルカイオス断片一）、いくつかの神統記などがアレゴリーとして読まれることがあった。それはレギオンのテアゲネス（前六世紀）をもって嚆矢とし、ほかにもシュロスのペレキュデス（彼はホメロスの神々を宇宙に遍在する力と解したことが、現存断片から窺える）、ランプサコスのメトロドロス（アナクサゴラスの弟子で、アガメムノンを空気、アキレウスを太陽のことだと言った）などがいた。もっとも古典期には「アレゴリー」という語は用いられていない。当初用いられたのは「ヒュポノイア（ὑπόνοια）」という言葉である。言葉の「下に（ヒュポ）」ある本当の「意味（ノイア）」ということである。アレゴリーという語がいくらか専門的な用語として使用されたのは前一世紀のデメトリオスから後のことである。[1]

プラトンのミュートスをアレゴリー、すなわち寓意として解釈するかどうかは、われわれにとっても重要な問題である。プラトンはミュートスを語るにあたっていくつかのアレゴリーを実際に用いている（その代表とも言うべきなのが、『ティマイオス』における魂の生成を論じた箇所であろう）。しかし、基本的にはプラトンはミュートスをアレゴリーとして語ることには反対の立場をとっていると思われる。『国家』（378D）や『パイドロス』（229D–E）には、ミュートスをアレゴリーとして読むことをはっきり拒絶する言葉がある。『国家』では、女神ヘラが息子に縛られる物語や神々の戦争の物語（テオマキアー）などは、「たとえそこに隠された意味があろうとなかろうと」（οὔτ᾽ ἐν ὑπονοίαις ... οὔτε ἄνευ ὑπονοιῶν）語られるべきでないとされる。その理由のひとつとして「若い人には、裏の意味とそうでないものとの区別がつかない」ことが言われている。『パイドロス』では、風神ボレアスがアテナイ王の娘オレイテュイアをさらって行ったという物語が語られているが、これは実はボレアス（北風のこと）という名の風が吹いて、岩から突き落としたということだ、とする解釈について、「こういった説明の仕方は、たしかに面白いにはちがいないだろうけれど、ただ、よほど才知がたけて労をいとわぬ人でなければやれないことだし、それに、こんなことをする人はあまり幸せでもない」とソクラテスに語らせている。これはむろん当時アレゴリー解釈がさかんにおこなわれていたことを踏まえているわけであるが、プラトン自身はこの種の解釈者とは一線を画する立場をとっていることは明らかである。われわれはミュートスを理解するのに、基本的にアレゴリーの解釈は採用しない。アレゴリーという言葉を文字通りにとると「他のもの（ἀλλό）」を「語る（ἀγορεύειν）」という意味であって、語られる内容は虚構（作り事）でしかないが、その背後に「別の」真実が隠されているということを意味している。この解釈の仕方について思い出されるのは、ドイツ観念論の哲学者シェリング（F. W. J. Schelling）である。彼は当時のすぐれた古典学者であったハイネ（C. G. Heyne）の影響を受けていたが、西洋古典学についての深い知識をもっていた。そして、シェリングが晩年においてとりわけ関心を示していたのは神話学であった。神話学に関するシェリングの主張でよく知られているのは、ミユートスをアレゴリーでなくむしろタウテゴリー（Tautegorie）、「寓意」的でなくいわば「自意」的に解釈することを主張したことである。[2] つまり、ミュートス「それ自体」をして語らしめよという趣旨である。彼のロマン主義的なミュートス解釈は、ヘーゲルのようにミュートスの内容それ自体を否定的にみるのとは対照的に、ミュートスをより高次な真理の啓示とみている。理性には限界があって、ミュートスがこれを超えるものをより直接的に示すという神秘主義はこのような解釈の一種と考えられるが、非合理的なものへの信仰が理性的なものを超えるという考えはプラトンにはない。けれども、シェリングが述べていることは、ミュートスを理解する基本姿勢に限って言えば、正当な態度だとすべきである。

二　近代

近代のプラトン研究者たちを悩ましつづけたのは、プラトンが『国家』において、ホメロスやヘシオドスなどの詩人のミュートスを理想国家から追放したことはよく知られているが、そのプラトンが対話篇において問答法的な議論と並べて（あるいはその代わりに）ミュートスを（散文のかたちであるとはいえ）採用したことである。例えば、*Dictionary of the History of Ideas* の古代における神話を扱った章では、次のように言われている。

［プラトンは］とりわけ『国家』において格別の厳しさで、一層鋭く神話批判を展開している。プラトン自身有名な幾つかの神話を創っていることからすれば、彼の神話批判は矛盾しているが、この矛盾は外観上のものであり、説明できなくはない。プラトン哲学には、真の実在（イデア）は可知的かつ不可視であり、これに対し、感覚的世界は可視的ではあるが不可知であるとする確信がある（『国家』第六巻507B）。神話は

呪術的力を有し、一面において、その力が神話を明らかに危険なものとする。だがこの力は、善のために用いられた場合、有用な力を発揮する。神話は、こうした目的に用いられるならば、たとえ最高の真理を理解させることはできないにせよ、ある種の抽象的関係を把握する助けにはなりうる。(3)

このようにミュートス（神話）を好意的に解釈する者は、彼の立場が一見矛盾しているように見えても、実はそうでないことの説明を強いられるのである。むろん、ミュートスの採用を、イデアに至る問答法的議論の補助のみとして見るような理解の仕方には批判の余地が十分にあると思われるが、しかし、引用文のような評価はやはり好意的なものだと言うことができよう。近代における評価は、当初は、否定的なものが少なくなかった。その代表とも言うべきなのが、ヘーゲル（Hegel）であろう。神話、および神話学に対する彼の否定的な見解についてはすでに見た。「われわれの哲学史からは、神話学は排除されねばならない(4)」と言われる。むろん、ミュートスをほとんど拒絶したに近いカント（Kant）やフッサール（Husserl）に比べて、ミュートスを審美学の下位段階に位置づけるヘーゲルの態度は比較的穏和ではあったと言えるかもしれないが、すでに述べたように、彼にとっては、神話的思考は概念でおこなわれる哲学的思考と取って代わられるものでしかなかった。そのヘーゲルが、プラトンのミュートスについても否定的、消極的な論評を加えていることは驚くにあたらない。『哲学史講義』の中でヘーゲルは、プラトンが議論にミュートスをつけ加えたことについて、ミュートスは人間が幼年であるときにのみ有用であるだけのもので、年を経て理性が成熟してくれば、むしろ廃棄されるのがふさわしいものとみなしている。(5)したがって、ミュートスを議論に挿入することは論理の必然的な展開を中断させることであり、哲学書にはふさわしくないと考える。ヘーゲルの批判の前提になっているのは、哲学がミュートスの否定から出発するという見方である。このような見方は、先に述べたようにプラトン以前の思想の解釈にもみられた。それはヘーゲルに始まり今日のいわゆる科学主義的な解釈に至るまでしばしば出現するが、言うまでもなくプラトンについても誤った解釈である。

ヘーゲルがこのような低い評価をおこなったために、彼の影響を受けた哲学史家たちは概してプラトンのミュートスを軽視することが多かった。近年においてもその影響はなお強く残っている。そうした中で、プラトンのミュートスについての本格的な研究が始まったのは一九世紀からであり、大小さまざまな書物、論文が書かれるようになったが[6]、そのなかでも特筆すべきは、スチュアートの『プラトンのミュートス』[7]であろう。この書は英語圏におけるはじめての研究書ということもあって、広く読まれ、版を重ねたが、スチュアートはプラトンを新カント派の視点からとらえる点がその最大の特徴である。彼はプラトンのミュートスを弁護しているが、それはきわめてカント的な立場からのもので、用語もカントのものを用いたため、おのずから限界をもっていた[8]。フランス語圏では、クトゥラ（L. Couturat）、ブロシャール（V. Brochard）といった研究があったが[9]、ミュートス研究における画期的な労作が出現した。それはフルーティジェ（P. Frutiger）の『プラトンのミュートス』[10]である。フルーティジェは、ミュートスをプラトン哲学の本質的要素とみなすことに肯んじようとしないクトゥラやヴィリ（W. Willi）[11]の解釈を斥け、むしろこれを重要な要素とみている。彼のこの書物は今日でもなお有用である。フルーティジェの貢献で最も意義あるのは、プラトンのミュートスの分類であろう。後述するように、彼はいくつかのグループに分類している。それと同時に、プラトンの本来のミュートスと、誤ってそう考えられてきたものとを区別しようとした。もっとも、両者を区別する明確な基準を立てることには困難が伴い、彼がミュートスでないとしたものの中にもミュートスとするべきものがある[12]。もっとも、この基準については、今日でも一致した見解があるとは言えない。哲学的議論の展開においてミュートスが果たす役割を、フルーティジェと同様に、積極的に評価した研究にフリートレンダー（P. Friedländer）[13]がいる。ドイツ語圏でもティーマン（K. Tiemann）やデーリンク（A. Döring）などの研究があったが、[14]フリートレンダーの『プラトン』は、ミュートスが対話篇の進行において果たす役割を重要視している点でそれ以前の研究より格段にすぐれている。

プラトンのミュートス研究は、フリートレンダー、フルーティジェにおいて本格的に始められたと言ってよいであろう。その後現われたもので特筆すべきものは、エーデルシュタイン（L. Edelstein）の「プラトン哲学におけるミュートスの働き[15]」という論文である。これはやや簡潔すぎるところがあるが、ミュートスの分類、対話篇における働きについて的確に論じている。ほかにも挙げるべきものはあるが、書誌学的に挙げていくことがわれわれの目的ではないので省略したい。スチュアート、フルーティジェ、フリートレンダー、エーデルシュタインの研究は、この領域では最もスタンダードなものである。一九七〇年代になると、プラトンのミュートス研究は陸続と登場する。これも目にとまるもののみを以下に記そう。

D. L. Hitchcock, *The Role of the Myth and Its Relation to the Rational Argument in Plato's Dialogues*, unpublished: Claremont Graduate School, 1974.

D. H. Roy, *The Political Status and Function of Plato's Myths*, unpublished: University of Notre Dame, 1977.

R. Zaslavsky, *Platonic Myth and Platonic* Writing, Washington DC, 1981.

K. F. Moors, *Platonic Myth: An Introductory Study*, Washington DC, 1982.

J. E. Smith, *Plato's Use of Myth as a Pedagogical Device*, unpublished : University of Toront, 1982.
J. A. Elias, *Plato's Defense of Poetry*, New York, 1984.

このほかにもいくつかの重要な論文が種々の関連雑誌に寄稿されている。さらに九〇年代から今世紀にかけては、ブリッソン（L. Brisson）、ギル（C. Gill）、ラウ（C. Rowe）、ナッダフ（G. Naddaff）、マレー（P. Murray）、ヤンカ（M. Janka）、マヌーヴァルト（Manuwald）、モスト（Most）、ヨハンセン（T. K. Johansen）等々が、ミュートスに関する研究書、あるいは論文を著し、あるいはインターネット上で自説を展開している。今日において、プラトンのミュートスがその哲学の展開においてきわめて重要な役割を演じていることをあえて否定しようとする者は少ないと言ってよいだろう。ヘーゲルがプラトンのミュートスについて否定的な見解を述べたことを思うと、隔世の感がある。

　このようにミュートス研究が活況を呈するようになってくるとともに、われわれがプラトンのミュートスを論じるさいに何を問題にしなければならないかもおのずから明らかになってきた。それは、ひとつには、プラトンがミュートス（μῦθος）という語で何を意味したのか、ということを調査することから始めねばならないということである。なぜなら、プラトンが用いたμῦθοςがそのまますぐにプラトンのいわゆるミュートスだとするわけにはいかないからである。このことはギリシア語のコンテクストにおける意味を調べればすぐに明らかになることである。われわれはまず、μῦθοςという語で言い表わされたものが必ずしもミュートスではなく、逆に、μῦθοςとして表現されていないものがミュートスである場合もあることを念頭に置いておかねばならない。第二に、プラトンのミュートスを特定することができたとしても、そのミュートスが何であるかを規定しておく必要がある。どのようなかたちで、どのような条件の下に語られたものがミュートスであるかを明らかにできないとすれば、われわれが特定したミュートスがなぜミュートスと呼ばれるのか、理解に苦しむことになるであろう。ミュートスが何であるかは、当然ながら、ミュートスと特定するための条件となる。第三には、ミュートスの分類ということが必要になってくる。プラトンが語っているミュートスには、哲学的にはあまり意味がないようなものもある。それは多くの場合には伝統的なミュートスから借りてきただけのものである。われわれはこの種のミュートスについては議論することをしない。われわれが論じるのは、プラトンの思想の発展において意義のあると認めうるものだけである。しかし、そのような重要な意味をもつミュートスも、いくつかの種類に分けることが可能である。われわれがミュートスの分類と言うのはこのことを指している。プラトンは初期、中期、後期において明らかに異なる仕方でミュートスを用いている。それらが（特に中期、後期におけるミュートスが）対話篇の中でどのように用いられているかを、どのような関心の下にミュートスを語っているのかを見とどけることがわれわれの目標となるであろう。われわれは以下の論述において、(1)ミュートスの語義、(2)ミュートスの定義、(3)ミュートスの分類という順序で進めていくことにする。

[第二部] 第一章　注

(一) Cf. G. A. Kennedy, 1989, pp.85–86.

(二) F. W. J. Schelling, 1856, S.195–196: "Die Mythologie ist nicht *allegorisch*, sie ist *tautegorisch*. Die Götter sind ihr wirklich existirende Wesen, die nicht etwas anders *sind*, etwas andres *bedeuten*, sondern *nur* das bedeuten, was sie sind."

(三) シュール、野町啓訳「古代における神話」(『西洋思想大事典』第三巻所収) 四頁。

(四) G. W. F. Hegel, *Vorlesungen über die Ästhetik*, i = Werke, ed. E. Moldenhauer und K. M. Michel, 1970, xiii. S.402–409, 505–506.

(五) G. W. F. Hegel, *Vorlesungen über die Geschichte der Philosophie*, S.29–30. ed. E. Moldenhauer und K. M. Michel, Frankfurt am Main.

(六) 一九世紀以降の、プラトンのミュートス研究の一覧は、K. F. Moors, 1982, chap.1 に詳しい。

(七) J. A. Stewart, 1905, rep.1960, ed. G. R. Levy.

(八) '[myths] are Dreams expressive of Transcendental Feeling, told in such a manner and such a context that the telling of them regulates, for the service of conduct and science, the feeling expressed', (J. A. Stewart, 1905, p.67) . なお、スチュアートの解釈の問題点については K. F. Moors, 1982, pp.6–7, J. A. Elias, 1984, pp.82ff. を参照。

(九) Couturat, *De Platonis Mythis*, Paris, 1896, V. Brochard, 1900, pp.1–13.

(一〇) P. Frutiger, *Les Mythes de Platon*, Paris, 1930.

(一一) W. Willi, *Versuch einer Grundlegung der platonischen Mythologie*, Zürich, 1925.

(一二) 後述一三四頁以下参照。

(一三) P. Friedländer, Platon, 1954 (第2版), 1963 (第3版).

(14) K. Tiemann, *Die platonischen Eschatologie in ihrer genetischen Entwicklung,* Berlin, 1892, A. Döring, 'Die eschatologischen Mythen Platos', *Archiv für Geschchite der Philosophie* 6, 1893.

(15) L. Edelstein, 1949, pp.463–481.

第二章　ミュートスとは何か

1.　ミュートスの語義

われわれはまずギリシア語のミュートス（μῦθος）という語が、プラトンのテクストの中でどのように使用されているか、ということから始めねばならない。これはいくらか面倒な仕事であるが、ミュートス研究に有用なチャートをあたえてくれるからである。[1] これについては、いくつかの先行研究があるので、われわれはそれを利用することができる。[2]

プラトンのテクストの中で、μῦθος の使用は一〇一例ある。プラトンの真作とされる著作の中で八七例、一般に偽作の中に入れられている著作に六例、引用として八例がある。引用というのは、他の作家の文を引用するさいに、その引用文中にミュートスという語が現われるケースをいう。[3] これはプラトンのミュートスを考えるさいには、除外してよいものである。偽作における用例も、考察の外におくことにする。[4] そこでわれわれが考察しなければならないのは、八七例あることになるが、このうち一八例はわれわれが普通ミュートスとして理解しているのとは異なるものを指している。

これをいくつかのタイプに分けてみよう。

(a)『パイドロス』237A9, 241E8

これらの箇所でミュートス(「物語」)と呼ばれているのは、「愛する者、愛される者に関するソクラテスの説」のことである。

(b)『テアイテトス』156C4, 164D9, E3、『ソピステス』242C8, D6

これらはそれぞれ、「洗練された人びと」の知覚理論、プロタゴラスの人間尺度説(二箇所)、実在(真にあるもの)の数と性質に関する説(二箇所)をいう。

(c)『ティマイオス』29D2, 59C6, 68D2, 69B1

『ティマイオス』におけるミュートスの使用は、いわゆる「エイコース・ロゴス(あるいはエイコース・ミュートス)」との関連で論じられねばならないが、これらの箇所ではティマイオスによって述べられる自然学説を指す。

(d)『ティマイオス』26C8、『法律』752A2

『法律』のこの箇所は、「国家建設をめぐる議論」をミュートロギアの名で呼んでいるとして挙げられたものであるが、続く行では、ミュートスと言いかえられている。これもむろん、神話ではない。『ティマイオス』のほうは、言うまでもなく、『国家』における理想国家論のことである。

以上の箇所におけるミュートスは、無難に訳すならば「物語」ということになるが、物語と言っても根拠のない話というのではなく、むしろ厳密に展開された理論をいう。ブリッソンはこれらを「派生的な（dérivé）」用例と見ているが[5]、派生的であるとするのは、ミュートスは厳密なる議論によるものではないとする先入見が働いているわけで、むしろミュートスの語は、しばしば物語という訳語を不適切なものと思わせるほど、幅広い意味をもちうる言葉と考えるほうがよい。これらの用例においては、ミュートスは物語というよりも、単に「話」あるいは「論」なのである。

ブリッソンに従って、その他の用例をみることにしよう。八七例のうち、残りの六九例はわれわれになじみのある「物語」「神話」といった意味で使用されている。ブリッソンはそのうちの四二例が、いわゆるギリシア神話（建国物語を含む）に言及するもので、これらはミュートスの研究には重要な意味をもたないと考えている。すなわち、四二例のうち二〇例は一般的な仕方で神話に言及するだけであるが[6]、二二例はそれがどのような神話に言及するものであるかがわかっている。

死後の魂の活動	『法律』IX 927C8
サウロマタイ人と呼ばれる女	『法律』VII 804E4
暴力による殺人	『法律』IX 865D5
トロイア建国	『法律』III 682A8
ラケダイモーンほかの建国	『法律』III 683D3
夜中に徘徊する神々	『国家』II 381E3
ガニュメデス（美少年）	『法律』I 636C7, D3, D5

ハデス（冥界）	『国家』I 330D7, III 386B8
ネストル	『法律』IV 712A4
親族殺人と正義女神	『法律』IX 872E1
アキレウスの武具とパトロクロス	『法律』XII 944A2
パエトン（太陽の子）	『ティマイオス』22C7
ムーサに霊感を受ける詩人	『法律』IV 719C1
地下に隠された財宝	『法律』XI 913C2
ゼウス・リュカイオス神殿	『国家』VIII 565D6
アイソポス	『パイドン』60C2, 61B4, B6
ホメロス、ヘシオドスの物語	『国家』II 377D5

これらの四二例を除いた用例、すなわち二七例がプラトン自身の創造した（まったくのプラトンの創作というわけではないが）ミュートス(7)ということになる。これらには以下のような物語を含んでいる。

アトランティス神話	『ティマイオス』26E4
大地の神々	『国家』III 415A2、『法律』II 664A6
階層区別の神話	『国家』III 415C7
エルの神話	『国家』X 621B8
大地の神話	『パイドン』110B1, B4, 114D7
死者の裁きに関する神話	『ゴルギアス』523A2, 527A5

魂の本性と運命に関する神話　『パイドロス』253C7
プロタゴラス神話　『プロタゴラス』320C3, C7, 324D6, 328C3, 361D2
万有を支配するものに関する神話　『法律』X 903B1
操り人形の神話　『法律』I 645B1
宇宙の逆行運動に関する神話　『政治家（ポリティコス）』268D9, E4, 272D5, 274E1, 275B1, 277B5, B7,『法律』IV 713A6, C1

このようなブリッソンの分類の方式については、いくつか疑問が出てくる。『プロタゴラス』に出てくるソフィストのプロタゴラスが語る神話は、諸解釈があるものの、プラトンのではなく、プロタゴラス自身のものであるとする説が今日では有力である。また『法律』第四巻のミュートスは、直接に宇宙の逆行を語ってはおらず、むしろクロノス時代の描写に力点があるように思われる。

しかし、これらの点は問題とするにはさほど大きくはないであろう。より大きな、そしてプラトンのミュートス解釈にとって重要なことは、これらをプラトンのミュートスとして他から切り離して考えることが妥当であるか否かである。上に挙げた二七例、神話の数では一一例は、プラトンのミュートスを扱う研究において必ずといってよいほど論じられているので、これらをプラトンのいわゆるミュートスだとすることにさして異論はないかもしれない。しかし、このうちの第一例であるアトランティス神話はどうであろうか。この物語は『ティマイオス』『クリティアス』において、アテナイのソロンがエジプトの神官より伝え聞いた話をクリティアスが語り聞かせるという設定になっているが、『ティマイオス』冒頭でクリティアスは語り始めるものの、それはいったん中断し、ティマイオスが宇宙と人間の誕生を語る議論が始まり、これが最後まで語られると、これに続いて『クリティアス』においてクリティアスが再び話し始めるという構成になっている。介在するティマイオスの議論は通例プラトンの宇宙論として取り扱われることが多いが、後の章で詳しく述べるように、最初の作品『ティマイオス』、中断された『クリティアス』、そして書かれることなく終わった『ヘルモクラテス』[8]と、そのテーマは一貫している。それは『国家』において理想的な国家論を述べた後、翌日集まった面々にソクラテスがその理想国家が実際に機能しているところを見たいというソクラテスの要請を受けて話は始まっている。そのために宇宙の生誕から論じられることになるが、人間の誕生について語り終えると、初期の人間たちがつくった理想的国家が現実の歴史の中でいかなる功績を残したか、これを語るのがアトランティス神話である。そして、重要であるのは、宇宙論、人間形成論、アトランティス神話のすべてに一貫して、これらがミュートスとして語られていることである。『ティマイオス』の議論は、とりわけエイコース・ミュートス（あるいはロゴス）として特徴づけられている。その意味するものについては後に論じることになるが、今ここで述べておかねばならないことは、ブリッソンのように、アトランティス神話はプラトンのミュートスであるが、宇宙論について用いられた「ミュートス」は単に「派生的な」意味のものでしかないとするときに、一方はいわゆるミュートスで、一方はそうでないとする、その基準はどこにあるのかということである。これらはともに一般にミュートスと呼ばれているものであるが、一方を派生的なものと決めつけることには、プラトンのミュートスはこれでなければならないという先入見が働いていると言わねばならないであろう。われわれは以上列挙した用例から、ミュートスという語がどのような意味合いで使用されているかについての大体の傾向を知ることができたけれども、これによってプラトンのミュートスが何であるかについて速断することなく、その本質について知るための重要な箇所について検討する必要があるであろう。そのような箇所はむしろ、ブリッソンがギリシア神話についての一般的な言及としてふれるにとどまった用例に現われている。これについては次に述べなければならないが、その前にプラトンにおいてミュートスとロゴスとの関係についてふれておかねばならない。

ミュートスとロゴス、すなわち神話的な表象に基づく物語と厳密な論理の上に構築された議論との峻別は、プラトンにおいてはじめて明確に現われてくる、とわれわれは先に述べた。もっともこの峻別はその言葉における使用とは必ずしもうまく対応していないことにも注意する必要がある。両者は、プラトンにおいても多くの場合たいした意味の違いなしに用いられているが、時には意識的に区別して、「ミュートスではなくロゴスだ」あるいは「ロゴスではなくミュートスを」と言われることがある。それは四つほどの箇所で言われているが、その第一は『パイドン』で、ソクラテスがアイソポス（イソップ）の物語を詩に仕立ててつくったアポロン讃歌のことにふれた箇所で、ここでソクラテスは、

いやしくも詩人であろうとする者は、けっしてロゴスをではなく、ミュートスを詩としてつくるべきだ。（61B）

と語っている。第二は、『プロタゴラス』でソフィスト、プロタゴラスがプロメテウス神話を語る中で、過去のすぐれた人たちがなぜ自分の息子らを徳ある人物に教育することができなかったのかという問題を論じるにあたって、これについては、

もはやミュートスではなく、ロゴスをこそ語らねばならない。(324D)

と語る箇所である。第二は『ゴルギアス』の神話に登場するものである。

いざや聞け、美しき物語(ロゴス)を。君はこれをミュートスと思うかもしれないが、わたしが考えるところでは、それはロゴスなのだ。なぜなら、わたしが語ろうとすることは、真実のこととして、君に語るつもりであるから。(523A)

この『ゴルギアス』の箇所は、ロゴスとミュートスの意味合いについて知るのに都合のいい箇所である。ロゴスといえば理性による合理的な記述のことでなければならないと考える者には、この用例は理解するに困難なものとなろう。ここでロゴスと言われているけれども、続いてソクラテスはクロノスの時代とゼウスの時代における人間の魂の裁きについての物語を語っているからである。この場合に、ロゴスとミュートスは、大体「真実(あるいは事実)」と「作り話」といった対比で用いられている。

最後の用例は、『ティマイオス』冒頭のソクラテスの言葉であるが、ここでは、

作り上げられたミュートス(πλασθέντα μῦθον)ではなく、真実のロゴス(ἀληθινὸν λόγον)。(26E)

と、明確な対比のもとに両語が使われている。ここでもそれは「作り話ではなく真実だ」というような意味の表現である。このようにミュートスとロゴスは、ソクラテス以前の作家の用例ではいささか曖昧な関係にあったのが、プラトンにおいては、一方が「作り事」、他方が「真実」のこととして、明確に対比されていると言

うことができよう。

しかしながら、ここでわれわれが注意しておかねばならない。それは、ミュートスが作り事であると言うときに、必ずしもおしなべて嘘の話であると言われているわけではないということである。嘘というのは、それが実際にはなかったこと、すなわち非事実のことをいう。しかるに、ミュートスのほうは、後に詳しく検討するように、非事実のことを言うのではなく、それが事実であるかどうか確定することが困難な、あるいは場合によっては、それがまったく不可能な出来事について用いられる。つまり、ロゴスとミュートスとの対比は、事実と非事実との対比ではなく、事実として確認できうる出来事と確認することが困難、あるいは不可能な出来事との対比のことなのである。この点については、ミュートスの本質について論じるさいに、改めて取り上げられるであろう。

もうひとつ、ロゴスとミュートスとの対比について述べておかねばならないことがある。これは先に少しふれたが、ロゴスの意味に関することである。『ゴルギアス』の例についてみることにしよう。ここでは死後の魂の運命について語られているが、ソクラテスは、聴衆はこれを「老婆の語る作り話」(『ゴルギアス』527A)ととるかもしれないが、むしろ本当の話だと言っている。ここでいうロゴスは真実の話のことであって、論理によって展開される議論を指すわけではない、と先に述べた。その内容はむしろわれわれが普通プラトンのミュートスと呼んでいるものなのである。このようにプラトンにおいても、ミュートスは神話、物語、あるいは作り話、ロゴスは論理、問答法的な議論、というように、言葉の上で明確に区別されているわけではない。つまり、このような区別は学者たちが便宜的につくり出したものでしかないのである。われわれが普通「プラトンのミュートス」と言うとき、魂の死後の運命や宇宙誕生の物語などをまず思い浮かべる。そして、これらの物語は問答法的な議論と明らかに異なった性格をもっている。なぜプラトンは問答法的な議論の後にこのような物語をつけ加えたのかが問題になるのであるが、そのさいにそれがミュートスという語を用いて語っているかどうかは、さほど重要ではなく、それをロゴスと呼んでいても、われわれがここで取り扱う「ミュートス」に属することがあることを注意しておきたい。そのさいのロゴスの意味については改めて検討することになるだろう。いま述べておかねばならないことは、「ミュートス」について、プラトンは時にはロゴスの名で、時にはミュートスの名で語っているのであるから、言葉遣いだけが大切なのではないということである。

以上のようなことに留意しつつ、プラトンにとってミュートスとは何であるかについて考えてみたい。これについては、今日の研究者たちがきまって取り上げる箇所を検討するのがよいと思われる。それは『国家』第三巻において幼少年期の市民教育を論じるコンテクストで、この箇所をどのように解釈するかによって、われわれのプラトンのミュートス解釈の方向が定まってくるであろう。

2. ミュートスの定義

プラトンのミュートスを定義するということに関しては、ミュートスは対話篇の議論の折々に登場し、それがもつ意義は対話における働きによってのみ決定されねばならず、そのために一律の定義をあたえることは不可能であるという見方もある。[9] しかし、プラトンがミュートスについてまとまった規定をしているところがある。『国家』の初等教育論において、子供にどのようなミュートスを語り聞かせるべきかを論じた箇所である。そこではホメロスやヘシオドスらが物語作家の代表として取り上げられ、そのミュートスを理想国家にふさわしくないものとして排除すべきだと宣言されている。プラトンはここで物語作家らに「虚偽を語らせてはならない」(381D) と主張する。けれども、ミュートスを規定するときになると、ミュートスは「虚偽の話」だと言う。虚偽の話とは、もちろん単にでたらめの話ではないが、市民の初等教育において有効な手段として容認されるのである。そこでミュートスが「虚偽」(プセウドス) を含むということがどのような意味かが問題となってくる。そして、この点について明確にすることは、われわれのミュートスの理解にとっても資することが大きいと考えられる。われわれは、まず問題の箇所について分析し、次にミュートスが虚偽であるとされる意味について検討し、最後にプラトンのミュートスの本質について考えてみたい。[10]

I

ミュートスの規定は、『国家』では神々の物語を創作するにあたっての規範を述べた箇所に現われるが、この箇所はより広く、国家の守護者のための初等教育を論じた文脈（376E以下）の中で理解されねばならない。人間の魂を教育するムーシケー（音楽・文芸）にかかわるのはロゴス（話）であるが、ロゴスには真実のもの（ἀληθές）と虚偽のもの（ψεῦδος）とがある。教育はその両方でおこなわれるが、虚偽のロゴスが先に用いられる。なぜなら、子供たちはまずミュートス（物語）を話して聞かされるからである。ミュートスは真実（事実）もたしかに含まれているけれども、全体としては虚偽である。そこで、物語作家について検討されることになるが、現在の物語の多くは追放されなければならないとされて、ホメロス、ヘシオドスらが糾弾される。それは彼らがよからぬ仕方で虚偽を語って、神々や英雄たちの本来の姿に似ていない場合である。そのためには、物語をつくるにさいしての次のような規範（τύπος）を定めねばならない。第一には、神はすべてのことの原因ではなく、善きことのみの原因であること、第二には、神はいろいろなものに姿を変えることもなく、われわれを欺いてそのように見せかけることもないことである。言葉における虚偽は、このうち最後の、神が別の姿に「見せかける」かという問題にでてくる。これによると、虚偽には「ほんとうの虚偽」と「言葉における虚偽」がある。ほんとうの虚偽とは、真実に関して虚偽の状態、つまり無知の状態にあることで、これは神々も人間も求めない。言葉における虚偽のほうは、魂の内なる状態の模像であり、後から生じる影であり、まったく純粋に混じり気のない虚偽とは異なる。後者については三つのケースが挙げられているが、そのいずれの意味においても神はこれを用いることはない。

議論のおおまかな内容は以上であるが、ミュートスの規定に関しては、それが言葉における虚偽のひとつであり、言葉における虚偽が魂の内なる状態の模像とされていることの意味と、それからソクラテスが挙げている言葉における虚偽の三つのケースのうち、三番目の、「われわれは、昔のことについてはほんとうの事実を知らないので、虚偽をできるだけ真実に似せることによって、それを役立つものにする」(382D)と語られる言葉の意味について（異論もあるので）明確にしておく必要がある。その前にまず、この議論の中で「ほんとうの虚偽」と「言葉における虚偽」の区別はどのように機能しているのかについて簡単にみておこう。ソクラテスは「神は言行いずれにおいてにせよ、見かけだけの幻影を差し出すことによって、偽ることを望むか」(382A)と語ることから始めている。しかし、もし神が人を欺かないというだけであれば、どうして魂において欺かれた状態であるほんとうの虚偽について論じる必要があるのか。ソクラテスは神が欺かないということだけを論証すればよく、神が欺かれるかという問題は必要のない議論のように思われる。しかし、ソクラテスは神は欺かないだけでなく、みずからが欺かれた状態にあることもないと主張するのである。これには次のような理由が考えられるだろう。[11] ひとつには、虚偽（ψεῦδος）という言葉ができたので、混じり気のない虚偽（ほんとうの虚偽）と混じり気のある虚偽（言葉における虚偽）の両方を語っておく必要があると考えたからである。つまり、ほんとうの虚偽は言葉における虚偽の対概念として導入されているということである。このような導入は、必ずしも唐突ではない。もうひとつの理由として、言葉における虚偽をほんとうの虚偽の模像であるとするために、まず後者から説明を始めた、ということがある。ほんとうの虚偽は真実に関して魂において偽り（ψεύδεσθαι）、偽りの状態にある（ἐψεῦσθαι）こと、つまり無知である（ἀμαθής）状態をいう。これに対して、言葉における虚偽は魂の内なる状態の模像（ミーメーマ μίμημα）であり、後から生じる影である。虚偽にはこれら二種類があるが、神々はそのいずれとも無縁であると主張しているのである。このように議論の流れは必ずしも明瞭であるとは言えないが[12]、いずれにしても『国家』のここの議論の目的は子供たちにどのような物語を聞かせるのがふさわしいかということにあるので、議論の中心はほんとうの虚偽ではなく言葉における虚偽のほうにあることは明らかである。

われわれは、言葉における虚偽が模像であると言われるのが、どのような意味なのかということから考察を始めよう。ほんとうの虚偽が虚偽におちいっている人がもつ、魂の内なる無知であるのに対して、言葉における虚偽は魂の内なる状態の模像であり、後から生じる影であり、まったく純粋に混じり気のない虚偽ではないという。ここで言われる「魂の内なる状態」とは虚偽におちいった人の魂の状態を指すと思われる[13]。すなわち無知である。そして、言葉における虚偽は無知の模像としてなんらかの知を含んでいる。これがコンテクストからして最も自然な解釈であろうが、これに対する異論がある。言葉における虚偽に含まれる知について、注解者J・アダム（Adam）は、嘘をつく人は、語られることに関する真実（事実）を知っているので、語られる内容が嘘（虚偽）であっても、真実を知っているという意味においてまったく混じり気のない虚偽ではない、と考えている。この解釈の難点は、ソクラテスがあとで挙げている、言葉における虚偽が用いられる三つのケースにうまく合致しないことである。アダムのように考えると、ほんとうの虚偽と言葉における虚偽の違いは次のようなものになる。

ほんとうの虚偽――何が真実（事実）かを知らずに、真実（事実）でないことを語るときの魂の状態（無知）

言葉における虚偽――何が真実（事実）かを知っていて、真実（事実）でないことを語るときの魂の状態（知）

ソクラテスが挙げている言葉における虚偽を用いるケースとは、（i）敵に対して用いる場合と、（ii）友人が狂気や無知のために悪いことを企てている場合と、（iii）これまで論じてきたミュートスにおいて、われわれは昔のことについて事実を知らないので、虚偽をできるだけ真実に似せて語る場合の三つである。（i）（ii）は思っていることと反対のことを語るケースである。例えばその例として「キャンプAに軍隊がいる」と語り、実際にはいないというケースを考えると、このように語る人は「キャンプAに軍隊がいない」という事実を知っていているから、事実でないことを事実であるかのように語ることになる。これに比べて、（iii）のケースは明らかにこれとは異なっている。例えば「かつて大西洋上にアトランティスの王国があった」と語るような場合である。われわれはそのことについて確かな事実を知らない。[14] したがって、これは事実に関して知らないことを、知っているかのように語る場合であることになる。そうすると言葉における虚偽がほんとうの虚偽と異なるのは、語る者がその真実（事実）を知っている点にあると考えると（iii）にうまく適合しないことになる。ミュートスを語る者は完全には事実を知らないからである。

もうひとつ可能な読み方は、「魂の内なる状態」を虚偽を語る人の魂の状態ととるものである。そうすると言葉における虚偽を語るというのは、自分の魂の状態とは異なる状態について語るという意味になる。[15] このように考えると、自分が持つ思わくとは異なる思わくを語る（（i）（ii）の場合）か、あるいは自分が事実を知らない状態にあるのに知っている状態にあるかのように語る（（iii）の場合）という意味になり、この説明のほうがソクラテスの挙げる三つのケースのいずれとも適合しているようにみえる。けれども、この解釈は支持されえない。魂の状態と異なる状態を語ることは、はじめの魂の状態の模像（μίμημα）にはならない。なぜなら、魂の異なる状態を自分の状態であるかのように語ることはけっして自分の状態をまねることではないからである。

それゆえ、われわれは魂の内なる状態は虚偽におちいった人の魂の状態、すなわち無知のことであるとみなす。しかし、無知の模像とはある種の知を意味するが、それがどのようなものであるかについてアダムは十分な説明をあたえていない。これについてはわれわれは次のように考える。(i)(ii)は、ある出来事（A）が事実であると語り、実は別の出来事（B）が事実であるケースであるが、そのように信じた上でこれを語る者は虚偽を語る者であり、かつその人は無知の状態にある。つまり、その人は事実を知らずにそれを事実と思って語っている。[16]これに対して、ある出来事（A）が事実であると語りながら、別の出来事（B）が事実であることを知っている者は、虚偽を語る者であるが、その人は無知の状態にはない。それが虚偽であると知っているからである。その人は無知の状態にある人をまねながら、まったく混じり気のない虚偽（無知）ではなく、ある種の知をもっている。同様に(iii)は、ある出来事（A）が事実であることを知っているのではなく、むしろ知らないのに知っているかのように語るケースである。この場合も、そのように信じた上でこれを語れば、虚偽を語り、かつ無知の状態にあるが、自分が知らないことを承知で語れば、まったくの無知ではなく、やはり知が含まれている。このように言葉における虚偽を語る者のもつ知とは、事実を知っているということではなく、自分が虚偽を語っていることを知っていて、その上で語るということである。[17]このように考えることによって、三つのケースに適合する説明をあたえることができる。もっとも、これら三つのケースはどれも意識的に嘘（虚偽）を語ることとみなされているが、(iii)のように知らないで語られることが嘘と言えるかどうかという問題が生じるであろう。これについては後に述べる。

　われわれが次いで明らかにしなければならないのは、(iii)の場合、すなわちミュートスを語るときに、「われわれは、昔のことについてはアレーテスを知らないので、虚偽をできるだけアレーテスに似せることによって、それを役立つものにする（διὰ τὸ μὴ εἰδέναι ὅπῃ τἀληθὲς ἔχει περὶ τῶν παλαιῶν, ἀφομοιοῦντες τῷ ἀληθεῖ τὸ ψεῦδος ὅτι μάλιστα, οὕτω χρήσιμον ποιοῦμεν）」（382D）とソクラテスが語っていることの意味である。藤澤訳は最初のアレーテスに「（ほんとうの）事実」、後のアレーテスに「真実」の訳語を配している。ここの文脈だけで考えると、二つのアレーテスをともに「事実」と訳すことも不可能ではない。否、むしろこのギリシア語文を読むかぎりではこちらのほうが自然な読み方であるようにみえる。そうすると、文の意味は、われわれは過去の出来事の事実について知らないが、できるだけ事実のように（まことしやかに）語るが、神々はむろん過去の事実について知っているから虚偽を語る必要はない、ということになる。けれども、ミュートスについてのここの議論全体からみれば、このような解釈は認められない[18]。もともとミュートスが（その大部分が）虚偽であると言われたのは、ホメロス等の詩人が架空の物語をつくっているからではない。プラトンにとってもミュートスは虚偽の物語である。だからミュートスが虚偽であるからと言って、詩人たちを非難しているわけではない。例えばウーラノス去勢の話などは、それがたとえ事実であったとしても[19]子供たちには聞かせるべきでない、とソクラテスは言っている。したがって、すぐれたミュートスとそうでないミュートスとの違いは、その内容が事実であるか虚偽であるかということにあるのではない。むしろ、「よからぬ仕方で虚偽が語られる」（μὴ καλῶς ψεύδηται）とき、あるいは「不似合いに描写がされる」（ἀνομοίως μιμήσασθαι）ときそのミュートスは非難される[20]。そのような劣悪なミュートスをソクラテスは、似せて描こうとする対象と似ていないものを描く画家に喩えている。これに対して、すぐれたミュートスとは神の本来の姿のままに描かれたもののことで、その姿は神々の物語の規範（τύπος）によって示されている。神々は善きことのみの原因であり、またみずから変化することも、変化するように見せかけることもない。これらが神の真の姿であるから、その姿にできるだけ似たものを語らねばならない。このようにみると、382Dの一文は「事実を知らないのでできるだけ事実に似せる」という意味に読まれるべきではないことがわかる。むしろ、人間は過去の事実について確かには知らないので、神の真実――人間はこれを知ることができる[21]――にできるだけ似せて描くという意味でなければならない。

Ⅱ

けれども、なお検討しなければならない問題が残っている。まず明確にしなければならないのは、ミュートス規定における虚偽（ψεῦδος）の意味である。プラトンは虚偽の話を市民の初等教育において有効な手段として容認する。その代表的な例が「気高い嘘」（noble lie. 414B）と呼ばれるものであろう。この気高い嘘については、ポッパー（K. R. Popper）が『開かれた社会とその論敵』の中で、プラトンが嘘をつくことによって市民をコントロールしようとしていると批判したことがよく知られている。以来ポッパーの批判に対してプラトンを弁護するいくつかの試みがされて、その論点の多くはレヴィンソン（R. Levinson）等によって逐一批判されたものの、この気高い嘘に関してはそれが有用な嘘であるとするだけで、ポッパーの主張を大筋で認めてしまっている。[22]問題となるのは「虚偽」（プセウドス）、特に言葉における虚偽の意味である。[23]右の批判に対して従来有効な反論とされてきたのは、これが嘘ではなくフィクション（虚構）であるとするものである。[24]もしもひとが嘘をつけば事実でないことを語ったと言って非難されることになるが、フィクションの場合にはそうではない。われわれはフィクションを語る者を嘘つきとして非難しない。なぜなら、フィクションは事実とは無関係につくられるからである。しかも、そのフィクションが描かれる対象の本質を正しくとらえていれば、すぐれたフィクションとして称賛される。[25] そうでなければ劣悪なフィクションとなる。このように考えれば、プラトンが気高い嘘（というよりもフィクション）を語ったとして非難するのは不当だということになってくる。

しかし、この解釈は先ほどのプラトンのミュートスの規定と合わない。プラトンが言っていたのは、ミュートスが全体として虚偽であり、一部真実（事実）を含むということであった。なぜミュートスは大部分事実でないのかというと、われわれがそれについて事実を知らないからである。これには次のようなケースが考えられる。

(1) 語られる内容が遠い過去のことであるため、確かな事実がわからない場合。たとえば、『政治家』のミュートス、『ティマイオス』『クリティアス』のアトランティス物語。

(2) 語られる内容が死後の世界のことであるため、われわれが直接知ることができない場合。例えば、『ゴルギアス』『パイドン』『国家』の魂の死後の運命についてのミュートス。

382Dが挙げるのは(1)のケースであるが、(2)も同じように考えることができるだろう。いずれもわれわれにはその事実に関してヴェリフィケーション（検証）が不可能である。ミュートスはこのようにヴェリフィケーションできない事柄にかかわっている。

例えば、サンタクロースの例で考えてみよう。サンタクロースは今日でもなおクリスマスには世界の子供たちに贈り物を送り届けにやってくる。これは嘘である。しかし、われわれが、それが嘘であるにもかかわらず、これを語ることをやめないのは、子供たちがこれによって夢や希望を失わない心をもつことを望むからである。その点ではこの嘘は有用な嘘であると言える。つまり、嘘はよき意図をもつことによってよき嘘となる。しかし、これはまったく純粋の嘘ではない。聖ニコラウスは四世紀前半小アジアに実在した人物であり、近隣の貧しい人たちに品物を配《くば》った。これは事実である。つまり、この嘘はプラトンのミュートスのように若干の事実を含んでいる。ただミュートスと異なっているのは、この話は子供たち以外の者には（そして実は多くの子供たちにも）嘘であると知られていることであろう。これに対して、プラトンのミュートスのほうは、聞かされる側の人だけでなく、語る者もそれが事実であるかを知らない。さらに、ミュートスが大人向けとしても語られるものであるという点でも異なる。魂の死後の運命の物語は、正しい生を生きた、あるいは不正な生を生きた人の魂の運命を語るものであるから、主に大人を相手としている。『国家』で検討されているホメロスやヘシオドスなどの物語も、後に述べるように、子供だけを対象としているわけではない。

　しかし、このサンタクロースの例は次のことを確認するのに十分である。これはまったく純粋に嘘の話ではないと言うとき、われわれはまったくの「作り話」（πλασθέντα）ではないという意味に考える。実はここでフィクションと嘘の区別が分明でなくなっている[26]。フィクションとは作り話のことである。しかし、作り話ばかりする人をわれわれは嘘つきと呼んでいる。したがって、フィクションとか嘘とかいってもわれわれはいつも明確に区別して言っているわけではないのである。けれども、両者を区別するとすれば、嘘をつくことは虚偽の偽装（deception）をすることであるが、フィクションを語ることにはそのような偽装の意図がないということがある。言いかえれば、フィクションを語るときには、そこで述べられるのはすべて虚構の世界に属するということを、その話のはじめにおいて前提して（今日風に言えば、メタ言語的な了解のもとに）語られるのである[27]。したがって、話に登場するのが歴史的な人物、出来事であるときに、事実かどうかが問われる場面で事実と異なることを語れば嘘であり、それが問われない場面で語られることはすべてフィクションだということになる。

プラトンが語ろうとするミュートスは前者の意味であって、けっして後者ではない。「書かれたことが真実であるためには、何であるかではなく、何であるべきかを書かねばならない[28]」というのはすぐれたフィクションを追求する者の言であるが、プラトンはむろん何であるべきかについて書こうとしたけれども、何であるかについても無関心ではなかった。言いかえれば、プラトンのミュートスは、先に述べたように、最初から事実でないことを前提した上で語られているのではない、ということである。基本的には古典時代までのギリシア人の物語はすべてそのような性格のものであった[29]。例えば、トゥキュディデスは厳密な考証を通して歴史的事件の原因について論じる一方で、ホメロスの物語を（詩人に特有の誇張を認めながらも）歴史物語とみなしているのである[30]。そして、プラトンの批判もそのことを前提とした上でおこなわれているように思われる[31]。つまり、ホメロスやヘシオドスの物語の虚偽はフィクションでなく、嘘なのであって、語られたことが過去の歴史的出来事だという了解のもとにこれを批判しているのである。

Ⅲ

先に述べたように、よきミュートスと悪しきミュートスとの違いは、事実がどれだけ多く含まれているかということにあるのではない。ミュートスにとって重要なのは、それが語られる対象を正しく描いているかということ、つまり規範に合致したものであるかということであり、これによってすぐれたものとそうでないものとが判別される。そして規範にかなう物語のみが受け入れられる、とされた。しかし、このことはそれが規範にかなない、国家にとって有用であればよい――むろん少数の支配者でなく市民全体の利益のためという意味であるが——ということで、語られることが事実であるかどうかは重要でないということなのだろうか。ふつう神話に登場する人物やその人物がかかわった出来事は、それが事実であることがヴェリフィケーション（検証）されないかぎり、その国の歴史に含まれることはない。かつては天孫降臨や日本武尊の東征の神話が国体の護持に有用とされることがあった。今日ではその物語はかつてと同じようには支持されない。それは歴史ではないからである。この物語を教科書を書きかえても教えようとする者が現われるのは、それが今日もなお有用であると考えるからにほかならない。それは似非《えせ》歴史である前に、何が有益であるかが真に理解されていないからである。プラトンの場合、規範として定められるものは不変であって、国家体制が変わればミュートスも変わるというのではない。この点では違っている。ただしかし、語られることが厳密には歴史物語であって、歴史ではないという点では同じであるとも考えられよう。厳密な意味での歴史は、原資料の考証を積み重ねて、その結果得られるものであるが、ミュートスはせいぜい歴史物語でしかなかった。そういう性格のものであるミュートスにとって、語られることが事実であるか否かはそもそも重要な意味をもつのだろうか。あるいは、プラトンのミュートスは市民たちにとって有用な虚偽であること、そのことだけが重要なのではないのだろうか。

この問題に解答をあたえるには、プラトンが語るミュートスで事実ということがどの程度評価されているかをみなければならない。例えば、ミュートスの含む事実性が最も低いように思われるのは先に挙げた「気高い嘘」（γενναῖον ψεῦδος）——文字通りには「素性のよい虚偽」——であろう。[32] それは神が国家を構成する人間を誕生させるにあたって、統治する能力のある者は金を、これを補助する能力のある者には銀、その他の人間には鉄と銅を混ぜてあたえたとするフェニキア風物語（415A）である。教育される人間が国家の起源に関する歴史物語として受け入れるべきものとされているが、物語が適切な教訓を含んでいるかぎり、その事実性は最も軽視されているようにみえる。はたしてここでプラトンは人間の起源について事実とそうでないものとを故意にぼやけさせて、ミュートスを歴史的事実であるかのように欺いて、これを受け入れることを望んでいるであろうか。明らかに否である。過去の事実は完全には知られない。ソクラテスはこの物語を語るのを逡巡しているが（414C）、この物語が事実でないからではない。[33] むしろ、真偽はともかくとして（なぜなら明確にはわからないから）、このフェニキア風物語として伝聞されていることが容易には信じがたい内容のものであるからである。フェニキア人であるカドモスが、退治した大蛇の歯を播いて、大地からスパルトイ（播かれた者）が生じテーバイ建国の祖となったという話は簡単に信じうるものではない。しかし、それは人間が同じ大地から生まれた兄弟であるという真実を含んでいる。それゆえ、これを説得するのは困難であるが、それにもかかわらず、この物語を国家の守護者やその他の市民を教導するために語ろうとするのは、故意に事実をごまかすことを意図するからではなく、語られる内容が神々や人間の規範にかなうからにほかならない。

そうすると、もし嘘が事実を知っている者が事実でないことを語るという意味でのみ用いられるのだとすれば、この物語は嘘ではないことになる。したがって、プラトンは市民に嘘をつくことを勧めているという非難は当然ながら正当なものではない。われわれはプラトンのミュートスを、話者が自分の語る事柄の真理性を完全には信じていないのに、それを本気で語るようなふりをするという意味において、偽装（deception）の一種であるとみなしたが、嘘は語られる事柄の非真理性を確信している場合であるのに対して、ミュートスはそのような確信を欠いているので、厳密には嘘とは言えない。そうしてみると、ミュートスは、最初に虚偽であることを前提した上で語られるフィクション（虚構）ではないと言われたが、さらにまたミュートスは事実でないことを故意に語ろうとする嘘でもないことになる。フィクションでも嘘でもないとすると、われわれの言語でそれを表現することは簡単ではないが、それはむしろ事実に基づいて（と言うよりは、事実かどうかわからない伝聞をもとに、と言うほうがより正確であるが）、できるだけ真実（神々や人間に関するτύποςで、人間はこれを知ることが可能である）に近い物語としてつくられたものであると言うほかはない。

ミュートスはたいてい事実でないことを多く含んでいるが、時として事実性が強調されることもあることは注目されてよいだろう。例えば、「ミュートスではなくロゴスだ[34]」と言われることがある。この表現については先にもふれたが、それは大体語られることが信じるにたる事実だというような意味の表現であった。なかでも『ゴルギアス』では死後の魂の運命について、『ティマイオス』ではアトランティスの物語について語られているが、これらの物語を伝える者はこれによってミュートスの事実性を強調しているのである。このようにプラトンはミュートスに含まれる事実性をけっして軽視していない。ただし、どれほど事実性が強調されようとも、その出来事について完全に知ることはできないという原則は不動である。そのためにミュートスとして語られる内容は、別の話といつでも代用できるものとなる。『ゴルギアス』では、ソクラテスはミュートスを信じるようにカリクレスに勧めながら、同時にもっとすぐれたミュートスがみつかるならば、よろこんでこのミュートスは捨てようと言っている[35]。『パイドン』でも、ソクラテスはミュートスの詳細について断言することは知者にはふさわしくないとしている[36]。このように、ミュートスは語られる前に、あるいはその後に、内容の詳細については強く主張しないことが断わられる。ミュートスがもつ事実性は信じるに価すると言いながら、しかしそれを仮の表現（tentativeness）として表明することを忘れないのである。

かくしてプラトンはミュートスの事実性をけっして軽視していないと言うことができるだろう。ただ、その事実は完全には知られないがゆえに、それはいつも仮の表現となる。同時に、プラトンはミュートスの内容の詳細については断言しないが、ミュートスの根本的な真実性（τύπος としてのアレーティア）については断言している。仮の表現となるのは、この真実を述べるさいに用いられる事実の内容にかかわるときだけである。このようにみていくと、「真実に最も似た虚偽」という表現は、すぐれたミュートスについてプラトンがあたえた規定であると考えることができるだろう。[37] それは次のように言い表わすことができる。

1　ミュートスはその事実を検証（ヴェリフィケーション）することが不可能な対象を扱うため本質的に虚偽（非事実）を含んでいる。

2　ミュートスがすぐれたものであるためには、語られる対象に関する規範（真実）にしたがってつくられるのでなければならない。

われわれは『国家』のミュートス規定をプラトンのミュートス一般の規定であるとみる。もっとも、これに対して、『国家』における規定は主として子供を対象にしたミュートスについてあたえられているので、これをプラトンのミュートスすべてに適用することができるか、という疑問は残っている。さらにもうひとつ、『国家』では神々についてのみ規範が論じられていて、人間には適用されないのではないか、という疑問も予想される。われわれはこれまで述べてきた解釈を正しいとするためには、これらの疑問に答えておかなければならないだろう。最初の疑問に関してはすでに述べたが、『国家』においてもミュートスは子供だけではなく「大人にも」聞かされるものとして語られている。[38] むろんそれは初等教育論の中で論じられていることであるが、その射程は可能的には大人を含めたすべての人間に及んでいるのである。したがって、その規定はプラトンのミュートス全般に当てはまるものと考えるべきである。第二の疑問については、ソクラテスはたしかに392Aにおいて、これまでの議論は神々、ダイモーン、英雄、ハデス（冥界）に関するもので、人間についてはここで規則を定めることはできないと言っている。しかし、これは人間に関する規範がないという意味ではない。[39]ここでソクラテスが言っているのは、人間の規範は正義にかかわっているために、正義とは何であるかをみつけだすまではその規範は語られない、ということである。人間については、「不正でありながら幸福である」とか「正しい人が不幸である」とかといった話（392B）は、明らかに人間についての規範に違反している。そして、『国家』のその後に展開される議論はまさにこの規範を定めるものであった。『国家』末尾のミュートスは、正しい人がうける現世での報いに続いて、死後における報いを語るものである。いったんは死んだものの数日後息を吹きかえした兵士エルがあの世で見聞した次第を物語るミュートスは、そのような規範に従って語られたミュートスであるとみることができるかもしれない。正しい行為はそれ自体で善いものであることを証明した上で、それを補完するかたちでミュートスは正しい者が死後にうける報酬について語っているからである。

以上のような解釈が正しいとすれば、「真実にできるだけ似せた虚偽」というミュートスの規定は、プラトンのミュートス一般についても適用可能なものであると言うことができるだろう。これと類似しているのが「真実に似た虚偽」という表現である。後者は詩人たちの言葉として現われる。それはホメロス『オデュッセイア』[40]でのオデュッセウスの巧みな言葉の技について、あるいはヘシオドス『神統記』[41]でムーサが羊飼いヘシオドスに自慢する歌の技について述べたものであるが、[42]プラトンは詩人たちとは異なりこれにまったく新しい意味を付与している。詩人たちにとって「真実に似た虚偽」はまことしやかに語ること、すなわち語り手の技が巧みであることをいう。それを語ることは、事実に最大限近似する虚偽（まことしやかな嘘）で欺くことを意味する。そして、巧みな技の目的はむろんそれによって聴衆を魅了し楽しませることにある。オデュッセウスは実体験した出来事とは別に、まことしやかな嘘を語り聞かせることによって、ヘシオドスのムーサは過去の出来事について直接に知っていながら、それに似た嘘を羊飼いへシオドスに伝えることによって、虚偽の文学の祖型となっている。物語はまことしやかであればあるほど、聴衆はこれを楽しみ、それゆえすぐれた物語となる。一方、プラトンはミュートスの目的をそれとは別のところにすえている。それはまず神々や人間についての規範に最大限近似する仕方で虚偽を語ることである。[43] これは事実を知っていながら虚偽によってひとを欺くこと（すなわち嘘）を意図していない。さらに、その目的も聞く者が感じる喜びにではなく、彼らが徳へ導かれることにある。[44] そのためにこそ正しい規範を定めることが必要になるのである。

もしもミュートスを受け入れる、あるいは受け入れないかの判断基準が（事実という意味での）真実にあれば、すべての虚偽のミュートスは追放されることになる。そして、真実のミュートスのみが受け入れられることになる。しかし、プラトンが考えたことはもう少し複雑なことである。プラトンは理想国家に虚偽のミュートスを認めている。ここで虚偽とは多くの場合事実に対応しないということである。これとは別に真実（規範についての真実）をたて、これに合致するものだけがすぐれたミュートスとして容認されるのである。

付説　反省と考察

この節で述べたことを発表したさいに、[45] いくつかの有益な批評を得た。それはまた、ここではまだ十分に論じ尽くさなかった点が残されていることに気づかせることにもなった。そこで、議論を補強する意味で若干の論点を付加しておきたい。

われわれは、先の議論で二つの解釈を提示している。

(1) ミュートスを語ることは、言葉における虚偽（フィクションではなく）を語ることである。そして、その意味は知らないことを知っているかのように見せかけて語ることにほかならない。

(2) ミュートスを語る者は、それについての事実を知らないので、できるだけ真実（事実ではなく）に似せて語ることになる。

(1)と(2)とは互いに独立のもので、(1)についてのわれわれの解釈から必然的に(2)の解釈が出てくるわけではない。(1)についてわれわれのように解釈しながら、(2)を別のように解釈することも可能である。例えば、ミュートスを語るものは事実を知らないが、別の事実を事実であるかのように語る、というふうにも解釈できる（これを解釈αとする）。この場合、われわれの解釈との違いは、「真実に似た」という言葉の理解にある。(1)はミュートスを語ることの一般的性格、言い換えれば、ミュートスを語ることは必ずこういう性格のものになるとプラトンが考えたことを述べたもので、ホメロスであれ、ヘシオドスであれ、彼らが述べたことは必ずそういう性格のものになるということである。これに対して、(2)はどうか。解釈αによれば、事実を知らないので、事実に似た、まことしやかな虚偽（非事実）を語る、これがミュートスを語ることだということになる。しかし、(2)はプラトンがあるべきミュートス、（ここでは）若者に語り聞かせるべきだと考えたミュートスであることに注意しなければならない。(2)の規準からすると、ホメロスやヘシオドスのミュートスは悪しきミュートスであることになるが、それはなぜなのかが問題となる。プラトンは、ミュートスで語られることが非事実だと言って非難するのではない。プラトンが言う悪しきミュートスとは、事実非事実よりも、それが神の本質に一致していない場合である。(2)が「事実に似た虚偽」ではなく(すなわちα解釈)、「真実に似た虚偽」と読まれねばならない、と主張するのはこのような意味においてである。

ここでさらに論じるべき問題は、われわれの解釈で、(1)と(2)がうまく連携しているかということである。まず(1)の意味をさらに考えてみる。ここの虚偽の意味は何か。これは嘘ということか、虚構(フィクション)ということか。これについて論じたさいに、虚構解釈がうまくいかないことをわれわれは示した。もともと虚構解釈は、すでに述べたように、「気高い嘘」を民衆に語ることを論じた箇所で、プラトンは市民に嘘をつくことによって、彼らをコントロールしようとしているのではないか、という批判があり、これを免れるために、この虚偽を虚構の意味と解釈すればよいと考えるものであった。虚構ならはじめから事実でないことを前提にしているから批判はあたらないからである。この解釈は正しいものではないのであるが、それではわれわれのように解釈した場合に、この批判を免れていると言えるだろうか。

A　知らないことを知っているかのように語る。

B　事実でないと知っていることを語る。

ABともプラトンが「言葉における虚偽」の例として挙げたものである(ミュートスを語ることはAに属する)。Bは言葉で嘘をつくことであるが、Aははたしてそうと言えるだろうか。嘘をつくことは、そのことが事実でないと知っていて語ることであるが、われわれは普通Aのような場合は、嘘ではなく、あて推量を語るというような意味でとらえている。多分そういうことではないかというような意味で語っているのである。したがって、Aは厳密には嘘ではないだろう。したがって、Aについてプラトンは嘘を語って市民をコントロールしているという非難はあたらない。しかし、かといってこれだけのことでプラトンが完全に非難を免れていると言えるのだろうか。われわれを欺いているという点では同じだからである。ディセプションの意図はやはりあると言わねばならないだろう。われわれは、プラトンが非難を免れるかどうかは、(1)の論議だけでは出てこないと考える。つまり、語られることがらについて知らないとしても、それを知っているかのように語るならば、やはり民衆を欺いていると言わねばならない。しかし、語るさいに、その内容が神の真実を伝えるものであれば、それはよきミュートスとなろう。なぜ「よき」ミュートスであるかというと、語られることが神の真実と合致していることを知っているからである。

しかし、このように速断する前に、われわれはもう少しよく考えてみよう。まず、ある出来事について語る。この出来事をf_1とする。f_1についてわれわれは確実なことはわからない。これとは別の出来事が事実かもしれない。この出来事をf_2とする。この場合に、f_1を事実であるかのように語るのと、f_2を事実であるかのように語るのとどのような違いがあるのだろうか。先に「天孫降臨」の例を挙げたが、これは事実かどうか不明のことを歴史であるかのように語っている例として用いられた。それにもかかわらず語ろうとするのは、これを語るときになんらかの意図あるいは目的があるからである。これをPとする。プラトンのミュートスはかならずなんらかのかたちでPを含んでいる。そこで問題となるのは、f_2でなくf_1を事実であるかのように語らせるときの基準は何かということにあるだろう。別の例を挙げると、惑星の不規則運動を救うためには、どのような一様で規則的な運動をヒュポテシス（仮説）として提出すべきかという問題がある。これは過去の事実を言うのではないから、右の例と同じように扱われうるかという疑問が生じるが、プラトンは『ティマイオス』において天文学的事実を「ありそうな話（エイコース・ロゴス）」として語っているので、今は同様の例としておこう。——ある仮説を有効とするか。これをh_1とする。別の仮説がより有効であるか。これをh_2とする。h_1かh_2かを決めるのは何であるのだろうか。この二つの例において、一方の事実あるいは仮説を真だとする基準は何か。それはこれを語るさいに語る人がもつ意図、目的（すなわちP）であるのかどうかである。もしそうであるならば（つまり決定の基準がPのみにあるならば）プラトンは過去の事実がどうであったかについて、あるいは天体運動の科学的真実がどうであるかについてあまり真剣に考えているとは言えないことになるだろう。プラトンの眼目はとにかくPに一致すればよいということにあることになるからである。しかし、われわれにはこの解釈が正しいものとは思われない。この解釈に従うならば、プラトンはただひたすらPに一致するような歴史的出来事、天文学的仮説を探すだけでよいことになるが、もしそうならば、当時ギリシアにあって最大の科学研究施設であったプラトンの学校アカデメイアは必ずや枯渇してしまっただろうし、当時最大の天文学者のひとりと目されたクニドスのエウドクソスらが入門することもなかったであろう。[46]

そこで、もうひとつ可能な解釈がある。それは、f_1かf_2かを、h_1かh_2かを決める基準はその事柄のもつ整合性にあるとみるものである。むろんそのさいPはまったく無関係にあるわけではない。Pは語る人の目的、意図であるが、この場合にはプラトンが神の本性などについて確信していた内容を指す。つまりその説明が神の本性についての真実を正しく伝えているかということである。[47] したがって、整合的な説明を求めるが、同時にそれはPにそうものでなければならない。つまり、f_1を事実とするのは残された記録からしてこれを事実とするのが最も合理的であるからで、f_2は事実らしくないからであり、h_1がとられるのはこれが最も合理的に説明できるからであることになるが、同時にその説明方式はPと合致していなければならない。われわれは必ずしもそうでないことがありうるのではないかと疑うかもしれない。しかし、おそらく両者が矛盾するようなケースがあるとはプラトンは信じなかったであろう。

プラトンが歴史家としても自然学者としても賞賛されるべき人物であったことは、想像に難くない。プラトンを似非《えせ》歴史家、似非自然学者とする非難は明らかに誤っている。ただし、われわれがつねに心に留めておかねばならないのは、歴史や自然に関わることがらは、彼の後期作品において明らかにされるように、「ありそうな説明」にとどまるということである。つまり、それは本質的に「仮の説明」にとどまり、つねによりよい説明に取って代わられるものと考えられているのである。

3. ミュートスの分類

プラトンは対話篇の中に多くのミュートスを登場させているが、対話の中でのミュートスの位置について知るためには、それがどのように分類されるのかを見ておく必要がある。このミュートスの分類についての重要な先行研究は、前にも名前を挙げたが、フルーティジェ（Frutiger）の『プラトンのミュートス（*Les Mythes de Platon*）』である。フルーティジェ以前もいくつかのミュートス研究があるが、プラトンのミュートスが何であるか、そしてどのような箇所においてミュートスが述べられているかを明確に規定しようとした点で、それ以前の研究に比べて格段にすぐれている。フルーティジェがこの書の中でまず批判しているのは、プラトンのテクストのどの箇所でミュートスが語られているかという問題について客観的な判断基準（criterion）を想定しようとする人たちの解釈である。そのひとつは、プラトンがミュートスの語を用いて語っているものこそプラトンのいわゆるミュートスであると考えるものである（Couturat, Willi）[48]。これに対して、フルーティジェは、プラトンはミュートスを語るのに必ずしもこの語だけではなく、さまざまな語（παιδία など）を使用しており、特定の語をテクニカル・タームとして語ることを避ける傾向があることを指摘するとともに、一般にミュートスの意義はそのコンテクストにおいて決定されなければならないと主張する。もうひとつの解釈（Hirzel, Croiset）は、同じような客観的な判断基準を提出することを目的としたものであるが、プラトンが対話形式において述べたことはいわゆる哲学的問答法に属するが、モノローグの形式で述べられている場合には、これをミュートスと考えるというものである。このような解釈が成立しないことは、例えば『法律』のような場合を考えればただちに明らかになる。『法律』はアテナイからの客人による、ほとんど切れ目のない長広舌になっている。これはプラトンの初期対話篇の中で、哲学談義は一問一答式を旨《むね》とすべきだというソクラテスの発言を知る者には驚きというしかないだろう。それはとにかく、今挙げた基準でいうと、『法律』全篇がミュートスであるということになる。このような規定が実際にそぐわないことは明白であろう。フルーティジェはこれらの解釈を批判し、斥けた上で、彼自身は、個別にテクストを検討する中で、いくつかのミュートスの特徴とすべき点を列挙している。それは以下のようなものである。

(1) シンボリズム
(2) 自由な表現形式
(3) 表現形式が仮のものであること(49)

(1)や(2)はミュートスの性質に含まれることにはほとんど問題はないであろう。プラトンのミュートスは彼の豊かな文学的才能と切り離しては考えることができないからである。(3)は前節の最後でわれわれがふれた点であり、問答法的な議論のような厳密性を欠くことを言っている。しかし、フルーティジェが(3)をミュートスの特徴とみなす場合に、具体的にどのようなことを考えているのかは、その書の第三章、第四章を見ると明らかになる。そこでは、プラトンのテクストのどのような箇所がミュートスであり、どのような箇所が誤ってそう考えられたかを検討しているのであるが、例えば、『パイドン』で想起説にふれる箇所（72E–77A）はミユートスではないと言われる。この箇所はミュートス的な形式で語られてはいるが、問答法的議論の一部となっているからである。一方、同じ作品でも、自殺の問題を扱った所は、フルーティジェによればミュートスとなる。なぜなら、そこにおけるソクラテスの論述はあまり厳密なものとは言えないからである。つまり、フルーティジェは表現形式が仮のものである（文字通りには、「思考の慎重な曖昧さ」）ということを、問答法によって論じられていないという意味で理解しているのである。言い換えれば、問答法によって扱われていることは、どのような内容のものであれ、ミュートスではないということになる。このことは、彼がプラトンのいわゆる「終末論的（eschatological）」物語をミュートスに加えていないことからも明らかである。終末論的な物語とは、人間の魂の死後の運命について語るものであるが、その正当さは問答法的議論（ディアレクティケー）によって証明されたのであるから、これをミュートスと言うことはできないと彼は考える。

われわれはフルーティジェのこのような同定のしかたを疑問とせねばならないだろう。すでに述べたように、ミュートスを語るにあたって表現の形式が定まったものではないことは、ミュートスの重要な性質であるが、それは語られることがらからして必然的にそのような形式をとらざるをえないということであった。いまの終末論的な物語を例にとれば、正しい生き方をする人間には死後においてよき報酬を受けるという思想は、『ゴルギアス』『パイドン』『国家』で語られる物語において共通に現われるが、これはすでに問答法的な議論において論証されたことである。しかし、魂は正しく生きるならば死後もよき生が保証されることは、この世の魂のありかたを吟味することによって論証され（むろん、その論証が正当におこなわれたかどうかは別として）、それが真であるとしても、次の世において魂が具体的に言ってどのような経験をすることになるかは明らかではない。正確なところはわれわれの魂が実際にそこに行ってみなければわからないのであるから、プラトンは死後の運命に関する伝承物語（それはしばしば指摘されるようにオルペウス教、ピュタゴラス派の教説の影響を受けたものである）から借りて、真実に最も近いと思われる物語をわれわれに語っているわけである。それは、先に述べたように、われわれがまさにミュートスの性質だとしたものにほかならない。

むしろ、プラトンのミュートスは問答法的な議論を補足するかたちで登場することが多いと言うことができるであろう。しかし、これはすべての場合に当てはまるわけではない。ごく短く言及されるだけのミュートスも少なくない。先に挙げたブリッソンの研究では、これらの短いものはギリシア神話に帰属するものとされたが、それとプラトン独自のミュートスとされるものとの決定的な違いは何であるのかを定めることは思ったほど簡単ではない。先に述べたミュートスの用例について見ればわかるように、プラトンの対話篇の中で登場するミュートスで、はたしてどれがプラトンのミュートスで、どれが既存の神話からただ借りてこられただけなのかは、必ずしも明らかではないからである。例えば、『プロタゴラス』の中でソフィストのプロタゴラスが語るプロメテウスの神話は、そこで論じられていることがらとの関連においても、あるいはそれだけを取り出してみても、重要な意味をもっていることは否定しえないであろう。しかし、これは一般の解釈にあるように、プロタゴラスの創作とみなしていいのか、あるいはプラトンが手を加えたものであるのか、そして手を加えたとすれば、それはどの程度においてなのかについては、これに関する多くの研究にもかかわらず、断定することは容易ではない。そればかりでなく、プラトンのミュートスとしてよく知られている物語についても、どこまでがプラトンの独創によるものであるかは、正直なところ、わからないと言うほかないであろう。ミュートスの分類にはこのような不明瞭なところがある。

ミュートスの分類で比較的よく知られているのはフルーティジェ（P. Frutiger）によるそれで、彼は寓意的

(allégorique)、発生論的(génétique)、擬科学的(parascientifique)の三種に分けている。このうち寓意的というのはわかるとして、発生論的というのは、『ティマイオス』の宇宙論や『国家』『法律』における国家誕生の物語が念頭に置かれている。[50] 擬科学的というのは、知識ではなく、人間の思わくが対象とするようなものを指す。しかし、今のフルーティジェの分類を含めて、これまでおこなわれてきた分類方法は、上に述べたように、すべての場合を遺漏なく包括しているとは言いがたいように思われる。これに対して、最近の研究では、プラトンのミュートスを厳格に分けることは不可能であり、便宜的に分けるという程度のものが多い。[51] われわれは先の議論において、ミュートスの定義を試みたが、これはプラトンの実際のミュートスに当てはめた場合に、その多くについてそのように読めると言うにとどめなければならないであろう。しかし同時に、ミュートスの重要な局面においては、これを読み解くのに最も有効な規定であるということも、以下の議論において指摘しなければならない。

われわれはミュートスを分類するにあたって、最もわかりやすい分類法として、エーデルシュタイン(Edelstein)によるものを用いることにしたい。[52] これはプラトンの主要なミュートスを分類したものであるが、彼はこれを以下の二種類に分ける。

(一) 魂の死後の運命についてのミュートス(『ゴルギアス』『パイドン』『国家』『パイドロス』)

(二) 宇宙の生成、人類の誕生についてのミュートス(『政治家(ポリティコス)』『ティマイオス』『クリティアス』)

むろん、ほかにもプラトンのミュートスとされているものがあるが(包括的な研究はムーア(Moor)によって行なわれている)[53]、主要なものは右の七つの作品にでてくるものである。

(一)はプラトンの初期ないし中期の作品に現われるもので、特に最初の三作品では問答法的な議論に付されるかたちで登場する。『ゴルギアス』では、魂を多くの悪でみたされた状態であの世(ハデス)へ赴くことが最大の不幸であることを示すために、死んだ人間の魂がそこで受ける裁判と相応の報いについて語られる。魂の不死論証をテーマとする『パイドン』が死後の魂の定めを述べたミュートスで議論を締めくくっているのも同様な例である。『国家』第一〇巻のミュートスは、正しい人がうける現世での報いに続いて、死後における報いを語るものである。いったんは死んだものの数日後息を吹きかえした兵士エルがあの世で見聞した次第を物語るこのミュートスは、先の二作と同様な種類のものであるが、輪廻転生の詳細が興味深く述べられている。『パイドロス』のミュートスはエロース論というより大きな枠組みの中に現われる点で先の三つの作品と趣を異にするが、輪廻転生についての詳細な記述は『国家』のそれを相補するものと見ることができる。このような死後の魂が経験する裁き、報い、そしてそれに応じた転生は、オルペウス教ないしピュタゴラス派の教説をその下敷きとしていて、それに基づいて死後の魂の運命に関する主題が述べられたと言われているが、その教説の詳細については定かではない。いずれにしても、(一)のグループのミュートスは、これらの宗教的な教えからの深い影響のもとに書かれている点で共通している。

(二)のグループのほうは宇宙の誕生や人類の発生、さらに発生後の人類史を扱っている。これらはプラトンの後期作品を中心に現われるが、その作品全体がミュートスで書かれることもある。そのような例が『ティマイオス』『クリティアス』『ヘルモクラテス』と続く三部作である。『クリティアス』は中断され、『ヘルモクラテス』は書かれずに終わったが、これらの対話篇でプラトンが構想したものは、宇宙の誕生と人類の発生から説きおこし(『ティマイオス』)、最も理想的な教育を受けた古アテナイ人の偉業を語るアトランティスの物語(『クリティアス』）、そして最後の作品については推測の域を出ないが、国家制度の成立と人類の堕落までを論じたものではなかったかと思われる。『ヘルモクラテス』のテーマはおそらく新たな構想のもとに『法律』第三巻で取り上げられたのであろう。㈡のグループは㈠とは異なり、宇宙誕生以来の人類史を扱う。これについては、その記述が文字通り（リテラル）のものか否かが、後の時代にしばしば論じられた。つまり、宇宙は本当に神（デーミウールゴス）によって構築されたのか、あるいはアレゴリーでしかないのか、あるいは、アトランティス物語は歴史上の事実か否かが、すでにアカデメイアの時代から論議の対象になったのである。おそらく基本的には㈠の死後の魂の運命に関わるミュートスでも、後期の宇宙と人類の歴史を扱うミュートスにおいてもプラトンはこれを「事実」として受け入れたと考えるべきであろう。より正確に言えば、宗教的教説も歴史的伝承をも実際にあることを語るものであるとプラトンは信じたように思われる。ただし、先に述べたように、それらの「事実」は別のより有効な「事実」があればこれと置きかえられるべきものであった。

　このグループが㈠のグループと異なっているのは、宇宙開闢以来の歴史を扱うミュートスであるとともに、プラトンがこれらを語るにあたって、「慰みごと（パイディアー）」という語をきまってつけ加えていることである。このパイディアーという語は、しばしばゲームの意味に解されて、真面目な目的で語られたのではないと考えられた。実際には、これが真摯な意図のもとに書かれたことを示すことはさほど困難ではない。プラトンがパイディアーと形容したのは、ひとつにはこのミュートスが「エイコース・ロゴス（ありそうな物語）」と呼ばれていることとも関係している。「エイコース・ロゴス」とは、もともと『ティマイオス』において、宇宙論あるいは自然学はイデア論のような厳密な議論は不可能であり、蓋然的な論及にとどまると言われたものを指す。つまり、永遠的存在については厳密なる議論が成立しても、宇宙はそれの似姿・似像（エイコーン）でしかないので、これについてはありそうな（エイコース）話でもって満足しなければならないと言われる。エイコース・ロゴスはエイコース・ミュートスとも呼ばれるが、ここでも言葉遣いの違いは重要でない。『クリティアス』にもそれほど明確ではないが、エイコース・ロゴスを暗示する言葉がある（107D7）。アトランティスの物語も、単なる歴史的事実の報告を意図したものでなく、語られるべき真実にできるだけ「似せて」描写しようとしたものである。この「似せて」あるいは「ありそうな」という形容辞は二重の意味をもっている。ひとつには、今述べたような、その対象がイデア（パラデイグマ）の似像（エイコーン）でしかないがゆえにその内容が蓋然的であるという意味がある。もうひとつは、神の知の無限性に対して人間の知は有限であるために、記述されたものも十全なものではありえないという意味がある。その記述の困難さは、個人がみずから真理に至るディアレクティケーの路程の困難さとは同じではない。むしろ、神が宇宙や人間を誕生させ、人間がみずから歩み出したとき、それを見守ってきた神の足跡を、あるがままに描くことの困難さである。あるべきミュートスとは、真実にできるだけ似せられた虚偽であったが（『国家』382C–D）、エイコース・ロゴスはこの「真実に似た虚偽」を宇宙および歴史に適用しつつ、神の働きをありのままに記述するという難業をあえて試みたものである。この試みを「パイディアー」と呼ぶのは、それが叙述する人間の能力の有限性に関係するためである。

後期プラトンの関心のひとつに悪の起源の問題があるが、神の働きを記述することは、いわゆる弁神論[54]（theodicy）と深い関わりがあり、プラトンはこれによって、人類の堕落について神に責任がないことを明らかに示している。後期著作に現われるミュートスは、個人の魂のありかただけを扱うのではなく、弁神論的な意図のもとに、自然史および人類史という壮大なスケールのもとに、人類を誕生させた神がその人類による悪に対して責任がないことを明示することを意図したものである。以上を前置きとして、われわれは⑴死後の魂の運命に関するミュートス、⑵宇宙と歴史に関するミュートスについて具体的に見ていくことにしよう。

第二章　注

（1）この方法は便利であるがゆえにここで採用されているが、ミュートスを選別する絶対的な基準であるわけではない。特に問題になるのは、μῦθος の語が使用されない場合には調査対象から外されてしまうことであろう。例えば、『饗宴』で喜劇作家アリストパネスが語る人間誕生にまつわる神話などは除外されてしまっている。この神話をも収録するためには別の基準が必要となろう。われわれの方法が完全なものでないことをお断りしておく。

（2）その代表的なものは、K. F. Moors, 1982, pp.35-77, L. Brisson, 1982, Appendix I である。

（3）『デモドコス』383C1、『国家』III 389E6、390D4、IV 441B6、『小ヒッピアス』365A2、『パイドン』94D8、『メノン』96A1 の八例がある。

（4）『第一アルキビアデス』123A1、『エピノミス』975A6、980A5、『第七書簡』344D3、『第十二書簡』359D5、『ミノス』318D1 の六例がある。このうち『エピノミス』『第七書簡』については真作説もなお有力であるが、一応偽作に分類しておく。

（5）L. Brisson, 1982, p.181, 1999, p.144.

（6）すなわち、『クラテュロス』408C8、『ゴルギアス』505C10、『法律』III 699D8, VIII 840C1, X 887D2、『ピレボス』14A4、『政治家（ポリティコス）』272C7、『国家』I 350E3, II 376D9, 377A4, A6, B6, C1, C4, C7, 378E5, 379A4, III 391E12, 398B7、『ティマイオス』23B5 の二〇例である（英訳が挙げているのは一九例であるが、これは明らかに誤記である）。

（7）"des mythes que raconte Platon en prenant à son compte ou en les attribuant à quelqu'un d'autre."(L. Brisson, 1982, p.181, 1999, p, 143)

（8）『ヘルモクラテス』のテーマは、新たな装いのもとに『法律』で書き改められたと思われる。

（9）K. Morgan, 2000, pp.179ff.

（10）『国家』からの引用は藤澤令夫訳（岩波文庫）を参照させていただいたが、議論の都合上訳語を改変したところがある。

（11）中村（1999）は、ほんとうの虚偽と言葉における虚偽が、神の第二の規範とされる(1)神はみずからその姿を変えない、と(2)神は別の姿に見せかけることはない、にそれぞれ対応すると主張することによって新しい解釈を提示している。しかし、(1)の議論の中にはほんとうの虚偽について示唆するものがあるようには思われない。われわれはこれら二種類の虚偽はともに(2)の議論において論じられていると考える。

（12）このように考えても議論の不透明さは完全には消えない。ソクラテスは「言行いずれにおいても」（ἢ λόγῳ ἢ ἔργῳ）と言う。これは383A以下の二つの例、虚偽を語るアポロンとゼウスがアガメムノンに送る凶夢にそれぞれ対応している（ἔργῳ φάντασμα προτείνων は Adam が言うとおり神々が実際に変化する意味にとるべきではない）。けれども虚偽については幻影を見せて欺くというケースは出てこず、むしろ欺かれるという状態について論じているのである。

（13）J. Adam, 1963, vol.1, p.122.

（14）実際にはアトランティスの報告者であるクリティアスは、かつてアトランティスが存在していたことは事実だと断言している。この点については、後章「アトランティス物語」で論じられている。

（15）これは Adam が批判している B. Bosanquet, 1895, p.93 の解釈である。Cf. E. Belfiore, 1985, pp.49–50.

（16）これがほんとうの虚偽の状態である。これには今の説明のような、単なる思い違いのほかに、倫理的な事柄に関する過失も含まれる。「最も肝要な事柄に関して偽る」（382A8）という表現は後者を示唆しているようである（Cf. C. Gill, 1993, pp.45, 54）。ただし後ででてくる「虚偽を語るアポロン」――アキレウスが短命に終わることを知っていながら、未来における長寿をことほぐ――は言葉における虚偽の例であるが、これは未来における出来事を知っていながら別の出来事を語るケースである。ほんとうの虚偽についても同様に二つの出来事の取り違え（思い違い）を含めてよいと思われる。

（17）つまり、(i)(ii)は事実について知っており、(iii)は事実について知らないという違いがあるものの、そのいずれの場合も、話者が自分の語る事柄の真理性を（程度の差はあれ）信じていないのに、それを本気で語るようなふりをするという、偽装の意図をもつ点では共通しており、しかもそのどれもが純然たる虚偽ではなく、故意に偽装するという意味においてある知を含んでいる、ということである。

（18）これに関しては R. Nettleship, 1935, pp.34ff. が今日でもなお参照されるべきである。

（19）378A2（むろん非現実（unreal）の想定ではあるが）。

（20）377D9 および 388C3。

（21）391E 参照。

（22）R. Levinson, 1953, pp.434-435: "In this instance [of the noble lie] we have the only sanctioning by Plato of an outright practical lie, to be told, to be sure, for benevolent reasons (and only for such purposes does Plato sanction the telling), but a lie and nothing more. We, like Popper, find this policy distasteful."

（23）ここでは国家論の中で気高い嘘を弁護することはしない。このような試みとしては Hahm, 1969 がある。

（24）F. M. Cornford, 1941, p.68; J. E. Smith, 1985, pp.28-29.

（25）Smith が挙げる例はこうである。トルストイがナターシャ・ロストフ（『戦争と平和』）が舞踏会に行くさまを描くとき、そういう名の女性が現実にいて、舞踏会に行くわけではない、という意味においてそれは虚偽である。しかし、その虚偽は例えば（死んだ）ジョンが生きていると言うときの虚偽（嘘）とは異なる。それはむしろフィクションであり、そしてフィクションを語ったと言ってトルストイを追及する者はだれもいない。しかも、それが若い女性の行動を的確にとらえて描かれているから、すぐれた（真実の）フィクションであると言うことができる（J. E. Smith, 1985, p.28）。

（26）C. Gill, 1993, pp.42ff. はプラトンの議論が嘘とフィクションを明確に区別していないとしているが、この区別はわれわれにとっても時として曖昧である。Murray も Gill と同様な見方をしている（P. Murray, 1996, pp.135-136: "It is clear to us, of course, that P[lato]'s myths are in fact fictions, which are neither true nor false in any literal sense; but P[lato] himself does not speak in terms of fiction, nor does he distinguish between fiction and falsehood.")。

(27) 西村清和『フィクションの美学』第二章「虚構と真実」参照。

(28) トルストイ「芸術における真実」(*What is art and essays on art*, trans. by A. Maude, p.10)。

(29) Cf. Pratt, 1993, pp.33-43, 144-146.

(30)『歴史』1.10.3, 1.21.1.

(31) Murray, 1996, p.152 ("His[Plato's] view that myths about the past must of necessity be factually false runs counter to the prevailing attitude in Greek culture that the traditional myths related by the poets were substantially true.....") の発言は必ずしも正しくない。ムーサは詩人に真実を伝える者であるが、その真実は別の詩人には嘘とされ、批判される (*h. Hom.* 1. 1-6, Pi. *O.* 1. 28-29. *Nem.* 7. 20-24)。

(32) Gill は気高い嘘とミュートスを区別する (C. Gill, 1993, pp.56-57)。これはミュートスについての誤解に基づいている。プラトンはミュートスを規定した箇所に言及しながら言葉における虚偽の一つとして気高い嘘について語っているのである (414B9)。そして、この嘘は 415C7 ではミュートスと呼ばれている。

(33) 例えば、D. Hahm, 1969, p.224 ("These statements [of hesitation to tell the truth] all suggest that Socrates' reluctance is due to the false aspect of the myth, to the fact that it is not literally true.") はそのように解釈する。

(34)『パイドン』61B、『ゴルギアス』523A、『プロタゴラス』324D、『ティマイオス』26E。この表現でのミュートスとロゴスの言葉の使い方については、本書一〇七頁以下参照。

(35)『ゴルギアス』524B9, 526D4, 527C5。

(36)『パイドン』114D1-2。

(37) このフレーズはプラトンが批判する詩人たちについて語られたものではない。G. F. Else, 19 86, p.23 ("Plato is explaining here why the poet tells his lies: he is ignorant of the truth and tries to make his falsehood "resemble it". The point is of course that he cannot.") や P. Murray, 1996, p.153 ("poets, since they cannot know the truth, can only tell lies, and it is they who deceive us with their lies of the gods changing shape, not god himself") は明らか

に誤解していると思われる。Murray のコメントはこれにつづく「神の内には ποιητὴς ψευδής（虚偽の詩人）はない」(382D）について述べたものであるが、これは詩人に対する非難の言葉として語られているのではない。

（38）「子供でも大人でも、死よりも隷属のほうを深く恐れる自由な人間とならねばならない人びとは、こうした詩句を聞くべきではないからなのだ」（387B, Cf. 380C）。Cf. G. Ferrari, 1989, pp.113-114.

（39）J. Adam, 1963, vol.1, p.110 on376E の "Under 'lies' he includes stories（μῦθοι）about the gods, about the daemons and heroes long since dead, about a future life — all of them subjects where the alleged facts cannot be verified. The ἀληθεῖς λόγοι are concerned with men." という説明はミスリーディングである。ἀληθεῖς λόγοι はここ（376E）では事実の話という意味以上のものではないし、またもしミュートスが人間を除く神々等々について語られるというのであれば、これは明らかに誤りとしなければならない（例えば、E. Belfiore, 1985, p.49: "Thus, myth does not tell deliberate lies about historical facts; it deals with matters —— gods, heroes and the underworld（3. 392A）—— about which, for the most part, no facts can be ascertained."）。人間についてもヴェリファイできないことはいくらでもあるからである。

（40）ἴσκε ψεύδεα πολλὰ λέγων ἐτυμοισιν ὁμοῖα.（*Od*. 19. 203）

（41）ἴδμεν ψεύδεα πολλὰ λέγωιν ἐτυμοισιν ὁμοῖα.（*Th*. 27）

（42）E. Belfiore, 1985, pp.55-57 は、プラトンが議論の中で特にヘシオドスを意識して、『神統記』の表現を用いて批判したと考えている。

（43）『ティマイオス』で論じられる「エイコース・ミュートス」あるいは「エイコース・ロゴス」もこのような虚偽の例であると考えられるが、この問題については第二部第四章二を参照されたい。

（44）387B および 378E を参照。

（45）「言葉における虚偽」（『古代哲学研究（METHODOS)』二〇〇二年）。

（46）しかし、この点については後の章（第四章2）で再び論じられる。

（47）これを無視した研究に対してプラトンが不満をいだいていたことを、われわれは別の史料によって知っている。

プルタルコス『マルケルス伝』14参照。

（48）フルーティジェ以後でも、Zaslavsky が同様の主張をしている。Cf. R. Zaslavsky, 1981, p.12: “the only safe and unprejudical operating criterion is the simple principle that one is entitled to call a myth in Plato’s writings only what is explicitly so called, and that one is not entitled to call a myth anything which is not.”

（49）Frutiger, 1930, p.36: “1. symbolisme, 2. liberté de l’expose, 3. imprecision prudente de la pensée”.

（50）Frutiger が「発生論的」と総括したことへの批判に Zaslavsky, 1981, p.15 がある。

（51）ほかの分類例として、「伝統的ミュートス（traditional myths）」「教育的ミュートス（educational myths）」「哲学的ミュートス（philosophical myths）」（K. Morgan, 2000, pp.162–164）がある。しかし、Morgan は simple definition は不可能である（p.162）と考えている。Elias は、「終末論的ミュートス（eschatological myths）」「政治的ミュートス（political myths）」「方法論的ミュートス（methodological myths）」に分けるが、その彼も、“Thus, if the myths are to be grouped, the groupings should be as loose as possible.” と言っている（J. A. Elias, 1984, p.121）。

（52）L. Edelstein, 1949.

（53）そのすべての箇所を列挙し、検討するという方法（K. F. Moor, 1982, pp.35–54）はあまり魅力的ではない。むしろ、いくつかを取り出して、プラトンがミュートスを挿入した意図を考えるほうが、方法として優れている。

（54）「弁神論（theodicy）」という言葉は、アンセルムスやライプニッツ以後のものであるから、これを紀元前の哲学者であるプラトンに適用することには違和感を感じる人があるかもしれない。しかしながら、弁神論は、神と悪の共存を神の側からいかに説明するかを目的とするものであり、したがって悪の存在原因が何であるかをその主要な問題とするのであるから、同じような問題意識は間違いなくプラトンにあったと考えられる。そのためあえてこの言葉を使用したい。theodicy には「護教論」「神正論」といった訳語もあるが、ここは「弁神論」で統一した。

第三章　死後の魂の運命に関するミュートス

死後の魂の運命に関してプラトンが対話篇の中で述べたミュートスは、次章で扱われる宇宙や歴史に関するミュートスとは明らかに異なる特徴を有している。それは、前者は問答法的議論の合間に（あるいはその後に）挿入されるかたちで登場しているのに対して、後者は『ティマイオス』などに見られるように、ミュートスが対話篇の全体にわたって展開されるようなことがあることである。したがって、対話篇におけるミュートスの位置づけもおのずから異なってくる。[1] 前者の場合には、なぜミュートスがロゴスとも言うべき問答法的議論と並置させられているのか、両者はいかなる関係にあるのかが問われねばならないことになろう。一方、後者の、宇宙と歴史のミュートスの場合には、プラトンは問答法的議論と並置させる方法を捨て、もっぱらミュートスのみを対話者に語らせるという方法をとっているが、そのような記述のやり方を用いたのはなぜかが問題となろう。さらに、これら二種類のミュートスは、それが登場する対話篇の執筆時期に関しても違いがある。死後の魂の運命に関するミュートスは、先に述べたように、『ゴルギアス』『パイドン』『国家』『パイドロス』といった、プラトンの初期、中期の作品に現われるが、宇宙と歴史のミュートスは、『政治家』『ティマイオス』『クリティアス』という後期の作品で語られるからである。このような違いは、それぞれの時期におけるプラトンの哲学的関心を反映していると考えられるだろう。このような問題点があることを確認した上で、われわれはまず最初に、『ゴルギアス』『パイドン』『国家』における[2]死後の魂の運命に関するミュートスからみることにしよう。

I

三作品のうち最も初期に書かれた『ゴルギアス』では、強者が弱者を支配することが正義であり、世の多くの者よりも多くを所有しようとするような行為が、法律習慣のもとでは不正とされているが、実際には、有能な者は無能な者よりも多く持つことが正しいのだと主張するカリクレスに対して、ソクラテスがこれを反駁する長い議論の最後にミュートスが登場する。ソクラテスが、このミュートスを語った目的は、人間は不正を受けるよりも、これを働かないようにしなければならないこと、また、公私いずれにおいても、すぐれた人間と思われることではなく、実際にすぐれた人間であることを心がけねばならないこと、さらに、もしもなんらかの点で悪しき人間になったならば、かならず罰を受けなければならないこと（527B）を示すところにある。

このミュートスを語るにあたって、ソクラテスは最初に、これをカリクレスはミュートスと考えるかもしれないが、そうではなくてロゴスであると断っている（523A）。すでに論じたように、[3]これは「作り事」ではなく「本当の話」であるという意味である。後の527Aでは、この話は「老婆が語って聞かせる物語（ὥσπερ γραός)」ではなく「これよりも真実なこと（ἀληθέστερα）」を見出すことが困難な話であるとも言われている。さて、その物語はほぼ次のようなものである（523A–524A）。

ホメロスは天地を支配する神々をゼウス（天空の神）、ポセイドン（海神）、プルトン（冥界の神でハデスともいう）としているが、これら三柱の神々が支配権を握る以前のクロノス（これら三神の父神）の時代には、人間に関する法（ノモス、掟）として次のものがあった。すなわち、人間の中で正しい生き方をした者は、死後に浄福者の住む島々（μακάρων νήσους）に移り住んで、幸福な生を送るが、これに対して、不正な生を過ごした者は、タルタロス（地下の世界にある底なしの奈落）に投げ込まれ、数々の責め苦を受けなければならない。この法は、ゼウスの御世[4]になっても守られていたが、しかし人間の正・不正の裁定が、裁くほうも裁かれるほうも、ともにまだ生きている間におこなわれていたために、しばしば誤った判決が下された。そのためにプルトンのほうにも、浄福者の住む島々にも本来来るべきではない人間がやって来ることがあった。

そこで、ゼウスは、まず、それまで人間は自分がいつ死ぬか前もって知っていたので、プロメテウス[5]に指令して、人間が自分の死を知ることのないようにさせた。次に、裁きを受ける者が服を身にまとったまま裁かれることのないようにした。つまり、人間が死んだ後に、人間の魂が身体という服を脱ぎ捨てて、裸になった状態で、そのありのままの姿を観察することができるようにした。そして、ゼウスの子供の、ミノス、ラダマンテュス、アイアコスを裁判官として、牧場のなかの三叉路の所で人間に最後の裁きをあたえるように命じた。三叉路からは、一方は浄福者の島へ、もう一方はタルタロスへ道が通じていたが、あの世の旅路の行方を決める裁判が人間たちにとってできるだけ公平なものとなるようにしたのである。

物語の内容は以上のようなものである。ソクラテスは、この物語を次のように解釈する（524B–527A）。死とは魂と身体との分離であって、それ以外のなにものでもない。そして、人間が死ぬと魂と身体はともに、生きていたときの状態を、死後もそのまま保持している。身体のほうは、もって生まれた体質から、その人が受けた養育の結果や、たまたま外部から受けたこと（例えば鞭で打たれた痕）を一定期間はそのままとどめている。これは宗教の教義をそのまま引き継いで語っているように思われるが、続けてソクラテスは、これと同じことが魂についても言えるはずだという。すなわち、魂がたとえペルシア大王のものであれ、どのような権力者であろうと、健全なところが少しもなく、誓いを破り、不正を働いたならば、鞭打たれて、傷だらけであるその姿をはっきりと見てとることができる。そして、悪しき生きかたのゆえに不均衡で醜悪な姿になった魂は、牢獄へ送られて、そこで責め苦に耐えていかねばならない。魂にあたえられる刑罰は次の二つのいずれかになるのが必定である。ひとつは、これによって改善され、利益を受けることになるか、もうひとつは、他の人びとへの「見せしめ」となって、これを目にした他の人たちが改心するために役立つかのいずれかである。このような見せしめの例には、ホメロスが描いているような、タンタロス、シシュポス、ティテュオスといった王や権力者がいる。しかし、テルシテス（同じくホメロスの作品に登場するが）のようなふつうの身分の者は、このような姿に描かれることはない。それはつまり、極度に邪悪な人間は権力者の間から出てくるということである。不正をいとも簡単にできる身分の者は、不正から逃れるのがそれだけむずかしいということである。一方、知を愛し求める哲学者の魂は、その正しい生きかたによって、浄福者の島々へ送られることになるのである。したがって、人間は生を享けたかぎりは、真実を追究し、生きている間も、死ぬ時がきたときも、できるだけ善き人間となるように努めねばならない。

『ゴルギアス』の最後を飾るこの箇所は、通常『ゴルギアス』のミュートスとして一括されているが、物語に相当するのはその前半のわずかな部分（523A-524A）でしかない。この部分は、宗教的教説に基づいたもので、このような話をソクラテスは真実のものとして受けとめ、そこから結論を引き出した（524A-B）。このように言って語る残りの部分（524B-527A）は、物語についてのソクラテスの解釈である。そして、この物語の内容が、ずっと以前の議論のなかで「一人の賢者」（του....τῶν σοφῶν, 493A）から聞いたこととして紹介されている教説と共通したものであることについては、諸家の意見が一致している。この教説のほうは一般にオルペウス教のものとされているものである。(6)

これによると、「われわれの現在の生はじつは死なのであり、肉体（ソーマ）とはわれわれにとって墓（セーマ）にほかならない(7)」という。その直前で引用されているエウリピデスの「だれが知ろう、この世の生は死にほかならず、死こそまことの生であることを(8)」という詩句もこのような文脈で解釈される。すなわち、われわれは本当は死んでいるということ、現在のわれわれの生はじつは死であるということである。したがって、われわれの真実の生とは、このような死の状態――言うまでもなく、それは身体とつながれた魂の生をいう――からの解放である。これは明らかに輪廻転生（metempsychosis）(9)を前提としている。このような思想は『ゴルギアス』のみならず、『パイドン』『国家』『パイドロス』などの対話篇にも共通して現われるが、死後の魂の裁きと結びつけられる。幾度となく、輪廻転生を繰り返したあと、哲学者の魂は解放されて、浄福者の島々へ向かうが、『国家』や『パイドロス』によると、通常は一回の生を約一〇〇年として、それに対する賞罰の期間がその一〇倍の一〇〇〇年かかり、次いで新たな生を受けて、それの賞罰としてまた一〇〇〇年を過ごし、というふうにいつまでも繰り返す。(10)

われわれは、このような宗教的教説がオルペウス教に属するものか、あるいはピュタゴラス派による変容を受けているのか、といった問題についてはここで扱う必要はないだろう。われわれは、ソクラテスと同様に、このような教説があったのだということを受け入れればいいからである。われわれの関心は、宗教学あるいは宗教社会学が取り扱うテーマにあるのではない。むしろ、このような教説をソクラテスがどのように受け取り、解釈したのかという哲学的な問題にある。ソクラテスは、すでに述べたように、この教説を「ミュートス（作り事）」ではなく「ロゴス（本当の話）」ととらえている。これが「真実」であることが繰り返し強調されていた。[11] 特に、ミュートスをいったん語り終えた箇所では、ソクラテスは「これを真実のことであると信じている（πιστεύω）」と言っている。このことは、この教説も、その後に語られるソクラテスの解釈もいわゆるロゴス、すなわち問答法的議論で証明することのできないものであることを示している。後半の解釈の部分も、あれほど対話の中で一問一答式の問答にこだわったソクラテスから考えると、不思議なくらいの長広舌である。この部分も明らかに問答法的議論とは性格が異なっている。

プラトンはなぜこのようなミュートスを議論の終わりに挿入するようなことをあえてしたのか。『ゴルギアス』のソクラテスは、対話の相手カリクレスと、「不正をこうむることは不正をなすことよりも善い」という倫理的命題について議論している。カリクレス相手のこの問答は、作品の中で最も長い部分（481B–522E）である。もしもこの議論によってソクラテスの主張に十全な証明があたえられたのであれば、これに加えてミュートスを語る必要はまったくなかったはずである。なぜソクラテスは、カリクレスが「老婆が語って聞かせる物語」（527A）くらいに考えて軽蔑するような話をしたのであろうか。この疑問への回答は、対話篇の中にあたえられている。それは先ほど述べた、ソーマ＝セーマ（身体＝墓）説にふれた箇所の直後にある。

この話は、僕が君に証明しようと思っていることがらを明らかにしている。僕は、なんとかできるものなら、それを証明することによって、君を説得して、考えを変えてもらいたい。満ち足りることを知らぬ放埒な生活の代わりに、秩序をもち、そのときどきに与えられているもので満足して、それ以上を求めないような生活のほうを、君に選んでもらいたいのだが。しかし、はたして、君は、僕の説得によって方針を変え、秩序ある人たちのほうが放埒気ままな人たちよりも幸福だと考えるようになってくれるだろうか。（493C–D）

ミュートスの導入は、このように対話相手のカリクレスを正しい生きかたへ誘うべく「説得」することを目的としている。不正をなすことがその人にとって最も不幸であることの証明が「鉄と鋼のような論理」（509A）による説得であるとすれば、ミュートスはもう少し柔らかな仕方での説得を試みる。それはカリクレスの情念に訴えるものである。カリクレスはソクラテスとの問答の途中で、「どことなく人を肯かせるところがあるような気もする。けれども、わたしの結局の気持ちといえば、大部分の人たちと同じように、あなたの言葉にすっかり承服することはできないのだ（οὐ πάνυ σοι πείθομαι）」（513C）と語っている。カリクレスは、論理ではソクラテスに屈服しても、情念においてはまだ説得されずにいる。このような場合に、ミュートスは情念に訴えながら、相手を正しい生へと誘うものとして用いられるのである。

こうしてみると、ミュートスは問答法的な議論を補完するものだと言うことができる。哲学的問答法は、厳密なる推論でもって、不正な生きかたがその人を幸福へ導くものでないことを論証してみせたが、人間の幸不幸はこの世の生だけでは完了しない問題を含むものであるから、この世だけでなく未来に続く生においても、論証されたことの正しさをなんらかのかたちで示す必要がある。しかしそのためには、例えば魂が不死であり、人間の死後も身体を離れても存続することが前提とされる。それゆえ、ミュートスによる説得は必然的に厳密性を欠くことにもなる。ミュートスの内容は、論証されるべきものではなく、なにかこのようなことが結果すると考えている（τοιόνδε τι λογίζομαι συμβαίνειν）（524B）、と言われるようなものである。「これが」ではなく「なにかこのようなことが」というのは、なにかありそうな話に本性上とどまるようなものでしかないということである。したがって、場合によっては、別のより説得的な話に取って代わられることもある。「これよりも立派な、もっとも真実性に富んだ話（αὐτῶν βελτίω καὶ ἀληθέστερα）」（527A）があれば、このミュートスを軽視しても不思議はないだろう、とソクラテスは語っている。

II

『パイドン』のミュートスにも、われわれはこれと同じような特徴を見てとることができる。『パイドン』は、言うまでもなく、前三九九年アテナイの法廷において死刑判決を受けたソクラテスが、牢獄においてその最後の日、すなわち刑の執行がおこなわれた日に、親しい友人たちと交わした対話の記録である。そして、対話のテーマとなるのは、人間の魂の不死に関する問題であった。ソクラテスは言う、これからあの世に旅立とうとする者にとって、かの地への旅立ちについて、それがどのような性質のものかを、日が沈むまでの時間に、よく考察し論じる（διασκοπεῖν τε καὶ μυθολογεῖν）のはこの上なくふさわしいことである、と（61E）。

この作品の注解者たちは、ここでディアスコペイン、ミュートロゲインという二つの動詞が並置されていることに注目している。前者は「よく考察する」の意であるが、後者はもし「ミュートスを語る」ということであれば、ここでわれわれは問答法的議論とミュートスとが『パイドン』で相補しあうべく並べられていると考えることができるだろう。[12] けれども、すでに述べたように、ミュートロゲイン（μυθολογεῖν）という語は、必ずしもミュートスのみに関係させられるものではない。その意味は、ディアスコペインと同様に、「論じる」こと以上のものではない場合もあるからである。[13] ただしかし、『パイドン』の議論が、下記の注にふれたような「不死の学問的論証（scientific proof of immortality, Hackforth）」にのみ限るように言うのも誤りとしなければならないだろう。問題はそのような言葉遣いにあるのではない。

『パイドン』の話の流れを追いかけてみよう。70Aにおいて対話相手のケベスは、ソクラテスに対して次のような懸念を表明する。人間は、魂が身体を離れると、もはやどこにも存在せず、死んだその日になくなってしまうのではないか、身体から抜け出したときに、まるで煙のように飛散してしまうのではないか、と信じている。もしも魂が自己自身に集中し（これが哲学するということである）、諸々の悪から解放されて、どこかに自分だけで存在するのであれば、ソクラテスの言うことが真実であることに大きな希望があるであろう。しかし、そもそも人間の魂がなんらかの力と知恵をもって死後も存在し続けるということには、少なからぬ説得と証明（παραμυθία τε καὶ πίστεως）が必要であろう、と（70A–B）。

『パイドン』では、死が魂と身体との分離であることは、当然のこととされ、これについてそれ以上問われることはない。論証を求められるのは、その魂が「なんらかの力と知恵をもって」存続することである。そのために、三つの証明があたえられる。第一は、生成過程の循環的構造からの議論と想起説に基づく議論からなる（70C–76E）。けれども、ケベスともう一人の対話相手シミアスが、魂が身体から離れたとき（すなわち死んだとき）、本当に風がこれを吹き飛ばしてしまし、風が強い日にはなおさらそうだと、まるで子供のように怖がっていると、ソクラテスにからかわれると、ケベスは、実際に怖がっているものとして説得する（ἀναπείθειν）ようにしてくれ、そのような恐れをいだいた子供がわたしたちの心の中にいると考えて、死をお化けのように怖がったりしないように、その子供をなんとかなだめてくれと懇願する。それに対して、ソクラテスは、毎日呪文をとなえて（ἐπᾴδειν）しなければなるまい、と答えている（77D-E）。

　ここでわれわれは「説得」を含意する二つの表現に注目しよう。ひとつは、70B「パラミューティアー」である。この語は「説得」の意味でプラトンのテクストにしばしば現われる。[14]もうひとつは、死を怖がることのないように「エパデイン」（77E）すると言われていることである。「呪文をとなえる」の意味であるが、この語は後でもう一度、ミュートスが語られる場面で登場する（114D7）。しかし、今の場合には明らかに議論による説得のことを意味している。そして、証明の第二において、魂とイデアの親近性に基づく議論が展開される（78B-80C）。そして、さらにシミアスとケベスが疑問を述べると、これに答える長い議論の後に、最後の第三証明（101A-107B）があたえられるわけである。これを簡単に示すと次のようになる。

　ケベスの死に対する恐怖（69E 以下）→〈説得（パラミューティア）と証明が必要〉→魂不滅
の論証へ（第一証明）→ケベスの死に対する恐怖（77D-E）→〈お呪い（エパデイン）が必要〉
→（第二証明）……（第三証明）→「ミュートス」→〈お呪い（エパデイン）が必要〉

魂が不死、不滅であることの証明は、このように、対話相手のケベスの死に対する恐怖を解消するための「説得」「呪文」として展開されている。それは三つの問答法的な論議を指すことは言うまでもない。[15]しかしながら、実はソクラテスによる「説得」は問答法的議論だけでは完了していないのである。今述べたように、「呪文をとなえる」という表現がミュートスの場面でも現われている。それは「説得」が問答法的議論によって相手の理性に訴えるだけでなく、さらに彼らの情念にも訴えるものであることを意味しているのである。この点に留意しながら、『パイドン』のミュートスを見ることにしよう。

『パイドン』のミュートスは、ソクラテスが魂の不死に関する最終的な論証を終えたあとに語られる。ソクラテスは言う、いやしくも魂が不死なるものであるならば、われわれが魂を大切に世話しなければならないのは、けっしてわれわれのこの一生のためだけではなく、全永劫の時のためにこそ、その心がけが必要なのだ（107C）。したがって、できるだけ魂の世話をして、思慮ある魂となる以外には、悪徳から逃れる道はない。こう前置きした上で、物語を語る。この物語は、70Cで「古い教説（παλαιός …… τις λόγος）」と呼ばれたものと同じものである。そこでは、各人の魂はこの世からあの世へ行って、そこに留まり、再びこの世に戻り、死んだ人から生まれ変わる、というものである。これは言うまでもなく輪廻転生を指すが、107Dに始まるミュートスでは、あの世のありさまについて詳細な説明がある。ギリシア人は幸福を「エウダイモーン」と呼んだが、「ダイモーンがよい」というような意味である。ソクラテスはこの「ダイモーン[16]」から説明を始める。

人間が生きているうちはダイモーンが見守っているが、各人のダイモーンは、死んだ後はあの世へ向かう道案内の役目もする。魂がハデス（黄泉の国）へ旅立つと、そこでしかるべき期間とどまって、またこの世に戻ってくるが、ひと巡りする期間は長く、しかもこれを繰り返さねばならない（107E）。これは先に述べたこと（つまり『国家』や『パイドロス』の場合）と同じであるが、これによってわかるのは、輪廻転生に関する教説がある程度まで確立されていて、プラトンはそれを前提に語っているということである。ハデスに至る道は複雑で、道が何本にも分かれているが、魂を清浄に節度正しく生を送った者はその魂にふさわしいところ（むろん浄福者の島々のことである）に住まうことになるが、そうでない者はまたそれにふさわしい場所に向かうことになる（107C–108C）。

ここまでは『ゴルギアス』の場合と変わらないが、ソクラテスは「ある人」から聞いた話として、真の大地に関する物語を続いて語っている。この「ある人」が誰か特定することはほとんど不可能であるし、あまり重要とも思われない。しかし、その内容は大地（地球）に関する説明が続いている。まず、大地は球状であり、宇宙の中心に位置しており、したがって大地も宇宙も均衡を保っている。第二に、われわれは大地の窪みに住んでいる。大地の上にはアイテールと呼ばれるものがあって、窪みにはこのアイテールの沈殿物がたまっている。水や霧や空気がそれで、われわれは大地の上に住んでいると思っている。それはちょうど大海の底に住む者が海面上に住んでいると思い、太陽などの星辰が水を通して見えるので、海を天空と思いこんでいるような状態に喩えられる。そのようにわれわれは空気を天空と称しているが、もし翼をもってアイテールのところまで駆け上がり、そしてその場での観照に堪えうる性質をもっておれば、真の天空、真の光、真の大地を目にすることができるのである（108D–111C）。これは『国家』において洞窟内に閉じ込められた人間の中から、外へ這い出す者が現われて、ものの真実の姿を観照すると言われているのを想起させるが、そのような人間が哲学者であることは言うまでもない。

続いてソクラテスは、真の大地の形状に関する説明をおこなう。その詳細をここで述べる必要はないであろう。それは当時の科学的知見を参照しているものであろうが、どちらかといえば科学的と言うよりは、むしろ文学的な色彩の強いものである。さらに続く大地を流れる水流についての記述になると（111C–113C）、これは科学的説明からほど遠く、宗教的な教説に合わせて空想にまかせて語ったもののようにみえる。すなわち、大地の全体を端から端まで貫通している坑道がある。これがタルタロス（奈落）と呼ばれるもので、この中に入るとその落下を止める底がないので、その中では流体がさまざまな振動を起こすことになる。地球は球体であるから、厳密な意味での下はないが、いわゆる下のほうへ水が流れていくかとおもえば、またこちらのほうへ再び流れ込んでくるが、地球の中心までは下がっても、それ以上は上りになるので進むことはできない。タルタロスへ流れ込む水流にはいくつかあるが、主要なものに四つの水流がある。そのひとつはオケアノスで、最も外側を巡る。これと相対して流れるのがアケロン（普通冥界の河とされるもの）で、地下を流れてアケルシアス湖に至る。第三はこれらの中間より発し、火が炎々と燃えさかる地域に流れ込む河で、ピュリプレゲトン（劫火の流れの意）と呼ばれる。第四はコキュトス（嘆きの河）と詩人たちが名づける河で、ピュリプレゲトン河とは反対方向へ進み、ステュクス湖に流れる。

大地の形状について語ったあと、話は再び死者の魂がたどる運命に戻る。ここでも『ゴルギアス』の場合と同様、死者の魂は裁きの前に立つ。そして、その部分を読むと、その前のタルタロスや四つの水流に関する話は、死者が裁きのあと実際にどのような道筋をとって、それぞれにふさわしい場所に運ばれるかを述べたものであったことがわかる。死者たちはアケルシアス湖に到着すると、そこで裁きを受け、しばらく留まってしかるべき罰あるいは褒賞を受ける。一方、犯した過ちが大きく、罪を償うことがもはや不可能と裁定された者はタルタロスに投げ込まれ、二度と再び出ることはできない。しかし、タルタロスに投げ込まれても、まだ矯正の余地があると判断された場合（これは一時的な衝動で罪を犯すが、その後後悔のうちに生きた者をいう）には、一年間そこで過ごした後は、一般の殺人者はコキュトスの河を、父母の殺人者はピュリプレゲトンの河を下り、そのうち許された者だけが流れから出ることができる。一方、神意にかなう生を送った者は真の大地に住まうことになるが、さらにその中でも、哲学しつつ生きて、十分に浄化された者たちは、身体との結びつきを完全に離れ、さらに美しい住みか（おそらく浄福者の島々であろう）に至る。それゆえ、人間は徳と知恵にあずかるように最大の努力をせねばならない。ソクラテスは最後にその努力の褒賞は輝かしく、その希望は大きいと締めくくっている（113D–114C）。

ソクラテスは続けて言う。「以上の事柄が本当にそっくりそのまま、僕の述べたとおりであると断言するのは、もののわかった人間にふさわしいことではないだろう。だが、少なくとも魂が不死なるものであることが明らかである以上、われわれの魂について、またその住みかについて、多少ともこういった事柄が考えられるということなら、これは適切な主張でもあるし、あえて身をかかる想念に賭けるだけの価値もあるように、僕には思われる。そうして冒される危険は、美しいものだからだ[17]」（114D）。ここで「多少ともこういった事柄」と訳されたテクストは、もう少し正確に訳すと「以上述べられたことか、あるいはそれと同様なこと（ἢ ταῦτα ..... ἢ τοιαῦτα）」の意味であるが、このような表現からも、プラトンはミュートスの内容について断定的に語ることを避けていることがわかる。これらは宗教的教説に基づいたもので、あくまでも仮の表現であるという性格は変わらず、より適切な説明があれば、それと取って代わられるべき性質のものである。

では、このような物語はどのような意図のもとに語られたのであろうか。まず、ここで引用された言葉からわかるように、魂の不死はシミアスとケベスとの長い論議を経て、すでに証明されたものと考えられている。つまり、人間の魂は不死であり、いわゆる死（魂と身体との分離）の後も存続するものであるからには、人間はみずからの魂をできるかぎり浄化するために、正しい生き方をせねばならないということ、このことはすでに問答法的議論において証明されたのである。では、なぜそれに続けてミュートスを語る必要があるのか。ソクラテスは、今引用された言葉にすぐ続けてミュートスを導入する意図について語っている。「ひとはこうした事柄を、呪文（ἐπᾴδειν）のように、何べんも自分に向かって繰り返し言い聞かせなければならない。僕がさっきから、こうして長い物語を話しているのも、実はそのためなのだ」[18]（114D）。すでに述べたように、『パイドン』における魂の不死論証は、人間がもつ死に対する恐怖（これをソクラテスはお化けを怖がる子供に喩えていたが）に対処すべく、呪文（おまじない）のようにして語られたものであった。しかし論証は論証として、知性においては理解できても、人間の恐怖感をこれでもって完全に払拭してしまうことはできないであろう。このように『パイドン』におけるミュートスは、『ゴルギアス』の場合と同じく、人間の情念に訴える仕方でよき生きかたへ説得することを狙いとしているのである。その点では、魂の死後の運命を扱ったもうひとつの作品『国家』でも変わるところがない。

Ⅲ

『国家』は全一〇巻に及ぶ大作であるが、プラトンはその最後を終えるにあたってソクラテスにミュートスを語らせている。それはパンピュリアのエル[19]の物語である。

兵士エルは戦争で命を落としたが、しばらくの間その身体は腐らずにあった。そして、一二日目に葬るべく火のついた薪の上に置かれようとしたとき、蘇生した。そして、蘇生したあと、あの世で見聞してきたことを語った。彼の魂はまず死後人びとが裁きを受ける場所に向かう。そこで裁きを受け、正しい人間は右側の通路を上がっていき、天上へ向かうが、不正を犯した人間は左側の通路を下っていかねばならない。エルがそこに行くと、死後の世界を報告する者として、ここでおこなわれることをよく見聞きするように、と言われた。天上から戻ってきた魂は浄らかな姿をしていたが、他方地下から来た魂は不浄な姿をしており、魂たちはお互いに経験したことを語り合った（614B–615A）。

そこでエルが見たことの要点は次のようなものであった。人間はどれだけの不正をおこなったかに応じて、贖罪のため順次罰を受ける。人間の一生を一〇〇年とすると、その賞罰の期間として一〇倍の一〇〇〇があてられる。そして、それを一〇度繰り返すことになる。しかし、神々や親に対する不敬、また殺人についてはこれ以上の応報をこうむることになる。父親、兄弟などを殺したアルディアイオス王などの独裁僭主たちは、タルタロス（底なしの奈落）に投げ込まれるべく連れていかれた（615A–616A）。

牧場に集まった魂たちは八日目にはそこから旅立つことになるが、旅立って四日目に上方から天地を貫く光の柱が見える地点に着く。その光は虹に似ていた。[20] つまり、大地（地球）を中心に天球の両端まで伸びていたが、さらにその端から光の綱が出て、天球全体を縛りつけていた。さらにその端からアナンケ（必然）の女神の紡錘が垂れ下がっていて、これによって天球全体が回転するようにできていた。その紡錘は鈎と軸棒とはずみ車とからなっていて、はずみ車は軸棒を中心に八つの異なる車（輪）がはめ込まれていた。車は一番外側が最も幅広く、次いで外側から六番目の車が広く、四番目、八番目、七番目、五番目、三番目、二番目の順となっている。また、一番外側は、飾りをちりばめたようにきらきらと光り、外側から七番目（軸から二番目）の輪は最も明るく、八番目（軸から一番目）は七番目の輪から光を受けて照らされており、二番目、五番目は同じような色彩で、より黄色がかっている。三番目は最も白く、四番目はやや赤味をおび、六番目は第二番目の白さをもっている。また、紡錘全体は同じ方向に回転運動するが、内側の七つの輪は反対方向へゆっくりと回転する。このうち最も速いのは外側から八番目で、七番目、六番目、五番目が第二番目に速く、四番目の輪は目には逆方向へ動いているように見えるが、これが第三番目の速さで、三番目が第四に、二番目が第五に速く動く。これらの輪にはセイレン（その歌声でオデュッセウスを悩ませた女性たち）が乗っており、それらが出す音は協和しあって、単一の音階を構成していた（616B–617B）。[21]

ギリシア科学史家で著名なヒース（T. Heath）が、その著『サモスのアリスタルコス』（*Aristarchus of Samos*）の中で一〇頁余りを割いてこの箇所を検討している。[22] ヒースの言うように、『国家』のここの記述は、ミュートスと綯《な》い交ぜにされた天文学説であろう。[23] 八つの輪は、軸（地球）から外に、(1)月、(2)太陽、(3)金星、(4)水星、(5)火星、(6)木星、(7)土星、(8)恒星天（これは回転しない）を指すが、ここでプラトンは、当時は最新の学説であったと思われるピュタゴラス派の天文学説を採用している。惑星の順序も、別伝によれば、(3)水星、(4)金星の順もあったようであるが、[24]『ティマイオス』（38D）でも同じような記載があるので、このような順序による惑星運動の説明を借用したものと思われる。[25] 惑星間の幅は、星の大きさではなく、星の軌道と星の軌道との間の距離を表わしたものであろう。[26] また、星の色については観察事実に基づくものであろうが、『ティマイオス』（68B）で黄色が白と赤を混合して作られると言われていることも参考になろう。そして、この天文学的とも言うべきミュートスの中で最も注目されるのは、それぞれの輪が違った方向に運行するように見えながら、実は協和しあい、単一の音階を構成すると言われていることである。『法律』でもこれらの星を「惑星（πλανητά）」すなわち彷徨する星と呼ぶのは誤りであり、多くの軌道を運行しているように見えても、実は一つの軌道を運行している、と主張されている（821B–822B）。このような誤った考えをもつことは、プラトンによれば、神々に対する罪なのである（822C）。しかし、このような天文学的な内容のことのみがプラトンの意図であったと考える者はだれもいないであろう。プラトンの関心はむしろ人間の魂の運命にある。そのように見るとき、この天文学説も違った色合いをおびてくる。

ミュートスに戻ろう。紡錘はアナンケの膝の上で回転していたが、ほかにアナンケの娘の三人のモイラ（運命）たちがそばに座っていた。ラケシスは過去のことを、クロトは現在のことを、アトロポスは未来のことをセイレンの音楽に合わせて歌っていた。歌いながら、クロトは外側の輪に右手をかけて回転を助け、アトロポスは内側の輪に左手をかけて回転を助け、ラケシスは左右の手でそれぞれの輪に交互にふれていた。魂たちはラケシスのもとに行った。そこで、ラケシスの意を伝える神官が告げたのは以下のようなことである。運命を導くダイモーンが汝らを籤で引き当てるのではなく、汝ら自身が自分のダイモーンを引き当てるのである。籤によって選ばれた順にみずからの生涯を選ぶことになるが、その生涯にその者は必然の力によって縛られることになる。徳はなにものにも支配されることはなく、それぞれの人がこれを尊重しあるいは軽視することで、徳をより多く、あるいは少なく自分のものにすることになる。責めは選ぶ者にあって、神にはいかなる責めもない（αἰτία ἑλομένου· θεὸς ἀναίτιος）。このように言って、すべての魂の前に籤を投げた。魂たちは自分の前にある籤を取り、その順に今度はたくさんの生きかたの見本を見てその中から選んだ。この見本には独裁僭主をはじめさまざまな生があったが、その中から自分の気に入ったものを魂は選ぶことができた。ただしこれらの中には、魂そのものの序列を決めるものはなかった。それは魂がそれぞれ選んだ生に応じて、必然的にそれぞれ異なった性格を決定されるからである。ソクラテスは言う、この瞬間こそ人間にとってすべての危険がかかっているのだ、と（617C–619C）。

そのあとエルが語っているのは、実際にどのような生が選ばれたかについてである。最初に選んだ者は独裁僭主の生を選び、後で自分の選択を嘆くことになる。オルペウスは白鳥の生を選び、歌人タミュラスは夜鶯の、アイアスはライオンの、アガメムノンは鷲の、走者として名高いアタランテは競技者の、木馬を作ったエペイオスは技能のある女性の、道化者テルシテスは猿の、そしてオデュッセウスは一私人の生を選んだ。これらの選択にはもちろん前世の習性が影響をあたえているのである。このような生の選びは動物についてもおこなわれた。こうして生を選び終えると、魂たちはラケシスのもとに赴く。すると女神はそれぞれの選択が成就するように、ダイモーンを各魂につけた。ダイモーンはクロトの所に魂を連れていき、選ばれた運命が確実なものになるようにして、次いでアトロポスの所で運命を取り返しのきかない[27]不変のものとしたのである（619C–620E）。

最後に、魂たちはレーテー（忘却）の野へやってくる。そこで、アメレース（同じく忘却の意）河の水を飲み、これまでのことを一切忘れてしまい、そして眠りにつくと、あたかも流星のように、上方へ運ばれ新たな誕生にむかう。一方、エルは水を飲むことを禁じられた。そして、どういうふうにして身体に戻ったのかわからなかったが、目を開けると埋葬のための薪の上に横たわっていた（620E–621B）。

ソクラテスは言う、かくしてミュートス（物語）は救われたのであり、滅びはしなかったのである。もしわれわれがこのミュートスを信じるならば、それはわれわれを救うことにもなるであろう、と（621C）。

『国家』のミュートスは以上のような内容のものであるが、われわれは、ここに二つの問題が含まれていることに気づく。そのひとつは、『ゴルギアス』『パイドン』と共通の問題であるが、もうひとつはこれらの対話篇にはなかった問題である。後者から述べてみよう。それは、このミュートスで生の選びに関してプラトンが述べていることが決定論ではないのかという疑問である。これはアナス（J. Annas）が投げかけたものである。この場合の決定論というのは、道徳的責任に関するものであり、もしひとが不正をなして、その不正をなしたことがその人がそれをなす以前にすでに決定されている場合に言われる。そしてもし決定論であれば、その人の責任を追及することは不当であることになる。[28]

このミュートスは「必然」に満ち満ちている。[29] アナンケ（必然）の女神が紡ぐ紡錘の中で、女神の娘モイラ（運命）たちが事の進行を取り仕切っている。たしかに、プラトンは、話の途中で突然人間の自由について語りだす。人間がみずからのダイモーンを選ぶのであって、逆ではない。神ではなく人間がその選択について責任がある、と。しかし、それは宣言されているだけで、その理由は語られていない。もしも魂の自由な選択があるとすれば、それは、輪廻転生の中で生の選ぶということが、この世において（あの世においてではなく）その人が自由に生を選びうるということを含意していなければならないはずである。しかし、プラトンが言っていることはこのことではない。プラトンが言っていることは、むしろすでにでき上がった生[30]を選ぶというものである。一番の籤で、急いで独裁僭主の生を選んだ者は、その生をよく調べてみて後悔することになるが、「自分の子供を食らうこと」（619B）までもその時点で決定されているとしたら、選択の自由と言う主張にどれほどの意味があるだろうか。

われわれはアナスのこの疑問にどう答えるべきであろうか。まず、われわれは選択の自由ということで、いわゆる自由意志が問題とされているのかを考えねばならないだろう。自由意志とは人が行為をなすその時に、その人がこれを自分の意志だけで決定した場合に言えることで、その選択がすでになんらかの要因によって決定されているならば、自由意志はないということになる。僭主独裁の生を選んだ者は、僭主独裁者となり、そのためにさまざまな禍いを経験し、自分の子まで食らうことが定められているのである。モイラたちが彼の生を後戻りのできないものにしたために、彼の生は生まれる以前に決定されたことになる。しかし、それならばその者が生まれた後に、正しく生きるとか知恵を求めるとかいったことは、意味のないことなのであろうか。答えは否である。われわれは、ラケシスの神官が言ったこと（617E）を、ここでもう一度想い起こしてみよう。

1　ダイモーンが人間を選ぶのではなく、人間がダイモーンを選ぶ。

2　籤によって決められた順に生を選ばせ、選んだ生は以後必然の力によって縛りつけられる。

3　徳はなにものにも支配されることなく、それを尊重するしないによって、人はより多く、より少なく徳をもつ。

4　責めは神にはなく、選ぶ人間にある。

1が人間は自分の生を自分で選ぶということを言っていることは明らかである。しかし、この選ぶ自由はいわゆる自由意志の問題ではない。自由意志は、選択を終えて、この世に誕生した人間に、その生き方に関して自由はあるかということに関わっている。ここの文言のつながりは明らかであるとは言いがたいが、1→2→4の結びつきを理解するのはそれほど困難ではないであろう。問題は3がこれらの中でどのような働きをしているのかという点である。徳を獲得するしないはこの世の生においてであって、あの世においてではない。もしもすべての行動が、生を選んだ時点で決定されてしまうのであれば、3はほとんど意味のないものとなってしまうであろう。

この問題に関してもうひとつ注意すべき箇所は618Bで「これら（選ばれるべき生）の中には、魂そのものの序列を決めるものはなかった。これは、魂はそれぞれが選んだ生涯に応じて、おのずから必然的にそれぞれ異なった性格を決定されるからである[31]」と言われているところである。ここの文意はわかりにくい。前半部は、これを直訳すると「魂のタクシスは（選ばれるべき生の）中には含まれていない」ということである。タクシス（τάξις）とは「配列」の意味であるが、軍事用語としては「（兵力の）配備」の意味をもつ。さらに、比喩的には、「状態」「性質」といった意味ももっている。「魂のタクシス」の用例にはソフィストのゴルギアスの断片がある。「言葉の力は魂のタクシスに対し、薬のタクシスが身体の本性に対するのと同じ比例関係にある[32]」（断片一一（一四））とある。小池訳は二つのタクシスをそれぞれ「状態」「組成」と訳しているが[33]、この短い文で意味の相違があるとは思われない。ともに「性質」くらいの意味と思われる。とすると、『国家』の一文も、「魂がもつことになる性質（性格）は、（選ばれるべき生の）中には含まれない」という意味に読むことができるだろう。実際、この箇所の多くの訳、注解はcharacterの訳をあてている。さらに、藤澤訳（旧訳）では「魂そのものの性格を特に決めるような見本はなかった[34]」となっている。われわれはむしろこの旧訳のほうをとりたい。

　しかしそうすると、この一文は、選ばれた生には人間がどのような性質になるかを決定するものはないということになり、後半の言葉と矛盾するようにみえる。後半部は、たいていの訳者のように、「（魂は）それぞれ異なる生を選び取ることによって、異なる性質のものになることが必然である」と読むならば矛盾は避けられない[35]。この訳（藤澤訳も含めて）は原文のアオリスト分詞を適切に訳していない。むしろ、文意は「（魂は）それぞれ異なる生を選んだ後[36]、異なる性質のものになるのでなければならない」ということである。つまり、選ばれた生は、たとえそれが独裁僭主の場合のように悲惨な結果が待ち受けている生であっても、それだけでその人の幸不幸が決定されてしまう（もしそうなら決定論となる）のではなく、選んだ後に、つまりこの世に生を享けた後に、どのような生をおくるかによって決まるということである。[37] そう考えることによってはじめて、ここで徳性が強調されていることも理解できることになる。むろんこの生の選びはあらゆる危険（ὁ πᾶς κίνδυνος, 618B7）を伴う。なぜなら、この選択によって次の生において経験すべきことが決定されてしまうからである。しかし、それでもってその人が徳性に関してどのように生きるかということまでが決められてしまうわけではない。アラン（Alain）はこの状態を適切にも、水夫が、一度出発した後に、浪と風に折り合おうとすることに喩えている。[38] 舟はもうすでに大浪と大風に向かって船出している。人間が生きるということは、まったく新しい状況のもとに出発するということではなく、すでに始まっている状況下においてどのように舵を操るかということにほかならない。

以上の理由から、われわれは『国家』の文脈に決定論を読み込もうとするアナスの解釈は誤りだと考える。しかし、われわれにはもうひとつ問題が残されている。これは『国家』篇全体におけるミュートスの位置づけを問う構成上の問題であり、同時に問答法的議論にミュートスが付加される意味に関するものでもある。もともと『国家』の議論は正義（正しさ）とは何かという問題から出発していた。第二巻のはじめで、グラウコンが善を(1)結果のゆえにではなく、それ自体のゆえに求められるもの、(2)それ自体のゆえにも、結果のゆえにも求められるもの、(3)それ自体のゆえにではなく、結果のゆえに求められるものに分類したときに、正義ははたしてこのいずれに属するのかと問われて、ソクラテスは(2)すなわちそれ自体と結果の両方のゆえに求められると答える（大衆は(3)だとみなす）。これに対してグラウコンは（そしてその後にアディマントスも）、結果のほうはいま度外視して、正義がそれ自体としてどのような力をもっているかを示してくれ、と要請する（358B, 366B–D）。それ以降の議論はこの要請を受けて展開してきたものである。すなわち、それは正義をおこなって得られる結果、報酬という観点を排除した上での議論であった。それがなぜ『国家』の議論が終結するにおよんで、このような観点を再びもち出す必要があったのかが疑問とされるだろう。そのために多くの解釈者はミュートスの部分を『国家』の主要な議論からの逸脱と考えて、過小評価をくだすか、あるいはこの部分は後につけ加えられたもので、残りの議論とうまく適合していないと判断した。そのように過小評価したひとりがアナス[39]であるが、アナスはその翌年に発表した論文では、それでも『国家』のミュートスが『ゴルギアス』『パイドン』と近似した内容をもっていることを認め、論鋒をやや弱めている[40]。しかし、このミュートスがその他のものと近似した内容をもつことが、『国家』の構成上の不均衡という問題に折り合いをつけることにならないことは言うまでもない。ソクラテスははたして『国家』の主題から逸れた問題をここで持ち出しているのであろうか。

もともとソクラテスは正義がそれ自体にも、その結果においても求められるべきものだという立場であった。しかしなぜ正義の結果を議論から排除したかというと、367B-C のアデイマントスの言にあるように、ひとが正しい人であることで受ける評判を取り去って考えなければ、ソクラテスがどんなに正義を讃えても、それは評判ゆえに讃えているのであり、不正が咎められるのも、不正であるからではなく、不正であると思われているからだと言わざるをえなくなるという批判を考慮したからである。そのため以後の議論はこの報酬という ことを排除したかたちでおこなわれた。しかし、第一〇巻に入って、ソクラテスは、正義について報酬や評判を讃えることをしなくても、正義自体が魂にとって最善のものが明らかにされたいま、これまでの議論に加えて、正義がもつべき報酬のことを語ってもなんの異論もなかろう、と言う。これは意味のない主張ではない。それまでの長い議論は、正しい人間が不正と思われる、あるいは不正な人間が正しいと思われるということがあると仮定して、そのためにそのような「思わく」(評判)を排除した議論がおこなわれたのであるが、これは「議論のために(τοῦ λόγου ἕνεκα)」(612C10)認めただけで、ソクラテスは正しい人間が不正だと思われることはないという立場である。したがって、これから後の箇所は、議論からのいわば「返還要求」として語られるものである。その返還要求は二つに分けられる。ひとつは、現世において正しい人が受ける評判である(612E-614A)。しかし、これは正しい人を死後において待ち受けているものに比べれば、何者でもない、とソクラテスは言う。こうして語られたのがエルのミュートスであった。それゆえ、この部分を『国家』の議論から逸れたものと考えるのは、もともとソクラテスの立場が何であったかを理解しないからにほかならない、と言うことができるだろう。

プラトンは、正しく生きる者にあたえられる報酬と希望の大きいことをたえず強調していた(『パイドン』114C、『ゴルギアス』526E)。これは論証によって人間の知性を納得させるだけでは十分でなく、さらにその情念に訴える必要があるからである。ミュートスには問答法的な議論にある論理的な強制力はない。かわりにそれは人びとを心から信服させることができる。人間はこのような物語をあたかも呪文のごとく言い聞かせなければならないと、プラトンは『パイドン』(114D)においてこのようなミュートスを導入する理由を明確に語っていた。いま『国家』のミュートスをこれらと比較するときに、正しい人間は死後においても測りしれない報酬に満たされるが、不正な人間はその悪事のゆえに苦しみつづけなければならないという立場を同じように共有しながらも、力点は死者の魂による生の選びに置かれていることがわかる。プラトンは巧妙とも言うべき仕方で、籤の配分と生の選択を語ることで、その選択の責任はひとえに人間にあり、神には責任がない(アイティア・ヘロメヌー、テオス・アナイティオス)ことを主張する。このようないわゆる弁神論的な関心は、『国家』

のミュートスを貫いており、それはまた後期作品においてもさまざまなかたちで現われることになる。

すでに述べられたように、ミュートスは問答法的な議論と違って「事実」に関わる。死後の魂の運命にまつわる物語も、次章において論じられる、自然および人類の歴史を扱ったミュートスも、その内容はそもそも「論証」されるべき性質のものではない。ミュートスはこの点においていわゆるロゴスとは異なっている。むしろそれらは「信じる」べきものである。それはまた大きな危険（κίνδυνος）[41]を伴うことにもなる。すなわち、ロゴスの力がどれほど強くとも、ミュートスで語られていることを信じるのは一種の「賭け」なのである。このようにプラトンは、論証を目的とするロゴスと、情念における説得を旨とするミュートスを対話篇において自在に使い分けている。ソクラテスはエルのミュートスを語り終えた後、「ミュートスは救われたのであり、滅びなかった」（μῦθος ἐσώθη καὶ οὐκ ἀπώλετο, 621B8）と言う。ミュートスは物語が完結することなく終わったとき、「ミュートスが滅んだ」（『テアイテトス』164D古注参照）と言われるが、これに対して「ミュートスが救われる」のは、それが首尾よく完了したときである（ポティオスの注記を参照）。しかし、われわれはミュートスの真実を信じなければならない。「もしわれわれがこのミュートスを信じるならば、われわれを救うことになるであろう」（621C1）。正しい意図をもつことによってはじめて、すぐれたミュートスは人間にとってかけがえのないもの、有用なものとなるのである。

第三章　注

（1）『政治家（ポリティコス）』の場合には、初期、中期と同様、問答法的議論に挿入されるかたちになっているが、『政治家』の場合には、それ以前のミュートスと異なり、宇宙や歴史への関心が色濃くでている。したがって、内容の上では、後期の他のミュートスとのつながりが深いと言える。

（2）『パイドロス』のミュートスは、死後の魂の本性についてのそれ以前の三作品の内容を補完するものであるが、三作品とは論述の仕方が異なるので、ここでは扱わない。

（3）本書一〇八頁参照。

（4）言うまでもなく、ヘシオドスの『神統記』で語られているような、神々の三代にわたる王権継承神話が下敷きにある。すなわち、天の神ウーラノスは大地女神ガイアとの間に生まれた神々を次々と飲み込むが、その子のひとりで鎌をもつクロノスがウーラノスを去勢することによって王権を奪う。しかし、クロノスを中心とするティターン神族は、その子供で、空の神ゼウスを中心とする、海の神ポセイドン、黄泉の神プルトン（ハデス）の兄弟との戦い（ティタノマキアー）で敗れ、ゼウスが王権を引き継いだ。それとともに、クロノスの時代は、しばしば「黄金時代」伝説と結びつけて語られることが多かった。ガスリー、一九七八年、第四章「存在の回帰——黄金時代」参照。

（5）プロメテウスは「先に配慮する者」の意味をもつ。したがって、ゼウスは人間の予見に関することはプロメテウスに命じたのである。

（6）ただし、その実態は明らかではなく、オルペウス教とピュタゴラス派の思想との関係についても推測程度のものにとどまる。古典時代にそもそもオルペウス教の教団なるものが存在していたことを疑う解釈も根強くある。Cf. E. R. Dodds, 1951, pp.147ff.

（7）『ゴルギアス』からの引用は藤澤令夫訳、一九六六年、中央公論社による。なお、'That σῶμα-σῆμα ("Body equals tomb") is an Orphic doctrine?' (E. R. Dodds, 1951, p.148) という問題について、Dodds はもはや懐疑的であった（Cf.

E. R. Doods, 1951, pp.169-170 n.87, p.225 n.5)。これはむろん、リンフォース（I. M. Linforth, 1941）の影響である。一方、Guthrie, 1952はこの懐疑的な傾向を引き戻すことに貢献したと言えるが、今日においても、オルペウス教とピュタゴラス派の思想との関連を含めて、この問題は明確な答えを与えられていない。

（8）エウリピデス断片六三九（Nauck）。これはおそらくエウリピデスの失われた作品『ポリュイドス』からの引用であると思われる。

（9）チェントローネ、二〇〇〇年、邦訳六六頁註二参照。

（10）『国家』615A-B、『パイドロス』249A（および藤澤令夫、一九六七年、一六五―一六八頁訳注）参照。

（11）『ゴルギアス』523A2（ἀληθῆ）、524B1（ἀληθῆ）。

（12）J. Burnet（1911, ad 61e2）は μυθολογεῖν を「物語を語ること」の意味に解し、"Socrates regards all definite statements with regards to the next life as μῦθοι" とコメントしている。同様の解釈については、R. Loriaux, 1981, p.46を参照。

（13）C. J. Rowe（1993, p.125）は、これは「事実上矛盾語法（virtual oxymoron）」だとも言っている。しかし、μυθολογεῖν は「話をする、議論する」という意味以上のものではない。Cf. R. Hackforth, 1955, p.58 n.2: 'it is … scientific proof of immortality that our dialogue purports to give; it would therefore be inappropriate for Socrates to suggest their having μυθολογία in the sense of an imaginative discourse, though indeed we do get a myth at the end, when the 'proof' has been achieved. …. [T]he word means simply "discuss".' 例えば、次の二つの用例を見よ。『国家』501E「われわれがミュートロゲインしている国制」（ἡ πολιτεία ἣν μυθολογοῦμεν）。『法律』752A「われわれが今おこなっているミュートロギア」（τὴν παροῦσαν ἡμῖν τὰ νῦν μυθολογίαν）。これらはともに国家建設に関する議論を指すので、「物語」という訳は適訳ではありえない。もっとも、「物語を語る」という意味では、『国家』379Aその他にいくらでも用例がある。言えることは『パイドン』のこの箇所では、ミュートスの意味に特定することは困難だということである。

（14）Cf. K. Morgan, 2000, pp.164-168.

(15) παραμυθίας καὶ πίστεως の要請に続いて、ソクラテスがこの問題について「議論することにしよう」(διαμυθολογῶμεν, 70B6) と述べているが、このディアミュートロゲインという語についても、J. Burnet (1911, ad 70b6) や R. Loriaux (1981, pp.115-116) は「もっともらしい話をする」の意味にとっている。61E の箇所と同様の誤解であるが、これについては前々注参照。

(16) ダイモーンは古い時代には単に「神」を意味したが、『饗宴』が書かれた頃には、人間と神との間の中間的な存在と考えられた。これはさらに時代を下ると「デーモン」となるが、古典時代にはこの悪霊の意味はない。

(17) 藤澤令夫訳、一九七二年、筑摩書房。漢字遣いは一部改めてある。

(18) 同上。

(19) このエルという名前は、ギリシア人ではなく、むしろヘブライ起源のものではないかと推測されている(古辞書『スーダ』には "Ἤρ ὄνομα κύριον Ἑβραικόν" とある)。実際、聖母マリアの夫ヨセフの先祖の中にエルの名前がある(『ルカ伝』3. 28)。

(20) これは形状ではなく、色のことをいう (Cf. J. Adam, 1963, vol. 2, ad loc.)。

(21) むろん、ピュタゴラス派の天体音楽の考えがその基礎にある。

(22) T. Heath, 1913, pp.148-158.

(23) T. Heath, 1913, p.148.

(24) H. Diels, 1879, S.345.

(25) 言うまでもないが、プラトンでは水星は「ヘルメスの星」、金星は「明けの明星、宵の明星」である。『エピノミス』(これは真偽について問題がある)では、金星は「アプロディテの星」と呼ばれ、さらに土星、木星、火星がそれぞれ「クロノスの星」「ゼウスの星」「アレスの星」と名づけられている。

(26) B. Jowett and L. Campbell, 1894, p.475.

(27) アトロポスは文字通り「後に戻せない」の意。

(28) J. Annas, 1982, pp.132-133.

(29) 例えば、616C4, 617B4, B7–C1, E1–2, 618B3, 619C1, 620D6–621A1。

(30) ‘a fully worked-out blueprint’,（J. Annas, 1982, p.134）.

(31) ψυχῆς δὲ τάξιν οὐκ ἐνεῖναι διὰ τὸ ἀναγκαίως ἔχειν ἄλλον ἑλομένην βίον ἀλλοίαν γίγνεσθαι. 訳文は藤澤令夫訳、一九七九年からの引用。

(32) τὸν αὐτὸν δὲ λόγον ἔχει ἥ τε τοῦ λόγου δύναμις πρὸς τὴν τῆς ψυχῆς τάξιν ἥ τε τῶν φαρμάκων τάξις πρὸς τὴν τῶν σωμάτων φύσιν.

(33) 引用の訳文も小池澄夫訳、一九九七年による。

(34) 藤澤令夫訳、一九六九年。

(35) ここで、選ばれた生がではなく、生を選ぶ行為そのものが魂の性質を決定するという意味（J. Ferguson, 1957, p.121: “What Plato is saying is that the act of choice, not the life chosen, determines the character”）に読んでも矛盾はなくならない。

(36) ἑλομένην は αἱρέω（選ぶ）のアオリスト中動相分詞であり、アオリスト分詞は「……した後」という時間的な先後を含意する。

(37) R.L. Nettleship, 1961, p.364 n.1: “the one vital element of the determinate character of the soul itself, ψυχῆς τάξις, is said not to present, ‘because it is fated that the soul in choosing a given life should become like what it chooses.’ Here we have the old distinction of the externals of life and the actual vital principle itself; the soul is to choose the external conditions of its life, but by its choice of life it becomes what it is to be (618B).” Cf. B. Jowett and L. Campbell, 1894, p.479; W. C. Greene, 1944, pp.315–316. Nettleship の ‘in choosing a given life’ の ‘in’ は ‘after’ と修正すべきであろう。

(38) 森進一訳、一九八八年、一八四頁。

(39) J. Annas, 1981, pp.349–353.

(40) J. Annas, 1982, p.131.

（41）『パイドン』114D6、『国家』618B7。

第四章　宇宙と歴史のミュートス

本書の第一部においてわれわれは、自然研究や歴史がミュートス（神話）を克服することによって成立したという、今日常識として受け入れられている解釈を検討し、批判した。この解釈が強力であるのは、ミュートスと自然研究、歴史は結びつかないはずだというわれわれの通念に基づくためである。しかしながら、プラトンにおいてもこの解釈は正しいとは言えない。むしろ、プラトンは自然研究（とくにその宇宙論）と歴史をミュートスとして語ったのである。ただし、そのミュートスは『国家』において規定され、望まれたミュートスである。それによるならば、ミュートスは過去のことは正確にはわからない、あるいはヴェリフィケーション（検証）できないことを語るが、しかし、その中でももっともすぐれたミュートスは、できるだけ真実に似せて語られたものであった。われわれの以下における考察は、もっぱら、プラトンの自然観、歴史観において、この規定がどのようなかたちで出現しているかを見定めることを目的とする。

前章では、人間が死後に経験することに関して語られたミュートスを扱ったが、後期の作品においては、自然（宇宙）や歴史を論じたミュートスが現われる。これらのミュートスのあるもの（『政治家』）は、対話の間に挿入されるかたちで現われており、またあるものは作品の全体がミュートスで語られるというような違いがあるが、『ゴルギアス』『パイドン』『国家』にみられるミュートスと異なるのは、プラトンの宇宙、自然、歴史への深い興味とともに語られていることであろう。しかし、その細部をよく検討すると、それは単なる宇宙論、自然研究、歴史研究ではないことがわかる。プラトンの関心はこれらのテーマを語りつつも、依然として人間の正しい生きかたに注がれている。その意味では、死後の魂の運命に関するミュートスと共通な関心を有しているということができるだろう。このように、後期作品の特徴と考えられるのは、そのような深い人間の生きかたへの洞察を、宇宙、自然、歴史という大きな舞台の中で、いわばパラレルなかたちで論じていることにある。このような例を、以下において、『政治家（ポリティコス）』のミュートス、『ティマイオス』のミュートス、『クリティアス』のミュートスという順に見ていくことにしたい。

1.　『政治家』のミュートス

I

『政治家』における論及が、政治家を人間の牧養者、飼育者と規定するところまで達したとき（267C）、エレアからの客人はミュートスを導入するという方法によってこの規定に変更を加える。はじめにエレアからの客人は、アトレウスとテュエステスによる争いのさいに、全天体の運行をゼウスが反対方向に変えることによって、アトレウスに味方したこと、またクロノスが統治していた時代があったこと、さらにかつて人間は大地の子として発生していたこと、これら伝説的な言い伝えが、すべて同一の「大異変（πάθος）」を起源とするものであったと説明する。この大異変とは、この万有の運動が、ある時は現在回転している方向に動いていくが、ある時はそれと反対の方向に動いていくことである。すなわち、宇宙は、神自身によって直接に導かれる時期（クロノスの時代に相当）と、神が手を放すことによって、これまでとは逆の方向にみずから進んでいく時期（ゼウスの時代に相当）の、二つの時期の周期交替を通じて進行すると語るこのミュートスは、当時相互に関連を失って断片的に記憶されていた説話に、統一的な内容をあたえるとともに、それによって、歴史（ゼウス）時代の政治家を、クロノスの時代に属する者として論及していた誤りを明らかにするものである。

各循環期のありさまを要約的に示すと、神が直接支配する循環期では、各々の成長が今日とは逆方向へ、壮年期から若返って、ついには消失するという過程をたどり、さらに生殖の面でも、相互の交わりによってではなく、地中より、大地の子として誕生する（270D–272A）。これが、「すべてのものが人間のためにひとりでに生じた」（271D1）と言い伝えられる、いわゆるクロノスの黄金時代であり、現在の運行にではなく、その前の循環期に属する。他方、神が手を放して宇宙が自己運動することから始まるゼウスの時代は、現在見られるとおりの成長過程からなり、誕生も大地の中からではなく自分たちだけの力によらねばならず、労働や野獣から身を守る技術を必要とするような辛い時代であると語られる（273E–274D）。

このミュートスが、最初に「慰みごと」（παιδία, 268D8）と特徴づけられているように、そのひとつひとつの論点についてまったく文字通りに解する必要はないであろうが、エレアからの客がクロノスの時代とゼウスの時代との対比によって示そうとしたものは何であろうか。二つの時期の交替によって、言うなれば「理想と現実」[1]（キャンベル）という対照を、神話的に表現したとする従来の解釈は、「われわれは黄金時代に生きているのではない」という嘆きや、しばしば指摘されるプラトンの「晩年のペシミズム」の一端を示そうとするものであるが、両時代を単純に対比させる試みに対して、ヘルター（Herter）が批判しているように[2]、クロノスの時代における万事に不自由のない生は、必ずしも幸福な生ではなく、精神性や文化を欠いている点では、むしろ不完全なものである。二つの時代のいずれが幸福であるかという問題について述べた箇所（272B8–D2）において、事実を報告する者がいないという理由から最終的な判定は保留されているが、クロノス時代の人びとが仮に閑暇を愛知に活用していたとすれば、現代の人びとよりもはるかに幸福であると容易に判定できるけれども[3]、もし「食べ物、飲み物で十分に満たしたうえで、仲間同士や獣たち相手に、今でも彼らについて話されているようなことを語りあっていたのであれば」、これも容易に判定できる（つまり、現代の人間のほうが幸福）、と言われている。ここには自然主義的ないわゆる黄金時代論への讃美というよりは、むしろ、これへのアイロニーを読み取ることができるであろう[4]。

ゼウス時代をマイナスイメージでとらえようとする解釈に対して、ヘルターは、ミュートスに組み込まれた宇宙論から、これを正しく批判している。ヘルターも指摘するように[5]、宇宙の逆行運動は単なる非理性的な無秩序な動ではない。けれども、逆行運度については、さまざまな見解があり、特にヘルターの考えに従うならば、従来のプラトンの運動についての見解と一致しなくなる[6]。さらに、この宇宙論が両時代の対比とどのように関係してるかが明らかでない。そこで、本章では、特に逆行運動に関する記述を再検討することによって、それを手がかりにして、ゼウス時代に政治家の定義を求めようとするプラトンの真意を探ることを試みたい。

Ⅱ

一　269C4-270B2

最初に、エレアからの客は宇宙の逆行運動についての原則論的な説明をあたえることから始めている。この万有を神がみずから進行させてその回転運動を助ける時期が終わり、神が宇宙から手を離すと、宇宙はこれまでとは逆の方向へひとりでに（αὐτόματον）回転していく。それは、「万有が生きものであり、しかも、それを原初に構築した者から、思慮を授けられていたから（ζῷον ὂν καὶ φρόνησιν εἰληχὸς ἐκ τοῦ συναρμόσαντος αὐτὸ κατ' ἀρχάς）[7]」とされる。『政治家（ポリティコス）』のミュートスを読むさいの難しさのひとつは、ここで思慮（φρόνηδις）

を有することから、宇宙に逆方向の動が結果したように言われているけれども、自動的な（αὐτόματον）運動から予想されるのは、むしろ理《ことわり》や思考を欠いた偶然的なことがらのように思われることにあるのであろう。エレアからの客も、これらの説明だけではいまだ十分に理解されないと考えて、これらの文章にすぐ続けて、逆行運動（τὸ ἀνάπαλιν ἰέναι）が必然的に宇宙に生まれ具わるものとなった理由を説明する。

テクストの269D5–270A6の部分を、以下のように(a)～(j)に分ける。

(a)「常に同じありかたをし、同じ状態を保ち、同じものとしてあること」は、すべてのうちで最も神的なものども（イデア）にふさわしいが、他方「物体」はこの系列には属さない。

(b)天とか宇宙とか名づけられてきたものは、生みの親から多くの「至福なるもの」を授かっているが、しかし「物体」とも関わっている。

(c)したがって、それが変化（μεταβολή）を完全に免れることは不可能であるが、にもかかわらず、可能なかぎり最大限同じ場所で同じ仕方で単一な運動をする。

(d)それゆえ、自己の運動からの最小限の逸脱として、円運動（ἀνακύκλησις）をおこなう定めとなった。

以上が、前提部の前半であるが、最後のἀνακύκλησιςは単に「円運動」の意味に解する。今日普通の「逆向きの円運動」と読めば、[8] (b)(c)から(d)への移行が不透明となる。つまり、宇宙が物体性を有するなら、なぜことさら逆向きでなければならないのか明らかではない。(a)～(d)での力点は、むしろ、宇宙は物体性ゆえに変化運動を免れえないが、しかしその運動は円環をなすこと、それゆえ、できるだけ恒常性を保っているということにある。[9] 宇宙が逆行せねばならない理由は、むしろ(e)以下で語られている。

（e）　また、みずから自己自身を常に回転させることは、「動くものすべてを導いているもの」にとってしか可能でない。

（f）　しかし、導いているものにとっては、時によって反対の動かし方をすることは許されない。

まず、(a)「最も神的なものども」はイデアのことであるが、[10] 他方、(e)「動くものすべてを導くもの」は神（工作者）を指す（269E6 の αὖ は、イデアと神との対照を示す）。さらに、常に自転しうることは、神のみ可能であって、宇宙には認められていない。その意味は、宇宙が自己運動しないということではけっしてなく、[11] 自己運動が永遠的（ἀεί）でないということである。かくて、この前提部においては、イデア（恒常的存在）――工作者の神（永遠的な自己運動者）――宇宙（不完全な自己運動者）というヒエラルキーが考えられていることになる。

つづいて、以上の議論からの帰結として、三つの可能な選択肢を斥けて、最終的な結論を導いている。すなわち、われわれは、

（g）　宇宙が、常にみずから自己自身を回転させているとも、

（h）　さらに、宇宙全体が、神によって常に二種類の正反対な周行をするように回転させているとも、

（i）　またさらに、なにか二柱の神々が、互いに正反対な意図をもって、宇宙を回転させているとも、言うべきではない。

つまり、宇宙は、(g)永遠的に自己運動することはできないし、(h)神が二種類の運行を宇宙にあたえることは、神の本性に反することであるし、また(i)二元的な対立する神を想定することもできないので、残された可能

性として、

（j）ある時期には、神的な原因によって導かれるが、手が放された他の時期には、宇宙はみずから自分の力で進んでいく、と言わねばならないことになる。

この議論の中で、逆行運動は神が手を放すときに起こるように言われているのであるが、その直接の運動因は何であろうか。まず、それがけっして工作者の神でありえないことは、（h）から明白である。神はあくまでも一方向の回転の運動にのみ関係している。だから、例えば、（d）の箇所などで、スケンプ（Skemp）は、「（ἀνακύκλησιςを）神から受け取った」（269E3-4）と訳しているが、[12] このように補うのはかえって正確さを欠くことになる。ではそうすると、運動因は宇宙の身体（物体的要素）にあるのだろうか。実際プラトンは、読者に注意を喚起させるような仕方で、きわめてメカニカルな説明をおこなっている。「宇宙は、適切で絶妙なる瞬間に放たれるので、何万もの周期で逆行していくことになる。というのは、宇宙が、最も大きく、最も小さな回転軸に乗って、最も均整を保った状態で巡りつづけるからである」（270A6-8）と語られる。

宇宙の逆方向への周行を説明するのに用いられるイメージは、糸を紡ぐ紡錘のような装置で、純粋にメカニカルな、宇宙自身の魂とは無関係な性格の回転が想定されているようにみえる。つまり、紡錘が先の鈎に紐を結びつけて捩ってゆき、次にそこから手を放すと、紡錘はたくわえられていた力によって逆回転し始めるといったイメージに、宇宙（天球）の運動が喩えられているように思われる。しかし、このイメージを強調しすぎて、これをまったく物体的な運動（作動者を神とするのであれ、宇宙の身体が自動的に動くと考えるのであれ）としてとらえようとするのも行き過ぎで[13]、かえって宇宙の最初からのイメージを正当に扱わないことになろう。宇宙はそれ自体生きものであって、製作者からプロネーシスを授けられており（269D1）、単なる回転体のボールとは異なる。さらに、以上見た箇所では、逆行運動が、物体性ゆえに生じるとはけっして言われていないことに注意する必要があると思われる。

二　272D5–273A1

逆行運動については、272D5–273E1において、もう少し具体的な叙述がされている。この部分を、272D5–273A1と273A1–E4の二つに分けて以下考察する。

エレアからの客の話は、クロノスの時代から今日の時代にあたるゼウス時代の循環期に移る。神は、宇宙を操縦することをやめ、みずからの見張り台へ立ち去ると、他方宇宙のほうは、「運命づけられた生得の欲望（εἱμαρμένη τε καὶ σύμφυτος ἐπιθυμία）とが、あらためてこれを逆方向へ回転させはじめた」（272E5–6）と言われる。εἱμαρμένη（運命）とσύμφυτος ἐπιθυμία（生得の欲望）は、ἀνέστρεφεν（逆方向へ回転させはじめた）という単数三人称の動詞が用いられていることから見ても同じものを指しており、これらを互いに独立的な要因と見るのは正しくない[14]。その意味は、直前の「変化が生じざるをえなくなり（μεταβολὴν ἔδει γίγνεσθαι）」（272D7）という言葉が示唆しているように、逆行運動が必然的であることと解するのが、最も自然であろう（ἐπιθυμία は比喩的な意味で使われている）。この点が重要な論点として追加される[15]。

ところで、スケンプはこれを『ティマイオス』のいわゆるアナンケー（ἀνάγκη）と同じものとして扱っているのであるが、同時に、εἱμαρμένη（運命）がもたらすのは逆向きとはいえ円運動であるが、『ティマイオス』では円運動はヌース（νοῦς）のほうに起因するのに対して、アナンケーがあたえる秩序のない動は直線運動である、という点に困難を感じている。[16] われわれにとって重要なのは、スケンプの見解よりは彼が感じた困難について再考することである。つまり、もし無秩序な動が直線的な運動であるのならば、『政治家』の逆行運動は、無秩序な動ではないと考えねばならないであろう。つまり、逆向きとはいえ、運動がとにかく円環的であることは、その運動の根拠として、知性的なものの働きが予想されてくるからである。[17]

三　273A1–E4

次に、ゼウスの時代においては、宇宙自身の歴史として、三つの段階からなる変化が語られているのが注目される。すなわち、まず逆回転に伴い自己の内部に大振動を作って動物の死滅をもたらした混乱期があり（以下これを第I期と略記する）、その後、激動や混乱が止み振動から平静状態を取り戻し、自己のいつもの走路へ向けて秩序ある進行をおこなう時期がある（以下II期）。この時期の宇宙は、「父である工作者の垂れた教訓（διδαχή）をできるかぎり記憶し」ながら、自己の内部にあるものと自己自身を管轄している。このことは、最初は厳格におこなわれていたが、末期になると鈍化していった。宇宙の組織のうち、かつて以前の自然本性に深く宿っていた物体的な要素（τὸ σωματοειδές）が、このような鈍化の原因であるとされている（以下III期）。そこで、宇宙を秩序づけた神は、あらためて舵取りの座について、ふたたび宇宙に秩序をあたえ導いていく、と語られる。

以上のように、神が手を放した後、宇宙はだいたい三段階の変化を経験するということが記されていた。このI–II–III期の違いに特に注目し、説明の中に取り込んでいるのはモーア（Mohr）である。[18] 彼の議論は結局、宇宙の魂ではなくその身体（物体）が逆行運動の原因だと主張するものなのであるが、その論証を要約すればほぼ次のようになる。宇宙の魂は工作者があたえた教訓を記憶しているので、逆転の当初は混乱していてもまもなく秩序を回復して、振動の状態から一様な回転運動へ導くことができる（I→II期）。しかし、宇宙の魂が影響を及ぼし始めるときには、宇宙は振動していても、とにかくすでに逆向きの周行上にあるものとして語られていること、さらに、宇宙の魂が秩序を回復させ保っているのはしばらくの間で、忘却が内部に広まると、それとともに、物体的なものの無秩序が増大してくる（II→III期）。しかし、この無秩序の増大の直接の原因が宇宙の魂であることを示すものはなにもないこと、これらのことから、モーアは、宇宙の魂が運動因ではなく、機械の調整器（moderator）のように運動を調整し秩序を保つ働きをするにすぎない、と結論する。

この議論は一応筋が通っている。例えば、III期になって宇宙が無秩序化してくる原因が魂にではなく物体的な要素にあるという主張はテクストで明言されていることでもあり（273B4）、正しいと考えねばならない。問題となるのは、宇宙の魂がII期の間でのみ働くとしている点であろう。説明となっているテクストの箇所は273B1-2で、そこでは工作者の「教訓（διδαχή）」を忠実に記憶していたことが、宇宙が内部で秩序を保った原因とされていた。この工作者の教訓とは、おそらく宇宙の魂にあたえられたプロネーシスのことであろう（cf. 269D1）。それゆえ、モーアが魂のことを、秩序ある動を保つもの（maintainer）であると言っているのは、ある意味では正しい。しかしながら、すでに先に確認した通り、宇宙は工作者のように永遠的な自己運動はできないとしても、不完全ながら自己運動を有しているのである。もしこの原則が動かぬものならば、I－II－III期の全体を通じて運動因は「魂」になければならないと思われる。

さらに、I期の混乱状態は、III期において物体的要素によって宇宙に増大する無秩序とは異なっていることが、注意されねばならないであろう。この点はしばしば無視されて、単純に逆行運動が無秩序運動として同定されているけれども、[19] テクストから明らかなように、Ⅰ期の混乱は、いわゆるゼウス時代の当初のみならず、神が直接支配していたクロノス時代のはじめにも起こっているのである（270B3以下の、クロノスの時代が開始するさいの「変化（μεταβολή）」への言及に注意）。クロノス時代のはじめにおける逆行は、宇宙の物体的性格によるものとは明らかに異なるので、したがって、Ⅰ期の混乱については、魂が原因かあるいは身体かということが問題となるわけではない。それはむしろ、宇宙が逆方向に進行するという事態によって宇宙の内部に生じてくる混乱なのである。また、宇宙の魂はむろんⅠ－Ⅱ期を通じて、工作者からの教訓をよく記憶しているはずであるから、それゆえに、われわれにとって重要な対立は、Ⅰ－Ⅱ期（プロネーシス優勢の時期）とⅢ期（物体的なもの優勢の時期）との対立だけとなろう。

円運動は、269D-Eで述べられたところでは、一つの「変化」なのであるが、そればかりでなく変化の中でも「可能なかぎり最大限同じ場所で同じ仕方での単一な運動」であった。ここで宇宙は工作者から「多くの至福なるもの」を授けられたとされているが、これはプロネーシスを指すと言ってよいと思われる。では、宇宙の魂にプロネーシスが授けられることで生み出される運動とは何であろうか。それが円運動であることは明白である。つまり、宇宙の魂は、プロネーシスを具《そな》えていることで運動の円環性を保ちうるのである。[20] 末期になって神がふたたび介入することになるのは、「忘却（λήθη）」（273C6）によってもはや運動の円環性を保てなくなったからだ、と考えたい。

『政治家（ポリティコス）』のミュートスは、さまざまな視角より扱われうる内容の豊かな物語であり、われわれは特にその宇宙論（cosmology）に注目し考察した。この宇宙論はプラトンが他の箇所で語っている宇宙論と基本的に一致したものであると言うことができると思う。『政治家』の宇宙論の特色を考えると、宇宙が逆行運動するという点を別にすれば、例えば『ティマイオス』におけるような、人間が万有の秩序ある姿から学ぶ、という面はあまり出てこない。むしろ、万有は物体的要素によってほとんど圧倒され、あたかも人間のように神の教えを「忘却」する。そして、ゼウス時代の最後にはふたたび神が介入せねばならない事態となる。このことは、宇宙がゼウス時代においても完全には自己支配できないこと、完全に自律的でないことを示している。しかし、『ティマイオス』や『法律』の宇宙論に比して、『政治家』でとりわけ宇宙の魂の内的な弱さが強調されている理由は、このミュートスを通じて、宇宙と人間とが、各時期に同じ「異変（πάθος）」を経験するということが前提されていることにある。このようなかたちでの宇宙と人間とのアナロジーは、二度にわたって言及されている。一つは、宇宙の運動方向が逆転するさいに、「われわれ人間にとって最大の変化が生じた」と述べる箇所（270C4-5）である。もうひとつのより重要な箇所では（274D4-E1）、歴史時代にあたるゼウスの時代において、人間は、宇宙全体の場合と同様、自力で（δι᾽ ἑαυτῶν）生計を立て、自分で自分の配慮をせねばならず、われわれ人間はその宇宙をいかなる時にも「模倣し、従いつつ（συμμιμούμενοι καὶ συνεπόμενοι）」生きると言われている。したがって、宇宙が最初神の教えを守っているが、次第にそれを忘却していくことは、当然人間についても考えられる姿であることになる。[21] ところで、クロノスの時代にあっては、人間は、万事において豊かな状態で、ダイモーンに家畜のごとく飼育されるがままの、安逸なる生をおくったが、他方、ゼウスの時代には、人間は何事にもみずから工夫してやっていかねばならない。その中における人間の支配は、より優れた者が家畜を飼育するのとは異なり、『法律』第四巻（713D3-4）の表現を借りれば、「牛を牛の支配者に、山羊を山羊の支配者にというように、彼らの任意の者を彼らの支配者」とせざるをえない時代である。[22]このような現実認識をもたせるという点で、むろん、最初に述べたキャンベルの解釈は誤りというのではない。しかし、ゼウスの時代でも、神が人間を完全に見放し、まったく無関係にあるというわけではない。この点について確認しておくことが、『政治家』のミュートスを理解するうえで重要であるのではないかと思われる。つまり、ゼウス時代は神の配慮がまったく排除された、神なき時代であるわけではないのである。それは、単に、神が「みずからの見張り所に引き退いた」（εἰς τὴν αὑτοῦ περιωπὴν ἀπέστη, 272E5）後も、なお宇宙のありかたを見守っているということを言うだけでなく、さらに、宇宙がプロネーシスという媒介項を通じて、現代でもなお神によって間接的に操縦されているということ、したがって、そのプロネーシスを遵守していくことが、宇宙にとっても人間にとっても、最善のありかたであるということを意味している。

エレアからの客はみずから、ミュートスを援用した意図として、群れの飼育については、あらゆる人びとが政治家とその資格を争うことになるということを示すためばかりでなく、「羊飼いや牛飼いの例に従って、人間の飼育を配慮する唯一の者、その者だけがこの飼育者という名に値する」（275B3-6）ことをより明瞭に見るためであると語っている。しかし、人間にとっては、このような飼育者たることは不可能事であろう。人間飼育者と呼ばれうる唯一の者は神であり、他方人間にとって、政治は、いわば家畜による家畜の支配を必然とする。しかし同時に、最善であるのは、「思慮」をそなえた人間が支配者たることであること（cf. 294A）を宇宙の逆向きの回転運動という壮大なミュートスを通じて、示しているのではないのか。プラトンは、クロノス時代におけるような動物的飼育を理想として語っているわけではない。すなわち、プラトンの関心は、まもなく対話の中から消えていくクロノスの時代にはほとんどなく、それはむしろ、現代のゼウスの時代を正しく見すえるための、いわば引き立て役でしかないように思われる。(23)

付説　反省と考察

本章の『政治家』のミュートスを扱った発表(24)をおこなった時から、すでに十数年が経過している。その間『政治家』についてのいくつかの研究書、注解書が世に出たが、そのうちミュートスに関する新しい解釈がおこなわれ、これは本節の論旨にも関連するところが大きいので、検討しておく必要があると考えられる。それは通常「ブリッソン＝ロウ解釈」（Brisson/Rowe interpretation）と呼ばれているものであるが、実はこれはラヴジョイ＝ボアス(25)（Lovejoy/Boas）を嚆矢とし、ブリッソン(26)が復活させた解釈であり、しばらくの間反響がなかったのであるが、ロウが修正を加えた上で採用したので(27)、注目されるようになったものである。この解釈で最も特徴的なのは268D-274Eのミュートスにおいて、クロノス時代とゼウス時代という宇宙の二大周期を考える通常の解釈を斥けて、その間にもう一時代想定することである。つまり、宇宙の運行は㈠クロノスの時代、㈡中間の時代、㈢ゼウスの時代の三つからなるとするものである。そして、逆行運動にともなう宇宙の大変動は、クロノスとゼウスの両時代にはさまれた、神によってまったく支配を受けない、この中間の時代における出来事ということになる。(28)

269Cにおいてプラトンが宇宙の運行は神が直接導く時期と放置する時期の二つの周期からなると明言しているにもかかわらず、いたずらに話を複雑にしているように思われるこの一見珍奇な解釈がなぜ主張されるのか。その理由は、宇宙の逆行運動が宇宙の組成における物体性に由来した無秩序運動と考えられているためで、そうだとすると、ゼウス時代は、宇宙が知性的な生きものとして運行するのであるかぎり、クロノス時代に神によって直接に支配されていたのと同一の方向に進行するほうがわかりやすいということにある。逆行運動について述べた箇所を以下に引用する。

では聞いてくれ。ある時期には、神はみずからこの万有を導いて進行させて、その回転運動を助けるのであるが、またある時期には、万有の周期がそれに割り当てられている時間の長さに達すると、神はこれを放置する。すると、万有はひとりでに反対の方向へ回転していくのであるが、それは、万有が生きものであり、またそれを原初に構築した者（神）から思慮を授けられていたからである。（269C4-D2）[29]

傍点で示した部分は、理由を示す分詞構文である。これを、例えばロビンソン（Robinson）のように「思慮を授けられたにもかかわらず」と読むことはきわめて不自然だと言わねばならない[30]が、そのような解釈が生まれるのは、従来の解釈をとるにしても、逆行運動についていまだ一貫した説明が得られていないことに原因があるように思われる。逆行運動＝無秩序運動とすると、なぜ神が宇宙に思慮をあたえたことが、無秩序運動の原因でありうるのかがわからなくなるからである。

ブリッソンの解釈は、神が宇宙に思慮をあたえたのは、無秩序運動の原因だからではなく、自力で円運動させるためであると考える。この点では正しく解釈しているように思われる。むしろ、この解釈の特徴は、神が直接手助けをして宇宙の回転を導く時期と、神がこれを放置して、宇宙がひとりでに回転する時期の対比のみがここで語られており、これとクロノス時代―ゼウス時代の対比とは別のものであるとするところにある。つまり、クロノスの時代もゼウスの時代もともに神が宇宙を主導する時期に属すると考えるわけである。[31] このような解釈に対して、ただちにいくつかの疑問が思い浮かんでくるが、最も大きな疑問点は、二つの異なる方向への回転運動がクロノス、ゼウスの二つの時代に対応しないのだとすると、なぜプラトンは両時代を対比的に語ったのかという点である。そもそもプラトンがクロノス、ゼウスの時代をもちだした理由は何であるのか。[32] これについてはすでに述べたが、この解釈では両時代は並置されてしまうことになり、プラトンが比較して述べた理由が曖昧になってしまうであろう。

しかし、このような反論よりも、なぜこのような風変わりな解釈（ロウの修正版も含めて）が生まれたのかを考えることのほうが重要である。彼らがこの解釈を採用する理由は、伝統的な解釈では次の疑問に答えることができないと考えるからである。もしもゼウスの時代（われわれの生きている時代）が逆行運動する時期であるならば、われわれ人間は宇宙とともに徐々に劣化していく中にあることになる。そうした中でどうして政治が可能となるだろうか。[33] このような疑問は、伝統的な解釈をとる者たちも気づいていた。ある解釈者は、宇宙が劣化する過程で、人間は宇宙を模倣することをやめることになると想定する。[34] しかし、これは架空の想定であり、テクストが語っていたのは人間と宇宙との密接な関係であった。また、ある解釈者は、ゼウスの時代がどれだけ悲惨であっても、いつかはクロノスの黄金時代が待ち受けていると考える。[35] これはクロノスの時代についての誤った理解に基づく。クロノス時代は、先にわれわれが述べたように、必ずしも神話どおりの理想郷とはみなされていなかった。ブリッソンの三周期説は、このような困難から逃れるために、われわれの時代も、クロノスの時代に劣らず、神によって主導された時代であるとするわけである。

われわれは、この問題が単なるテクスト上の解釈というにとどまらず、プラトンが人類史をどのように見ていたかというより根本的な問題と関連していることに気づく。よく知られているように、ギリシア人の思想には人類が未来にむかって徐々に向上、発展していくという、進歩の観念を含むものもあるが、またヘシオドスに代表されるように、黄金時代（クロノスの時代）を過去に設定し、人類史をそれからの間断なき堕落とみなすものもあった。[36] プラトンの場合はどうであろうか。プラトンはけっして単純に人類の進歩を信じるオプティミストではなかったが、しかし『政治家』におけるゼウス時代（現代）の扱い方を見てもわかるように、人類になんらの希望もいだくことのないペシミストでもなかった。『政治家』のミュートスにおいて、伝統的な解釈（われわれの解釈も含めて）によるかぎり、宇宙の歴史は（それゆえ人類史も）堕落の歴史であることになる。政治家がどれほど創意工夫して政治に取り組んでも、人類の歴史は下降の一途をたどる。しかし、宇宙や人間は神によって思慮（プロネーシス）をあたえられていた。人類史が本来堕落にいたる過程であるとしても、人間がこの思慮を有しているところに一点の光明があると言うことができる。堕落の歴史の中にあっても、人間は思慮によってその最大限正しい生きかたを模索することができるはずである。これがプラトンが人類に託した希望である。

しかしながら、その人類もやがては滅ぶことになる。このような滅びは必ずしも堕落だけによるものではない。多くの国家は『国家』第八、九巻において描写されるようにその国家制度の欠陥によって、堕落していくことになる。しかし、『国家』で思考において構築された理想国家は、『ティマイオス』によればアテナイに現実に存在したと言われている。しかも、この国家も突然の異変によって滅びてしまうのである。プラトンはしばしば人類を襲う大災害について語っている。『ティマイオス』の冒頭によれば、エジプトにはナイル川という自然条件に恵まれて、はるか過去に遡る記録が残されていて、周期的な大災害があったことが知られているが、ギリシアではわずかにしか記録が残らないためにそのうちの一つ（デウカリオン神話）しか知らないでいるのだ、と神官が語っている。『法律』の第三巻においても、国制の起源に関する議論は、過去において人類が何度も破滅した歴史について話すところから始まっている。このような周期的破壊の観念は後のストア派（いわゆる宇宙の大燃焼（エクピュローシス）の思想）に受け継がれ、完成されたと言うことができるであろうが、プラトンがストア派のような徹底した見方をしたかどうかはわからない。しかし、プラトンの歴史観には人類の周期的な滅亡という見方がまぎれもなく存在することは言えるだろう。これは宇宙が物体性をもつことからくる必然であると、プラトンは考えている。したがって、政治家がどれほど努力しようとも、人類はやがては滅びることになるのである。しかし、そうした中で人間にとっての最大の善は、人類史が次第に下降し、堕落していこうとするのを、知性（思慮）の働きによってできるだけこれをくいとめることにある。プラトンはこのようにして人間の知性に希望の光を見出している。そのような例を、われわれは『ティマイオス』以下の三部作において見ることができる。

次にわれわれが扱わねばならないのは、『ティマイオス』『クリティアス』『ヘルモクラテス』の三部作である。このうち『クリティアス』は中断され、『ヘルモクラテス』はまったく書かれずに終わったが、『ティマイオス』の冒頭部から、この三部作が構想されていたこと、そしてそれらが一貫したテーマを有していたことは明らかである。先でふれたように、対話の設定は、ソクラテスの国家論（すなわち『国家』で述べられた理想国家論を指す）の後を受けて、その翌日にティマイオス、クリティアス、ヘルモクラテスの三人に対して、話のご馳走のいわばお返しとして、話をするように要請するところから始まる（20A–B）[37]。ソクラテスは理想国家を絵に描かれた動物に喩えて、その動物が実際に動いているところを見たいと言う。すなわち、他の国を相手とした実際の戦争においても、言論による交渉においてもいかなる働きをしたのかを語れというものであった（19C）。このような要請を受けて、ティマイオスは宇宙の生成から始めて人間の誕生までを語り、次いでクリティアスが、ソクラテスが述べた教育された人間（『国家』における守護者を指し、いわゆる哲人王も含まれる）を受け取って、この優れた人間たちがじつは往時のアテナイ人であったことを明らかにするべくアトランティスの物語を語る[38]。『ヘルモクラテス』のテーマについては、この作品が書かれなかった以上、推測するよりほかはないだろう。しかし、それはそれとして、どのような意図のもとにプラトンはこの三部作を書いたのだろうか。これは『ティマイオス』『クリティアス』という現存テクストを読むさいの最も重要な問題であるはずである。通例はこの二作品は切り離されて、前者はプラトンの宇宙論として彼の哲学の中枢をなすものであり、後者はプラトンの文学的な構想力の所産として空想物語でしかないものと受け取られている。しかしながら、このような態度は、はじめからテクストを読み違えているとしか言いようのないものである。現存のテクストがわれわれに教えているのは、両者がともに一貫したテーマのもとに書かれており、同じ程度においてプラトンの重要な哲学思想を語るものであるということである。そこで、われわれは三部作（現存するのはその一部でしかないが）を書こうとしたプラトンの執筆意図を探ることを目標としたい。

まず『ティマイオス』を手がかりに、このいわゆる宇宙論に伏在する問題が何かを考えてみたい。理想国家の人間が歴史においてどのような功績を残したのか、というソクラテスの要請に答えるのに、ティマイオスはなぜわざわざ宇宙の生成から論を起こしたのか。トロイア戦争を語るのに女神レーダーの卵から論じる必要がない（ホラティウス）ように、優れた教育を受けた人間が現実の歴史において存在したことを言えばよいはずであろう。それにもかかわらず、ティマイオスは最初に宇宙の生成を語り、次いで人間の誕生について述べている。これは明らかにそうする必要があったからである。ここですでに論じた『政治家』のミュートスが参考になる。これはアトランティス物語に劣らず奇想天外な話であったが、宇宙の回転運動は人間の自然本性を投影したかたちで進行していた。宇宙――といってもわれわれは無限に広がる物質的な宇宙を思い浮かべてはならない。プラトンにとってそれは魂をもった生きものであったことに注意せねばならない――の劣化は、人間の魂の場合と同様に、必然的なものである。プラトンにとっては、およそ身体をもつものは必ず劣化の運命をたどるからである。しかしそうではあっても、宇宙が、あるいは人間がどのような生を営むかは、そのもの自身に責任がある。すなわち、神の教え――それは宇宙や人間がもつべき思慮（プロネーシス）であった――を遵守していくことは、劣化の運命の中にあっても可能なのである。このように『政治家』においては、宇宙と人間とのパラレルな関係のもとに論じられていたが、『ティマイオス』では、やや角度を変えて、宇宙と人間との生誕について語ることで、人間にとっての責任の所在を明らかにすること、そしてそれによって人間が歩むべき道を示すことにねらいがあるように思われる。そして、この角度の変更には、プラトンの哲学において重要な問題が関係している。それは悪の起源はどこにあるのか、という困難な問いである。この問題を手がかりにして、われわれは『ティマイオス』篇を書いたプラトンのねらいがどこにあったかを考察することにしたい。

2. エイコース・ロゴス

ラファエロの傑作である「アテネの学堂」にはさまざまなギリシア哲学者が描かれているが、ひときわ目立つかたちで中央に並び立っているのがプラトンとアリストテレスである。それぞれの哲学者の特徴を寓意的に表現しているこのフレスコ画をよく見ると、プラトンは右手の指で天上を指しながら、左手には対話篇『ティマイオス』を携えている。数ある対話篇の中から、ことにこの作品が選ばれたのは当然とも言うことができるだろう。『ティマイオス』はルネサンス期にいたるまで、プラトンのもっとも代表的な著作として広く読まれてきたからである。その内容が神の世界創造についてであるだけに、中世キリスト教に、あるいはさらに古くアレクサンドリアのフィロンを代表とするユダヤ教にまでおおきな影響をあたえてきた。プラトンはモーセから創造思想を借用したのではないかと、当時は本気で疑われたのである。ところが、とりわけ一七世紀にはじまるいわゆる科学革命より後は、『ティマイオス』に対する評価は概して低いと言わなければならない。自然科学に神をもちだすことはもはやタブーとなったし、この作品の中にみられるその他の学説にしても、現代の科学の知見からすればまったくの時代遅れでしかないからである。このように今日『ティマイオス』が評価されない理由は、プラトンにもあると考えられている。『ティマイオス』の中で自然研究（自然科学）は一個のありそうな言論（エイコース・ロゴス）にとどまり、厳密な記述を許さないと明言されているからである。厳密に真であるのではなく、真と思われるもの、真に似ているもののみを対象として扱う学——これが自然研究にほかならない。このようにプラトンの自然学が低く評価されるのは、今日の科学からみて内容があまりに古いということだけでなく、プラトン自身がそのように位置づけていることにも原因があるように思われる。

しかしながら、プラトンが前三八六年に創設したアカデメイアには多くの自然研究者たちが参集したことは周知の事実である。なかにはクニドス出身のエウドクソスのような優れた天文学者がいた。彼は幾何学をアルキュタスに、医学をロクリスのピリスティオンに学んだ後に、創設されて間もないアカデメイアに入門する。その後に再びアテナイを訪れた時には多くの弟子をひき連れていたが、弟子とともにアカデメイアに入ることになったと言われる。シンプリキオスによると、プラトンは天文学の学徒に、「惑星の外見上の動きは、いかなる円環で秩序ある運動を仮定すれば説明できるか(39)」という問題を提起したが、この問題にはじめて取り組んだのがエウドクソスであったという。ほかにも、プラトンが『テアイテトス』に登場させているテアイテトスはコリントスの戦いで夭逝するが、無理数論で名高い数学者であったし、オプスのピリッポスはプラトンの最晩年の作品『法律』を出版した人とされるが、この人も天文学に秀でていた。いわゆる立方体二倍化の問題を力学的な手法で解法をあたえたタラスのアルキュタスは厳密にはアカデメイアの一員とは言えないかもしれないが、プラトンと親交をもっていたことはよく知られている。このように当時のアカデメイアは自然学の一大研究センターであったと言っても過言ではない。とすればプラトンこそ自然研究の発展に直接、間接に影響をあたえたのではないのだろうか。

おそらく問題は、ひとつには、プラトンのアカデメイアが当時の自然学の発展に寄与していたとしても、彼自身はこのような研究をどのように位置づけていたか、ということにあるだろう。というのは、アカデメイアには多くの研究者たちが集まり、さまざまな研究がおこなわれていたと推測できるけれども、この研究を自然学だけのレヴェルでとらえることにプラトンは不満をいだいていたのではないかと思われるからである。次のようなエピソードがある。プルタルコスの証言によると、疫病に苦しむデルポイの民がアポロンに神意を尋ねたところ、祭壇の大きさを二倍にするようにという神託が下った。その意味がわからなかったので、彼らはプラトンに教えを乞うた。それは立方体の体積を二倍にする方法に関するものであった。そこでプラトンはこの問題を解くようにアルキュタス、エウドクソス、メナイクモスを派遣したのであるが、そのさい彼らは「道具」を用いて解こうとしたので、プラトンはこのような可視的なものに頼る方法についてきびしく非難したと言われている。

この報告は史実ではないかもしれないが[40]、プラトンの自然学への評価は高い反面、彼ら研究者たちとプラトンとの間でその方法論をめぐって異なる意見があったのではないかという推測をすることは十分に可能である。プラトンは当時の数学や自然研究に大きな影響をあたえたとしても、彼自身はその研究をまったく異なる視点からみており、したがってこれらの学問に直接に貢献したことはなくて、むしろ実際におこなったのは概念的な探求であり、科学研究そのものに即したものではなかったのではないか——このような評価がかつては一般的であった[41]。従来は概して一般の評価がこのように否定的に傾いていたが、一方ではプラトンの仕事をより積極的に擁護しようとする見方もあった。たとえプラトンが科学研究に個人的に業績を遺したことはなかったとしても、その哲学的方法論はけっして専門科学の研究と矛盾したものではなかったし、センターの指導者としての貢献もはかりしれないものがあったとするものである[42]。われわれはこのような問題を考慮に入れながら、プラトンが自然学研究をどのように位置づけていたかを知るために、以下において『ティマイオス』におけるエイコース・ロゴスという表現がいかなる意図のもとに語られたについて検討したい。

I

まずこの表現が登場する箇所からみることにしよう。それはティマイオスが物語る宇宙創造神話[43]の序論部（プロオイミオン）にある。まず、三つのことが話の前提として語られる。

(1)「常にあり、生成をもつことのないもの」（A）と「常に[44]生成し、あることのけっしてないもの」（B）との区別。前者はロゴスを伴う知性認識によってとらえられ、後者は感覚を伴うドクサによって思いなされる。

(2) 生成するものはすべてなんらかの原因によって生じる。

(3) 宇宙の工作者（デーミウールゴス）が（A）をモデルに用いるならば、立派な（καλόν）ものがつくりあげられる。（B）をモデルとするならば立派なものとはならない。

以上の三つの前提が宇宙に適用される。

(1) 宇宙は常にあるものではなく、生成したものである。

(2) 宇宙は生成したものである以上、生成の原因として工作者（神）が存在する。

(3) 工作者はいずれの存在をモデルとして用いたのか。宇宙が立派な（καλόν）ものであり、工作者が善き

もの（ἀγαθός）であるから、右の（A）をモデルとしたことは明らかである。（27D–29A）

このように前置きした上でティマイオスは、これから述べる言論の性格について語る。宇宙がある存在をモデルとしている以上は、それはコピーという意味で、なにかの「似像（εἰκών）」でなければならない。そしてさらに、似像とモデルとの間には次のような区別がある。[45] 言論（ロゴス）はそれが説明する対象と同族のものとなる。つまり、言論が永続的で確固とした、そして知性の助けを借りて明らかとなるもの（A）を対象とする場合には、永続的で不変の性格をもった話となるが、他方、（A）に似せられてはいるが、似像でしかないもの（B）を対象とする場合には、言論も「ありそうな」（εἰκότας, 29C2）話となる。両者は比例関係にあり、「生成」に対する「ある」の関係が、「確信」（πίστις）に対する「真実」（ἀλήθεια）の関係となる。かくして、神々（天体）や万有の生成について整合的な、厳密な説明をすることができなくても、驚いてはならない。むしろ、語り手であるわたし（ティマイオス）も判定者であるあなた方にしても人間の本性（φύσιν ἀνθρωπίνην）をもつものであることを思い起こして、何人にも劣らぬ[46]「ありそうな」（εἰκότας, 29C8）話で満足しなければならない。したがって、これらについては「ありそうな言論」（τὸν εἰκότα μῦθον, 29D2）を受け入れて、それ以上はなにも求めないのがふさわしい。（29B–D）

生成物である宇宙はイデアをモデルにしてつくられたものであるから、それについての記述は真実にできるだけ似せたもので満足するしかない。簡単に言えば、似像に関する言論は、モデルに関する言論（イデア論）に比べて「ありそうな言論」にとどまるということである。この「ありそうな」というのはギリシア語のエイコースの訳であるが、このように訳してしまうと、プラトンがモデルとコピーとの対比によって示そうとしたものがいくぶんか見失われてしまうことになる。エイコーン（似像）は「似せられたもの」の意味であり、エイコース（εἰκώς）はもともとは「（あるものに）似ている」（ἔοικα）という動詞の分詞が形容詞的に用いられているのである。したがって、「もっともらしい」「蓋然的な」といったネガティブな意味合いとともに、モデルに「似ている」といったよりポジティブな意味をも含んでいるからである。

さて、宇宙論は、プラトンにとって、モデルに似せられた物に関する言論という意味において、厳密な学にはなりえず、蓋然的な記述にとどまる。したがって、数学のような整合性をこれに求めることはできないことになる。ところで、エイコース・ロゴスについて述べたこの部分で二つほど気になる点がある。その第一は、人間の有限性への言及である。29C–Dで言われていることをまとめてみると、

(1) 言論の対象が似像（エイコーン）である場合には、言論自身も「ありそうな」（エイコース）ものになる。
(2) だから、神々（天体）や万有の生成について厳密な言論（説明）をあたえることはできない。
(3) 話し手も聞き手も人間の本性をもつものでしかない。
(4) したがって、「ありそうな言論」（エイコース・ミュートス）で満足せねばならない。

となるが、(1)(2)(4)の議論のつながりは明瞭であるのに対して、なぜ人間の有限性に言及されているのかは必ずしも明らかでない。人間はイデアについても明確な知識を保持していないのであるから、モデルに関する言論においても人間知に関する有限性は同じようについてまわるわけである。したがって、われわれは宇宙がイデアを模したコピーであるという議論と人間の有限性の議論がどのようにつながるのかを明らかにせねばならない。

それとともに、ここの議論で気になるのは、プラトンが宇宙論をエイコース・ロゴスとエイコース・ミュートスの二つの表現を用いていることである。ロゴスとミュートスとは実際には同じような意味で使われることが多いが、時には両者は区別され、ミュートスは「もっともらしい話」（例えば『ゴルギアス』527A）という意味で用いられることがある。そのためにエイコース・ロゴスとエイコース・ミュートスに意味の違いを見いだそうとする解釈者は少なくない。われわれは『ティマイオス』においてこのような違いが認められるかどうかを問わねばならない。

まず、後の問題から調べてみることとしよう。二つの表現に違いを見いだそうとする解釈者に共通しているのは、エイコース・ロゴスのほうは、対象が似像でしかないという限定つきではあるが、その記述の確からしさをある程度は保持することができるという意味で、自然学研究の一部となりうる言論であるのに対して、エイコース・ミュートスは人間がそれを確かであるとも確かでないとも言えない神話的な表象を扱ったものでしかない、と考えるところである。例えば、ブリッソンは両者を次のように規定する。エイコース・ロゴスとは、現にあるわれわれの感覚的世界を対象に語られる言論で、これについてわれわれは感覚によって確証しうる（vérifiable）言論をもつ。しかし、ティマイオスは神が宇宙をつくり上げる過程の、あるいはそれ以前の状態についても語っている。これらについてはわれわれは確証しうる言論をあたえることはできない。このタイプの言論については、エイコース・ロゴスではなく、エイコース・ミュートスと言われるのである。[47] つまり、対象の確からしさについて確証・実証（ヴェリフィケーション）できるかどうかに両者の違いがあるとみるわけである。あるいは、ブリッソンほど厳格に区別はしないとしても、ロゴスでなくミュートスが使用されているときには、異なるニュアンスが込められているのではないかと考える解釈もある。とくにエイコース・ミュートスが用いられるときは（29D2, 68D2）、人間性の限界についてふれられていることが注目されよう。そこで、ミュートスと言われる場合にはやはり言論の消極的な面が強調されているではないかと考えるわけである。[48]

しかし、このような区別を想定してもテクストによって簡単に反駁されてしまう。30B7–8では、宇宙は知性をともなう生きものとして誕生したとある。これはエイコース・ロゴスによるとされている。90E8では、劣悪な人間は次の生において女に生まれ変わるとされる。これもエイコース・ロゴスによるとされている。しかし、これらは言うまでもなく、ともに確証することが不可能な出来事であろう。一方、68D2では色の混合について語られているが、この自然学的な問題に関してはエイコース・ミュートスが用いられているのである。また、エイコース・ロゴスとエイコース・ミュートスが同義的に用いられていることは、先ほどの序論部分をみても明らかである。29D2ではエイコース・ミュートスが使われていたが、その直前の29C2や29C8はロゴス（λόγους）が補われるからである。さらに、59C–Dでも、両方の表現が用いられているが（59C6, 59D1）、二つは同じ意味である。念のためにその原文をみよう。ここはアダマス（金剛石）、銅、緑青について述べた箇所であるが、

このような例で、いま挙げたもの以外を数え上げることは、エイコース・ミュートスを追い求めるかぎりは、なんら複雑な仕事ではない。ひとがくつろぎのために、常にあるものについての言論をお預けにして、生成についてエイコース・ロゴスを論じることで、後悔のない楽しみを得ることになれば、人生において適度で思慮ある遊戯ができるであろう。

この訳文ではわかりにくいが、二つの引用文をつなぐ関係詞（ἣν）は直前のエイコース・ミュートス（τὴν τῶν

εἰκότων μύθων ἰδέαν）を指し、これがエイコース・ロゴスと言い換えられている。[49] ここでは明らかに両者は同義である。したがって、このような解釈はテクストからなんの支持も受けていないのである。

このようにテクスト上の支持がないにもかかわらず、なぜこのような解釈が生まれるのか。その理由の一つは、エイコース・ロゴスが、『ティマイオス』の宇宙生成論を字義通り（リテラル）に読むか、それとも宇宙の生成は比喩（メタファー）でしかないと考えるかという問題と関連させて論じられたからだと思われる。エイコース・ミュートスという表現は、『ティマイオス』の宇宙論が宇宙生成論（コスモゴニィ）というかたちで語られた「物語」でしかなく、字義的な意味のものではないことを示しているという解釈がある。[50] このような解釈に対して、ヴラストスはこの表現において強調はミュートスやロゴスにではなく、エイコースのほうにあると主張する。エイコース・ミュートスという表現が使われているからといって、それがフィクションであるということではない。実際に使われているのをみると、プラトンはこれらの箇所において59Cの金属の組成や68Dの色の混合のように純粋に科学的な見解を述べているからである。[51] ヴラストスが言うように、実際にミュートスよりもロゴスのほうが多く用いられているから、エイコース・ミュートスを字義的解釈を否定する根拠としてみるのは誤りであろう。『ティマイオス』神話を字義的に解するか、比喩とみるかは古来より議論され、いまだ結論がでていない問題である。しかし、宇宙論がエイコースであることは、リテラルかメタファーかというのとは別の問題であろう。『ティマイオス』の宇宙論を字義通りに解釈しようと、宇宙の生成を比喩的な意味で理解しようと、エイコース・ミュートスの意味はそれとは独立したかたちで問われねばならないからである。けれども、ヴラストスのように考えることはミュートスとロゴスの対比をいわば中和化することにはならないかという疑問が一方で生じる。つまり、エイコース・ロゴスとエイコース・ミュートスとを区別しようとする解釈は、ヴラストスのように、『ティマイオス』における神話的な要素をまったく排除しようとすることに抵抗しようとするなかで生まれたものである。[52] はたして『ティマイオス』はヴラストスが考えるような純然たる「科学的な論考」(scientific monograph)と言えるだろうか。そこで語られていることには自然学的な事象もあれば、宇宙の創造や輪廻転生などの自然学の対象外のことがらも含まれているからである。自然学の扱うことがらについては実証・確証(ヴェリファイ)することができるが、そうでないことがらも語られているのである。以上、われわれは『ティマイオス』を科学理論の一つとして読むことにとまどいを感じざるをえないであろう。問題はロゴスかミュートスかというところにあるのではなく、ティマイオスが語る宇宙論がエイコース・ロゴス(あるいはミュートス)だと言われるときに、「エイコース」という言葉に込められた意味に程度の差がありはしないかというところにあるように思われる。はじめに述べたように、エイコースという語には「ありそうな(蓋然的)」というネガティブな意味と、モデルに「似ている」というポジティブな意味の両方をあわせもつが、同時にまた語られることがらのうちでも、「似ている」というポジティブな面を強調する場合と「もっともらしくある」というように、単にネガティブな表現にとどまる場合とが考えられるわけである。そこで、われわれは以下において、エイコース・ロゴス(ミュートス)の意味を確定するために、もう少し念入りにテクストを検討することにしたい。

Ⅱ

『ティマイオス』の序論部分(27D–29D)では、エイコース・ロゴスが二回、エイコース・ミュートスが一回用いられていた。これに続く宇宙論の本論の部分を、便宜上コーンフォードに従って三部に分けると、知性（ヌース）による製作を述べた第一部（29D-47E）、必然の所産に関する第二部（47E-69A）、知性と必然の共同作業を述べた第三部（69A-92C）とに分けて、これらの表現が登場する箇所を以下に示そう。

	エイコース・ロゴス	エイコース・ミュートス	その他の表現
第一部	30B7, 44D1[53]		40E1
第二部	48D2, D3, 53D5, 55D5, 56A1, B4, 57D6, 59D1, 68B7	59C6, 68D2	48D6, 56D1, 59D3
第三部	90E8		72D7

このうちその他の表現と言うのは、40E1は論証（アポデイクシス）の形容詞としてあらわれるもので、それ以外はεἰκότα や εἰκός（ありそうなこと）の中性形として出現するものである。

第一部のはじめで次のようなことが語られる。宇宙の工作者は善きもの（ἀγαθός）であった。およそ善きものは妬む心とは無縁のものであるから、すべてのものができるだけ工作者自身に似たもの（παραπλήσια）となることを望んだ。これが生成と宇宙との決定的な始めである。すなわち、神はすべてのものが善きものとなることを望み、無秩序な状態にある可視的なもの（感覚物のこと）を受け取って、これを秩序あるものにした。無秩序よりは秩序あるほうが善いと考えたからである（29E-30A）。これはデーミウールゴスである神の創造行為を語る部分であるが、生成物である宇宙が似たものであると言われるとき、序論部ではイデアに似たもの、ここでは工作者に似たものとされているという違いがあるが、いずれにせよ、宇宙が似像であると言うときに、それがいかなる特性において似ているのかについて教えている。言うまでもなくそれは宇宙が「美しい[54]（καλόν）」（28A8）とか「善い（ἀγαθός）」ものであるという点である。したがって、神の創造行為とは、モデル（あるいは工作者の）美しい、善いといった特性にできるだけ似せるということになる。「秩序ある」（30A5）とか「知性をもった」（30B2）とか「完全な」（30C5）とかいった他の特性は、この善美という特性から派生するものである。

この点を確認した上ではじめて、30B7の「エイコース・ロゴスによれば、この宇宙は神のはからいによって魂と知性をもった生きものとして生まれた」という一文の意味を理解することができる。知性をもつもの、そして知性は魂以外には宿ることがないから、その両方をそなえることで、モデルのもつ善美な特性に与ることができるのである。『クリティアス』（107B）ではティマイオスの創造神話とクリティアスのアトランティス物語が、模倣（ミーメーシス）あるいは描写（アペイカシアー）だとして画家の作業に喩えられているので、いまのケースを物を写す画家の例で考えてみよう。われわれは、画家がある人物を写すというときに、その人物の姿かたちを同じように描くことだけを想像する。しかし、『ティマイオス』でモデルに「似ている」と言われるのは、そのようなことでない。むしろ、例えば描かれる人物が勇気ある者、あるいは節度をそなえた者であれば、その人物画の中に勇気あるいは節度といった性格が写されているというようなことである。しかも注意すべきは、その場合にその人物のもつ勇気、節度という性格と人物画にみられる勇気、節度の性格とは同じレヴェルのものではないことである。似像とモデルとの関係はわれわれを面倒な議論に引きずりこんでくる。ある二人の人間が似ているというとき、そこには似像とモデルの関係はない。その場合には、二人（AとB）

が共通の特性（f）を有するということにとどまる。『ティマイオス』で言われているのは、むしろ異なる存在レヴェルにある二つのもの（Aとa）がもつそれぞれの特性（Fとf）が類似しているということである。しかも、その二つの特性も同じ存在レヴェルにあるのではない[55]。モデルがもつ「善美」の特性も、生成物である宇宙がもつはずの「善美」な特性とはおのずから異なっている。前者は生成物がもちうる最大級の善美さということではなく、その彼方に、存在のレヴェルを異にするような特性のことである。いまの30B7の箇所をもう一度みることにする。


本性上可視的なもの（感覚物）のうちどんなものも知性なきものが知性あるものよりも立派（κάλλιον）であることはない。

知性は魂がなければいかなるものにも宿ることはない。

神は知性を魂のうちに、魂を身体に結びつけて宇宙をつくった。

エイコース・ロゴスによれば、宇宙は魂と知性をそなえた生きものとして生まれた。（30B）

これは神の推論（λογισάμενος, 30B1）である。モデルのもつ善美なる特性をコピーに求めるとき、宇宙は知性と魂と身体をもつはずだという推論である。これによってモデルであるイデアのもつ特性（F）に似た特性（f）を生成物の宇宙はもつことができる。そうすると、宇宙論が「ありそうな言論」として蓋然性に甘んじなければならないというのはどのような意味であるのか。30Bの推論（このようにすれば宇宙は似た特性fをもつと考えること）そのものは確定的であるように見えるが、しかしモデルが善美なる特性をもつこと（Fをもつこと）ほど確定的なことがらではない。したがって、宇宙論のもつ蓋然性は、原理的に確定した言論をモデルほど確定していない感覚物に適用するさいの真実らしさについて言われることになる。したがって、宇宙論を語ることの困難は、神がどのような推論によってモデルの特性を宇宙に適用させたかを、人間の身であるティマイオス（あるいはプラトン）が推しはかることのむずかしさということになるだろう。

しかし、そのように性急に結論をだす前にその他の例についても検討しよう。ところで、コーンフォードのこの区分（二一二頁参照）には注意が必要である。しばしば指摘されるように、第三部では人間の魂や身体の諸器官などの構成について語られるが、この議論はすでに44Cから始まっており、この箇所では人間の頭部、四肢、顔、目の形成まで論じた後、視覚について言及したさいに、真原因（アイティア）と補助原因（シュナイティア）とを区別する必要があるということで、議論はいったん中断され、いわば仕切り直しということで第二部では必然について語られることになり、さらにその後第三部においてふたたび論じられるという構造になっているからである。[56] ここで44D1の例をみることにしよう。ここは人間の魂の不死なる部分をつくった神の仕事の後をうけて、神々が人間の魂と身体の各部分を製作する次第を語る部分である。

身体の各部分の生成について、また魂についても同様に、どのような原因と神々のはからいによるかを、最大限のエイコース・ロゴスにしがみついて、そのような仕方で進みながら述べることにしよう。（44C–D）

この議論はいま述べたように、視覚のところで中断され、第三部でふたたび取り上げられることになるので、これは本来は第三部に属する言論とみられるべきである。そして、ここでは「最大限にありそうな（μάλιστα εἰκότος）」とかなり積極的な表現が用いられているのが目につくだろう。第三部の72D7でも、人間の魂についてどの部分が可死的でどの部分が神的なものか等々に関して、「真実」（τὸ ἀληθές）が語られたというのは神の

同意をまってはじめて断言できることであるが、

少なくとも「エイコースなこと」は語られたと、いまでも、またなお一層の考察を加えて、あえて主張せねばならぬし、主張されたものとしよう。(72D)

と同様の積極的な表現がみられる。[57] 第一部では、善意志にもとづいて創造する神(デーミウールゴス)のはからいについて述べられているから、これと第三部の自然学的な考察とはおのずからエイコースであることの度合いが異なると考えるべきであろう(ただし、後述するように、この事実は、第一部の記述が他の箇所よりもエイコースの程度が低いということを意味しない)。問題は両者のエイコース性が異なるとすれば、その違いは何によるのかということである。これについては次のような解釈がある。第一部の用例(30B7, 40E1, 90E8)は、感覚され生成のうちにある似像としての対象の本性というよりは、有限な人間の本性に基づくものであることを、第三部の用例(44D1, 72D1)は、人体の成り立ちについての、補助原因をもあわせ含めた自然学的論究について、そのエイコース性を示している。第一部におけるエイコース性が人間の本性に関連すると考える理由は、神の善意志が第一原因であることは「説明なしに」受け入れるべき神話的教説として導入されているからである。そういう意味で、知性なきものが知性あるものよりもすぐれているという神の推論(30B)は、人間の本性の限界を超えるものである、と主張される。[58] 工作者が善であり、生成の原因であることは説明がないわけではない。しかし、感覚的事物の場合にはわれわれはその事実について確認しつつ仮説をたて、あるいは別の仮説と取り替えることが可能であるが、神の創造行為に関することはそのようなかたちでの説明方式を人間は欠いているということであろう。

人間知の限界のことは後述するが、これは必ずしも第一部とのみ関連するものではない。人間の本性が有限であるがゆえに真実には到達しがたいと言っているのは、序論部のほかには第二部の「色の混合」についてふれた箇所であるが、実際にはこのような自然学的な問題についても言われているのである。しかしより重要なのは、エイコース性が箇所によってより積極的に主張されているという事実であろう。テクストでそのような表現がみられるのは、先ほどの 44D1 や 72D7 のほかにも、48D2, D3 の火・水・空気・土の本性に関する言及にもみられる。これは第二部の冒頭部分であり、これまでは知性の製作のみが語られたが、必然によって生じるものについても話さなければならないとして、議論の再出発をするという、語り手ティマイオスのなみなみならぬ意欲を感じさせる箇所である。ここの文脈をたどってみよう。これらの基本物質を万有の構成要素とみなして、始原（アルケー）と呼ぶこれまでの見解を斥けて、ティマイオスは、いまの叙述の仕方では自分の見解を明らかにするのはむずかしいという理由で「万有の始原（アルケー）も諸始原（アルカイ）も語るべきではない」と述べ、その仕事の困難なことを付言した上で、

むしろはじめに言われたこと、すなわちエイコース・ロゴスの働きを守りぬいて、何人にも劣らぬ、いやむしろ一層エイコースなことを語ることから始めよう。(48C–D)[59]

と言われる。これより後に語られるのが第二部の中心となる部分である。神に加護を願ったあと、分類の規模を広げて、存在と生成に加えて「場（コーラー）」を導入した上で、53C 以下において改めて先の問題を取り上げて、「必然を伴ったエイコース・ロゴスにしたがって」(53D5) 二種類の直角三角形を基本物質の始原として仮定するが、それより上位の始原については、神と人間たちのうちでも神に愛された人のみが知っている。二

種類の直角三角形、すなわち直角二等辺三角形と不等辺で斜辺の半分の長さの辺をもつ直角三角形のうち、後者を六つ合わせて正三角形が構成され、これから正四面体、正八面体、正二〇面体がつくられる。前者を二つ合わせて正方形が構成され、これによって正六面体（立方体）をつくる。そこで土には正六面体をあてれば「エイコース・ロゴスをまっとうしたことになる」（56A1）。この形がもっとも可塑性に富み、安定していることが必然だからである。逆にもっとも動きやすく、もっとも軽いのは底面のもっとも少ない立体であることが必然なので、正四面体を火に適用する。その中間にある正八面体と正二〇面体はそれぞれ空気と水に適用される。このようにして「正しいロゴスとエイコース・ロゴスとに従って」（56B4）四つの基本物質の構成要素として仮定されるのである。

「必然（アナンケー）を伴った」というのは、この仮説が論理的なあるいは数学的な必然性をもつことを意味していると考えられるので、正しいロゴスとは数学的な、論理的な必然を指すことになろう。一方、エイコース・ロゴスのほうはこの必然を基本物質に適用することに関連する。こうしてみていくと、エイコース・ロゴスのもつ蓋然性というのは、数学的、論理的に確定したことを、そのようには確定していない基本物質という感覚物に適用するさいの真実らしさについて言われていることがわかる。この確定したことを確定していないことに適用するという点では、第一部の場合と変わるところがない。両者が異なるのは、一方が基本物質であり、他方が宇宙であるところにある。宇宙は感覚される神であるから、その善美性は明らかであり、これを想像する神の推論をたどることは、それほど困難ではないであろう。これに対して、基本物質のような感覚物への適用はよりいっそう困難をきわめる。それは数学的、論理的に必然であることを基本物質のもつ物理的な因果系列に適用することの困難さである。それは困難であるだけ、その適用は仮説（ὑποτιθέμεθα, 53D5）にとどまり、より有効な仮説があればそれにとって代わられる。ティマイオスの仮説を反駁して、新たな仮説を提供する者が現われれば、その人は議論の敵としてではなく、友として勝利したのであり、喜んでその人に賞を進呈すると言われている（54A4-5, B1-2）。

第二部におけるエイコース・ロゴスの特徴は、このように自然学的な対象に適用しうる有効な仮説を発見することの困難さにある。なぜ困難かと言うと、その適用が宇宙への適用に比べて、その真実らしさが「低い」からにほかならない。生成の真の原因たりうる知性（ヌース）が生みだすものを明らかにすることは、自然学的対象の説明ほどは困難ではない。デーミウールゴスの神は、宇宙生成以前に混沌の状態にあり、第二部で記述されるような「必然」がもたらした状態にあるものを受け取って、これらのうちにあるいわゆる原因を補助的なものとして用いて、そこに「善さ」（τὸ εὖ）をつくりだした（68E）――これが宇宙の生成にほかならないのであるから、知性の働きに関してはその善美性の跡をたどればよいのに対して、必然（アナンケー）によって生み出されるものについては、そのような指標を欠くために、それだけ一層困難な仕事となり、火・水・空気・土、さらにはこれらよりつくられる混合種の組成を明らかにすることは、仮説を提示するにとどまり、さらに有効な仮説があればそれに代わられるという仕方で、暫定的（provisional）な性格をもつ。第二部においてエイコース・ロゴスが多用されるのはそのような理由によるものである。したがって、44D1の「最大限エイコースな」とか48D3の「より一層エイコースな」という表現は、第一部に語られたデーミウールゴスの創造の部分に比べて「よりありそうな話」というのではなく、可能的に設定されうるいくつかの仮説のなかで蓋然性の高いものについて言われるにすぎないと考えられる。

Ⅲ

けれども、エイコース・ロゴスで語られることが自然学的論究に属するものもあれば、われわれが確証しようにも不可能なことがらまであるとすると、そのように語られるものがはたしていかなる種類の言論であるかにとまどわずにはいられない。そもそもエイコース・ロゴスは自然学的な言論であると言えるのだろうか。

90E8では男に生まれた者たちのうち、臆病で生涯を不正におくった者は、「エイコース・ロゴスによれば」次の生では女になる、と言われるのは、41D-42Dで人間が犯すかもしれない悪の責任が神にはないことを示すために、輪廻転生の掟を述べたのをふたたび述べたものである。ティマイオスの仕事は「宇宙の生成からはじめて人間の本性まで」(27A)語ることであった。宇宙が誕生し人間がつくられた後に、掟として人間に生きるための指針をあたえ、正しい生き方をする者は死後に幸福な生を送ることになるが、不正に生きた者は次の生において女や獣に転生するというのは、『ゴルギアス』『パイドン』『国家』における魂の死後の運命に関するミュートスを想起させる。『ティマイオス』においても、これらの箇所は重要な意味をもち、重要であるからこそ末尾において繰り返されているのであろう。しかし、そうするとあらためて人間の転生の掟までを含むエイコース・ロゴスとは何であったのかを問わねばならない。

エイコース・ロゴスが「ありそうな(似ている)」言論であると言うときに、それは何に対してありそうな(似ている)というのかをあらためて考えてみよう。モデルであるイデアに関する真実を知ろうとする場合に、原理上その言論が真実のものであることが許されているが、自然を対象とする場合には、その対象が生成物であるがゆえに、その言論は真実ではなく、真実に近いものにとどまる。テイラーは、『ティマイオス』が語るものは、厳密には科学でなくミュートスであり、しかもミュートスだから根拠のないフィクションだというのではなく、「厳密なる真理に暫定的にもっとも近い接近」であるという意味においてミュートスだと主張している。したがって、数学や論理学が厳密で決定的であるのに比べ、自然学はそのような厳密性をもたず、近似的なものにとどまる反面、前者が前進的（progressive）でないという意味で、後者は前進的でありうる、と考える。[60] これに対して、コーンフォードは、このテイラーの解釈はモダニズムであって、「真理への接近」とテイラーが言うとき、自然学に真理があることを想定しているが、プラトンはむしろこれを否定しているのだ、と批判した。コーンフォードの解釈はむしろエイコース・ロゴスにできるだけ近代科学の想念を読み込まないところに特徴がある。彼の解釈によれば、『ティマイオス』は詩である。パルメニデス、クセノパネス、ヘシオドスを紹介しつつ、ティマイオスの語る宇宙論も同様に、真実に似たフィクションかもしれないが、完全には虚偽ではないような詩である。したがって、それが接近しうる真実（真理）は、近代科学の夢見るような自然科学の法則に関するものではない。その真実への近さというものは、テイラー流の近代概念としての「接近」とは何のかかわりもない、と主張する。[61] エイコース・ロゴスをめぐる両者の応酬はよく知られており、以後の研究者がしばしばこれを取り上げているが、問題はこのコーンフォードの批判が必ずしも的確な批判ではなかったというところにあるように思われる。テイラーは、自然学が根気よく接近しつづけるとすれば、いつかはその目標である「厳密な真理」に到達しうると考えているわけではない。[62] もしそうなれば、自然学はイデア論と変わらないことになるであろう。しかし、テイラーはプラトンの自然学が決定的（final）であるとは考えていない。決定的であれば接近の終着点をもつことになるが、自然学はそのような終着点がなく、ないがゆえに前進的であるということである。

しかしそれではテイラーのように考える場合に、自然学が接近しようとする真理とは何であるか。テイラーはこれを「厳密なる真理」と言い表わしたが、このような意味での真理はモデルについてのみ言うことができたはずである。例えば、最初に挙げたシンプリキオスの例にしたがって、「惑星の不規則運動を説明するためにどのような仮説をたてるか」という問題を例に考えてみよう。目に見える天体の運動に、その不規則性を整合的に説明しうるような運動を仮説として設定したとしよう。そして、その仮説で現象の不規則さを救うことができたとすると、その仮説に関する言論は、真理たりうるかというとそうではない[63]。その場面でもし真理を見いだすとすれば、それはその事象のモデルであるイデアの原因、根拠を発見したということでしかありえない。とすると、イデア論ではなく自然学が存在しうる可能性はどこにあるのか。もしも自然学が事象の背後にあるイデアを見いだし、これを記述するものであれば、それはイデア論と変わらないことになろう。自然学が自然界の根拠となるイデアではなく、自然界そのものを対象とする以上は、対象の不確定性、変動性ゆえに、それに適用される言論も当然ながら不確定で、変動する。したがって、もし自然学がプラトンにとって可能であるとすれば、そのような言論のうちでもっとも有効であると考えられるものを仮説として設定し、現象を記述するにとどまるということであると思われる。それはその事象が本質的に何であるかという問いではなく、いかにあるかという問いに答えたものだということになる。したがって、仮説の取り替えは無限に可能であり、したがって無限の接近は可能である。古い仮説が廃棄され、代わりに新しい仮説が提示される。それによって現象へのより有効な説明を求めているという点において、プラトンは少しも反科学的であるとは言えない。さまざまな観察に基づいて仮説を提示しつづけることこそ、自然学の進歩にほかならないからである。しかし、先に見たように新しい仮説と取り替えることにプラトンは吝かではなかったのであるが、そういう場合に、新しく切り替える基準は何におかれているのであろうか。むろん、それは現象をより有効に説明しているということである。しかし、その有効性とはどのようなところにあるのであろうか。われわれはここでもう一度、エイコース・ロゴスが登場するいくつかの場面を調べてみることにしたい[64]。

序論部を除き、エイコース・ロゴス（あるいはミュートス）が登場する場面を分類分けしてみると、(1)宇宙の生成（30B7）、宇宙が一であること（55D5）、(2)基本物質とそのさまざまな様態に関する記述（第二部に頻出）、(3)輪廻転生に関するもの（90E8）があった。われわれが観察をつうじて事実を検証し、仮説を設定しうるのは(2)に関してである。むろん、これ以外にも天文学的な事象を扱うさいにも同じように仮説を立てることができる。しかし、神が宇宙を創造したとか、一つのものとしてつくったとか、あるいは人間の死後の運命に関することを同じように事実として検証するようなことは不可能である。はじめに挙げたブリッソンが言うように、前者は確証・実証（ヴェリフィケーション）可能だが、後者のことはむろんそれが不可能なことがらである。そうするとそれらがなぜエイコース・ロゴスとして同じように言及されるかが問題となる。ティマイオスがここで語ろうとしていることは、われわれが自然学で予想することがらよりももっと広範囲にわたることを考えているようである。後者をロゴスと区別されたミュートスとして理解することがうまくいかないことを、われわれはすでに述べた。これを人間の本性への言及と関連させる解釈者もいるので、われわれはこの点について以下調べてみよう。

人間の本性の限界に関する言及は、序論部のほかにも第二部の色の混合について述べたところでも出てくる。したがって、これを第一部のみに関連させて読むことはできない。つまり、人間知は、神の創造を述べるさいにも、基本物質の生成を論じるさいにも、そしておそらく第三部の人体の生成を語る部分でも、その限界が問題となると考えられる。72Dで述べられていたように、神のみが真実を知っており、人間の知りうるのはせいぜい「ありそうな」(72D7)ことでしかなかった。68D2では、色の混合について実際に色の混合を試して、これを吟味しようとするならば、人間の本性と神の本性の違いをわきまえぬ者となろう、と言われる。一方、黄金色についてはどのような割合で色を混ぜるとこの色になるかということでは、必然性もエイコース・ロゴスも語ることはできないとされている。エイコース・ロゴスすら語ることができないという例はほかにもある。ティマイオスはオリュンポスの神々(ダイモーン)の生成について述べることはわれわれの力を超えているという。これについては古に神々の誕生を語った者たちのいうことを信用せねばならず、必然的な証明もエイコースな証明も欠いていると言われている(40E1)。

なぜことがらによってはエイコースな言論も可能でないのか。ティマイオスが語る宇宙生成論の冒頭を思い起こしてみると、宇宙が誕生したのは、デーミウールゴスの神が善きもの(ἀγαθός)であり、すべてのものができるだけ善きものとなることを望んだからである。これが宇宙誕生の理由であった(29E)。第三部を始めるにあたって、神の創造についてあらためて述べた68Eにおいても、神は生成するもののうちにある原因を補助的なものとして援用しつつ、生成物の中に善さを作り出した。つまり、原因には神的なものと必然的なものとがあり、われわれは神的な原因を「われわれ(人間)の本性が許すかぎり、幸福な生を獲得するために」(69A1)探究しなければならず、必然の原因が探求されるのはまさに神的な原因のためでしかない。これらのテクストを見ると、エイコース・ロゴスが接近を試みるのは、「この世界が単なる盲目的な偶然、必然の所産ではなく、神の知性の働きを示しているという真実」(65)に対してであるというコーンフォードの言はあながち不当とは言えないだろう。コーンフォードは反対しているけれども、エイコース・ロゴスは自然科学が夢見る自然法則の正確な記述を排除しているとは思わないが、しかしプラトンが神的な原因を探求すると言うとき、それは単なる感覚的事実ではなく、真原因すなわち「神のはからい」（προνοίας θεῶν, 44C7）を解明することを目指すものである。

われわれは感覚的事象については確証・実証（ヴェリフィケーション）することが可能だと考える。そして、多くの解釈者はティマイオスが語ることに確証・実証できるものとそうでないものとがあることにとまどうのであるが、しかし、ティマイオスが言っていることは実はそうでないことがわかる。色の混合について述べた箇所では、これを実地で試してみることがあれば、その人は神と人間との違いに無知なためである。神は多を一に混ぜたり、一から多へ分解したりすることに精通し、その能力を持っているが、人間はだれ一人として、現在も将来も不可能である（68D）、と言われていた。色を実地に混ぜることはなんら困難な仕事ではない。困難なのは、そこにいかなる原因が働いているかを明らかにすることである。そのような意味においては、自然学の扱ういずれの事象も確証・実証することのできないものとなる。プラトンのこのような自然学の探究は、純然たる自然の研究ではなく、むしろ自然現象の中に神の深慮を見いだして、これを人間の正しい生きかたに役立てることを意図したものである。ともかくは視覚[66]を通じて宇宙を観察するしかない人間にとって、神のはからいを明らかにすることは難行である。人間が神の目をもって生成の世界の見ることはできないからである。つまり、エイコース・ロゴスとは、神の創造の足跡を人間の目から見て、これをたどることを目的とするものであり、人間本性の限界ゆえにエイコースにとどまるということである。先に述べたように、自然学はプラトンにとっては自然界の根拠となるイデアではなく、不確定で変動する生成物を対象とするゆえに、それに関する言論も不確定、変動という性格をもつが、同時にそれがよりエイコースな言論であるためには、自然界において真原因たる神の足跡をより有効に示す言論でなければならないということになろう。

われわれは最初に、プラトンは反科学的な哲学者か、科学に貢献したかという問いをたてた。第二部において、「必然によって生じるもの」を補助的な原因と見立てながらも、自然学的事象を数学的な仮説によって説明しようとするのは、その点に限って言うならばきわめて近代的な思想であり、その意味においてプラトンはけっして反科学的ではなかったと言えよう。しかしながら、『ティマイオス』の目的が純粋に学としての自然学の構築を目指しているというような見方は、むろん誤りとせねばならない。物理的因果系列を補助的な原因をみなし、その背後に真原因たる知性の配慮を見いだそうとする態度は、自然的世界の探究を無意味とするものではないが、プラトンのねらいはそこに自然学の恒常的な法則性を発見することだけにあるのではないから、その意味では純然たる科学者であったと言うことはできないであろう。冒頭で述べたように、ラファエロの傑作「アテナイの学堂」において、プラトンは右の手で天上を指しながら、左手には対話篇『ティマイオス』を携えているのであるが、われわれの哲学者の特徴を寓意的にしかも的確に表現していると思わずにはいられない。

3.『ティマイオス』における無秩序な動

I

プラトンにおける悪の問題は多く論じられているけれども、その最も重要な問題である「起源」については、いまだに一致した見解がない。[67] その解釈として考えられるのは、次の二つである。

(i) 悪の起源（原因）は物体（身体）である。

(ii) 悪の起源（原因）は魂である。

われわれは、これら二つの解釈のうち後者が正当な解釈であり、プラトンは一貫して悪の起源（原因）を魂としていると考える。『法律』第一〇巻で、プラトンは魂がすべての運動変化の原因（始原）であると述べ、その上で、魂は善と悪の原因でもなければならないと明言しているからである（896D）。ところが、上記の(i)の解釈をとる者たちの反論として最も有力視されているのは、『ティマイオス』の宇宙形成以前の動の記述である。30A や 52D–53A の記述をみると、宇宙を創造した神（デーミウールゴス）は、まったくの無から宇宙を作り上げたのではなく、無秩序に動くものを受け取って、これらに秩序をあたえるという仕方で宇宙を作ったと言われている。善きものである神は、この宇宙を可能なかぎり善美に作り上げたけれども、これの対極原理として無秩序な混沌が、神の全能を制限するものとしてかつて存在していたのである。(i)の解釈者たちは、それゆえ物体的なものが悪の原因とされているのだと主張する。ここでは「宇宙形成以前の無秩序な動」について、第一にこれまで提出された諸解釈を検討し、第二に『ティマイオス』全体との関連で、プラトンがどのような意図のもとにこれを語ったのか、ここの記述はどのような意味をもつのかを考察することによって、あらためて悪の起源についてのプラトンの見解を明らかにしてみたい。

特に問題になっているのは、『パイドロス』や『法律』では、魂がすべての運動の原因（始原）とされているけれども、『ティマイオス』では魂は宇宙とともに神によって創造されたとされていることである。すなわち、

(1) 宇宙形成以前に動が存在する。

(2) 神（デーミウールゴス）は、宇宙形成にさいして魂を作った。

(3) 『パイドロス』『法律』によれば、魂はすべての動の原因である。

いま、(3)の「すべての動」を厳密に考えるかぎり、(1)＋(2)と(3)とは矛盾する。この矛盾はどう解くのか。もし(3)の魂原因説を貫くのであれば、(1)もやはり魂が原因であるとせねばならないと考えられてきた。つまり、魂は宇宙形成の時に創造されたとテクストで明言されているにもかかわらず、それ以前の動もやはり魂が原因であるとするのが、一つの可能な解釈として考えられた。けれども、そのさいに(1)の記述は文字通り宇宙形成以前の「前」のことであるか否かということが、これに関連して問題とされる。実際、宇宙が「生じた」という一文をめぐって、古代のアカデメイアの頃から、それが文字通り（リテラル）の意味での歴史的時間的生

成のことであるか否かについて論争されてきたのであり、もし文字通りの意味でなければ（以下これを比喩的解釈とする）、クセノクラテスが主張したと言われるような、[68] 図形を描く場合のように内容をより理解しやすくするために、このような記述のやり方を用いたというように解釈することになる。この立場から説明を試みたのがコーンフォード（Cornford）である。

解釈1　魂が動の原因である以上、(1)の動も魂が原因であるとせねばならないが、宇宙の魂は秩序ある動の原因でもある。したがって、魂の全体が、無秩序な動の原因であることは不可能であるから、宇宙の魂の一部分、すなわち非理性的な部分が無秩序な動の原因であり、他方、秩序ある動はその理性的な部分によって引き起こされるというのがコーンフォードの解釈である。[69] この解釈はすでに多くの人たちによって指摘されているように、[70] 次の難点をもっている。『ティマイオス』の説明では、宇宙の魂は、その回転運動において、一方で感覚対象に関わる場合には、魂を構成する「異」の輪が進行して、「確実で真なる思わくや所信」が成立し、他方、推理計算の対象に関わる場合には、「同」の輪が動いて、「知識や知性」を完成する（37A–C）。このように「同」と「異」の輪が関わる領域の違いから知識、知性と思わく、所信という違ったものが生じても、宇宙の魂の動きは完全に理性的なあり方（36E4 参照）を保っており、そこには非理性的な要素はないと考えるのが自然である。したがって、宇宙の魂には、コーンフォードが考えたような非理性的な部分はないと言わなければならない。

宇宙形成の比喩的解釈に対して、これを文字通りに解すべきだとする解釈者も古来よりあった（これを字義的解釈とする）。[71] 字義的解釈からの説明としてよく知られているのがプルタルコスの解釈である。

解釈2　上記(3)の原則が動かないものであるとすれば、宇宙の善き魂とは別に、悪しき非理性的な魂の存在を想定し、これが混沌の運動の原因であるとするのが第二の解釈である。[72] しかし、宇宙の魂に善なる魂と悪しき魂の二元的対立を読み込むことは、プラトンが『政治家』(270A) で二柱の神が支配していることを明確に否定していることからしても、まず不可能な想定である。この解釈は『法律』の「悪しき魂」(897C7, D1) についての誤った理解に基づいている。『法律』896D-899C の神々の存在証明の中で、プラトンが善き魂の支配と悪しき魂の支配という選択肢をあたえていることは事実であるが、それはその一方を、むろん善き魂のほうを選ぶためである。つまり、ここでは魂が二つの可能なタイプに類別されているだけで、現実に善悪二つの魂があって、そのいずれが支配しているのかと問われているわけではないのである。このようにして、魂を無秩序の動の原因とする想定は、ともに失敗に終わっていると言うことができる。

さて、この問題について新たに一石を投じたのがヴラストス (Vlastos) である。[73] ヴラストスの解釈は、無秩序の動の原因が魂ではない、つまり魂原因説とは直接関係がないと考える点で、上記の二解釈とは異なっている。

解釈3　第2解釈の方法は、(1) 宇宙形成以前に無秩序な動が存在し、そして、(2) 魂は神によって製作されたものであるという、この一見矛盾した記述を救うために、(1) についても、無秩序運動の原因である魂を想定した。つまり、この解釈は、魂はすべての運動の原因であるという原則が、宇宙形成以前にも当てはまるはずであると考え、したがって (1) にもその運動の原因である魂を想定した。そこで、この解釈が支持されえないとすれば、残るのはこの原則の適用範囲を制限する方法である。つまり、魂はすべての運動の原因であるが、この原則は宇宙形成以後についてのみ当てはまると考える。この解釈の方法はハックフォース (Hackforth)、アースタリング (Earsterling)、ロビンソン (Robinson)[74] らの解釈者によって支持されているが、ヴラストス自身は、一九六四年の論文ではこの説明の方法を断念している。[75]われわれはこの解釈の方法をとらないけれども、おそらく字義的解釈から、『パイドロス』『法律』の記述と両立させようとする試みとして最も有力な解釈と思われる。

解釈4　最近では、比較的多くの解釈者たちが字義的解釈に好意的であると言うことができるが、これに対して、比喩的解釈の側からの代表的な解釈者がチャーニス（Cherniss）である。第1解釈は本来理性的であるべき宇宙の魂に非理性的な要素を認めた点に無理があった。そこで、チャーニスは、宇宙の魂が理性的な動きを見せながら、しかもその動から非理性的な動が生じる可能性を考えることによって、『パイドロス』『法律』で主張された魂の運動原因説を守ろうとした。つまり、プラトンが宇宙形成以前の混沌に動をあたえることによって暗示しようとしたことは何かというと、宇宙の完全に知的な魂は、善き意図のもとに合目的的な動を引き起こすが、この動はさらに進むと、はじめに魂によってもたらされた動が意図するのとは違った方向に伝達されて、そのために不可避的に無秩序を生じる結果となる、ということである。[76]このチャーニスの見解は、優れた論点を含んでいるけれども、宇宙の無秩序性が間接的、第二次的な結果であるとはいえ、理性的な魂に由来し、したがってデーミウールゴスの創造行為を淵源とするものと考える点で、われわれにはとうてい支持できるものではない。しかし、この点は後に述べることにしたい。

解釈5　そして、これまで試みられた解釈で最後に残されたのは、はじめに述べた三つのことがらの間の矛盾とみられるものを、そのまま矛盾として認め、その調停を断念してしまう方法である。宇宙形成以前の無秩序な動は、物体による自発的な動にほかならず、他方形成以後の魂の働きとは、運動そのものの原因となることではなく、これを制御し保つことでしかないとする。したがって、『ティマイオス』の創造神話の中では、

『パイドロス』『法律』で見られるような魂の運動原因説は語られていないとする。これはむろん字義的な解釈に基づくものであるが、ヴラストスが最終的に採用した解釈でもある。(77)

Ⅱ

われわれは、今述べた五つの解釈のうち初めの二つは今日ではほとんど支持されていないので、第3、4、5解釈の当否を中心に調べていくことにする。宇宙形成以前の無秩序な動きについて問題となっているのは、(a)これらの記述が字義的なものであるか、あるいは(b)比喩的な意味で語られているのかという点と、(c)混沌の無秩序な動は単にメカニカルな仕方で動いているのか、あるいは(d)そこでも魂が原因として働いているのかという点の2つである。第4解釈は(b)で(d)の立場であり、第3と第5の解釈は(a)で(c)の立場であるが、第3解釈は上に述べられた点で第5解釈とは異なる。

最初に第5解釈の立場から検討していくと、この解釈は先にも述べたように、混沌の動を物体の自己運動であるとするもので、したがって『パイドロス』『法律』で語られた魂の運動原因説との調停を放棄する立場である。しかしながら、この解釈は次のような理由から支持されえないように思われる。第一に、『パイドロス』では不死論証の中で語られているだけで、宇宙論や弁神論におけるその役割はいまだ十分に明らかにされていないけれども、『法律』第一〇巻では、自然主義的な無神論を信奉する物体主義者（materialist）に対して展開されたのがこの魂原因説である。物体主義者とは、「火、水、土、空気が万物の最初のもの」であり、これら原物質を自然（ピュシス）と呼んで、魂のほうはこれら原物質から「後になって作られたもの」であると主張する者たちのことである。「ひとりでに動いて思考なしにものを生じさせるような原因」(『ソピステス』265C)を認めるこのようなドグマに対抗して、プラトンは神の創造活動が万物の生成の原因であると説いてやまなかった。そして、これを魂の自己運動という枠組みの中で展開したのが『法律』の魂の運動原因説にほかならない。この『法律』の考えは『ティマイオス』でも同様によく働いており、46D-Eでは、魂という「知力あるものに属する原因」こそが真原因であり、他方物体的なものは「他のものによって動かされて、また必然的に別のものを動かす原因」として「補助原因」の位置に甘んじるものであることが正式に表明されている。『ティマイオス』はこのように目的論のマニフェストとも言うべき作品である。もしも宇宙形成以前に物体の「独立の」運動を容認するのであれば、これは『ティマイオス』そのものの意図に反したものになるであろう。34Cでは、魂は「生まれにおいても、力量においても、物体(身体)よりもより先なるもの」であると明言されているのである。したがって、第5解釈に従えば『ティマイオス』以外の著作のみならず、『ティマイオス』内部でも矛盾することになる。

第二に、この解釈と関連して問われねばならない問題は、『ティマイオス』の中で語られている「時間」の意味である。38Bでは、時間は「宇宙とともに(μετ᾽ οὐρανοῦ)生じた」と言われているので、宇宙の生成と言っても、それは時間の中での生成ではないことになる。したがって、宇宙形成以前にあった動とは、厳密には時間のない世界における動でなければならないはずである。つまり、「以前に」(52D4, 53A7, 8)や「その時」(53A2, B4, 69B5)の表現は、文字通り過去(歴史)のある時点を指すものではないわけで、その中での動というものがはたして真面目な意味をもっているのかがはなはだ疑わしくなってくる。このことは、第3解釈の可能性を拓くものとも考えられるが、これについては後で検討するとして、第5解釈の側からの対応がどのようなものであるかを見ておく必要がある。ヴラストスはここで言われる「時間」を、先後の継起だけをもつ時間（irreversible temporal succession ―― 以下S時間）ではなく、時計によって計測可能な規則的時間（uniform and measurable time-flow ―― 以下U時間）の意味で考えることによって、この困難を免れようとした。つまり、神による時間の創造は、われわれがふつう時間と呼んでいるものを作ることではなく、既存の動の流れを数的に計測可能なものにしたことでしかない。したがって、宇宙が生成する以前に継起的な動が存在していることにはなんの支障もない、とヴラストスは主張する[78]。しかしヴラストス自身が認めているように、テクスト上でこの区別がはっきりと主張されているわけではない。そればかりでなく、さらにまた、この解釈はテクストそのものから反駁されるように思われる。そこで言われていたのは、「あった、あるであろう」の先後の時間的継起が時間の相（εἴδη）として、昼夜、月、年という時間の部分（単位）とともに、時間を構成する要素として生じたということである。たしかに、ヴラストスやハックフォースの言うように[79]、37E4-5で時間と対比されているのは宇宙形成以前の状態ではなく、イデアの非時間的な永遠性であることは事実であり、また「あった、あるであろう」の時相が動であると言われている（38A2）けれども、問題は、そのことがS時間が以前の無秩序状態に存在するという可能性を示しているのかどうかということである。テクストは、ヴラストスの主張とは逆に、これらが「時間の相として生じた」（37E4, 38A7-8）と言っているのである。ヴラストスのように生成を字義的に解釈するならば、この言葉は宇宙生成前後の異なる時間という想定はプラトンにはなく、時間はもっぱら生成後の宇宙にのみあるのだということを教えるものでなければならない。またこれと関連することであるが、しばしば誤って解釈されるように、プラトンは天体の規則的運動がすなわち時間であると言っているわけではない[80]。これはプラトンの時間がわれわれの考える時間ではなく、規則的な動であるとするための根拠として主張されることが多いが、天体の規則的運動は計測するもの（つまり時計）、他方、時間は計測されるものとしてプラトンは明確に区別している。このように区別した上で、時間は天体とともにありつづけ、消滅するときには天体とともに消滅する（38B）と言っているのである。このような誤解の原因は、アリストテレスの『自然学』（VIII, 251b17-26）でのプラトンの時間論への批判にあると思われる。アリストテレスの批判は、時間は始めと終わりをもつ中間的なものであるから、時間はつねに存在しているはずであるというものであるが、この批判のもとにはプラトンの時間が「ある時に」生じたものであるというテクスト理解がある。この点で、すでに述べたように、アリストテレスはプラトンの時間を理解し損ねていると言わねばならない。このように考えるならば、「宇宙は全時間にわたって終始（διὰ τέλους τὸν ἅπαντα χρόνον）あったし、あるし、あるであろう」（38C）という言葉は矛盾以外のなにものでもないであろう。けれども、時間がない時があったとか、時間がある時に生じたとかいうことではなく、むしろ常にあった、ある、あるであろうという「時間形式そのもの」を宇宙とともに創造したと言われているのである。以上のような理由から、われわれは第5解釈を支持することはできない。

次に、その他の解釈を検討してみたい。まず、(A)もっとも重要な問題点は、第4解釈の言うように、宇宙形成以前の動の原因も魂であると言うことができるかどうかということにあるので、この点について検討してみなければならない。また、(B)すでに述べたように、第3解釈は、魂の運動原因説を秩序ある宇宙にのみ限定することによって、この原則が『ティマイオス』においてもなお堅持されていると考えるものであるが、このように限定するためには、生成の以前以後のあり方が根本的に異なっていると想定するのでなければならない。そこで、宇宙が生じる以前にそれぞれの仕方で存在していたと言われているのは「あるもの（イデア）」「場」

「生成物」の三つであるが（52D）、それらのあり方、とりわけそこに生じる振動（σεισμός）によって動いている物体、より正しくは物体の痕跡（ἴχνη）と呼ばれるものが、われわれの宇宙における物体のあり方とはたして異なったものであるのかについて考察する必要がある。

『ティマイオス』で宇宙形成以前の混沌についてふれているのは、30A の神（デーミウールゴス）が無秩序に動くものを受け取ったというだけのごく短い記述と、52D–53A の比較的長い記述である。後の箇所によると、場（コーラー、生成の乳母とも呼ばれる）は、性質の同じでないような、つり合いを欠いた諸力によって満たされているために、そのどの部分もつり合いを失い、「場自体がそれら諸力によって振動させられ、逆にまた動きながらそれらのものを振動させた」（σείεσθαι μὲν ὑπ᾽ ἐκείνων αὐτήν, κινουμένην δ᾽ αὖ πάλιν ἐκεῖνα σείειν, 52E）という。ここで言われている「諸力」とはむろん四元（火・水・空気・土）の諸力のことであるが、運動や知覚的性質に関わる力を指していることは、56C4 からわかる（場における現象は、52E1 の μέν / δέ の対比が示すように、運動と知覚的性質との二つの面から述べられる）。

さて、上で述べた(A)(B)について順に考えてみたい。最初の問題は、(A)この振動（σεισμός）の直接の原因が何であるかである。まず、テクストのどこにも魂への言及がないので、その原因が魂と考えることはできないと思われる。田中は、時間が後から作られたものであるから、万有の最初の動きと宇宙の成立が「同時」であると考えれば、場の運動が知性（あるいは魂）に由来すると考えることになんの不都合もないと主張している[81]。おそらく氏は上記の(a)と(d)という可能性を考えているようであるが、しかし、この問題はこれで片づいてしまうのではないように思われる。時間的な先後関係が実際にはないとしても、知性が働きかける以前に混沌の動があったと言われていることには、重要な意味がなければならないはずである。いわば論理的な先後関係があるはずであり、いまはそれが何かと問われているからである。したがって、振動の原因は魂ではないと言わねばならない。次に、場や四元がそれ自身で運動していると言うこともできない。先の52E4-5は、場と四元の相互間の動の伝達を語っているだけで、それ自身に由来する動（自動）ではなく、他によって動かされるだけの動（他動）のみの記述でしかないからである。この箇所において、強いて動の原因となるような説明を求めるならば、52E1-3で性質が異なりつり合いを欠いた諸力に満たされるために、場の内部に不均衡が生じると言われていることであろう。したがって、ヴラストスやモーア（Mohr）が、この運動は魂が原因ではなく、純粋にメカニカルな理由によって動いていると言ったことは、その点では正しいように思われる。けれども、それが無秩序な動の発端であると言うことは、魂を動の原因であるとするのと同じ程度に不可能であろう。というのは、もし不均衡な構造をもった二つの事物を並べたとしても、それによってそこに動が生じるわけではないからである。事物の不均衡な性質から生まれるのは、動そのものではなく、動の伝達の可能性ということでしかない。したがって、動の伝達そのものはメカニカルな仕方でおこなわれるけれども、ヴラストスやモーアが考えたようにそのことが運動の発端であるのではなく、むしろここの記述にはその直接の原因となるものは語られていないと、つまりここの他動のみの記述で終わっていると言わなければならない。

動の伝達については57D-58Cで語られている。動は、動かすものと動かされるものがなければ存在しえないが、その両者は均等な状態にあれば動は不可能であると語られている。すなわち、「静は均等性（ὁμαλότης）の中に、動は不均等性（ἀνωμαλότης）の中に」（57E7-58A1）ある。そして、不均等性の原因は不等性（ἀνισότης）であり、後者についてはすでに述べられたと言われているが、それは52Eの議論を指している。そこで問題となるのは、はたしてここで言われる不均等性や不等性による説明が動が成立するための十分な条件（すなわち動の直接の原因）であるのかどうかということである。コーンフォードが注意しているように、[82] 動かすもの（57E4）は魂のことではなく、ここでは不均等性だけによる動の伝達が述べられているわけで、したがって、不均等性だけで物体の動が自立的に起こると言われているわけではない。ただしかし、この箇所が52D-53Aの箇所と異なっているのは、前の議論が宇宙形成以前の動のみについての記述であること、つまり48Aで約束されていた「必然（ἀνάγκη）」――彷徨する種類の原因――がそもそもいかにして動を生じるかという問いに関する記述であるのに対して、今の議論では続く58A2-C4の箇所において、そういう動のいわば必要条件的な話にとどまらず、「混ぜなければならない」（48A6）という表現が暗に示していたように、「必然」に対する「知性（νοῦς）」の働きかけが述べられていることである。この部分の議論は、それぞれの事物がなぜ種類別に完全に分離してしまって、不均等性による動や生成が終止してしまわないかを論じている。ここでも、万有の回転運動がすべての事物を束ねて縛りつけ、そこにいかなる空虚も生じないようにしたことが動がたえず維持されていく原因であるというように、一見きわめてメカニカルな理由をあたえているのであるが、よく注意すれば、直接の理由となっているのは、万有の形状が円環的で自分自身へと回帰していくことにあることがわかる。ここのπερίοδοςが回転運動と円周のどちらの意味か、κυκλοτερήςが円運動ということか丸い（円環）ということなのかで、魂の運動を直接語っているのか、単に万有の形状にふれているだけなのかというように解釈が分かれるところであるが、[83] 一歩譲って仮にここが形状についてのみ言及しているだけであるとしても、宇宙が円環的（あるいはむしろ球形）であること（33B）が知性をまってはじめて可能である（34A）ことを考えれば、ここでは知性による働きかけが述べられているとしなければならないはずである（言うまでもなく、場はそれ自身の形状がない）[84]。知性が動を直接引き起こすことはないから、ここでは直接語られていないとしても、動の原因と言えるのはやはり「魂」であり、[85] 他方、知性はその動を維持し保つものとして考えられていると言わなければならないであろう。つまり、57D–58C が 52D–53A と異なっているのは、前者が宇宙形成の以前の動の記述であるのに比して、後者は、神（デーミウールゴス）が宇宙形成に入った後のことが述べられているということであり、しかもここでは動が成立するための必要十分条件が示されているのだと思われる。さてわれわれは、以上の考察を通じて次の二つの点を確認した。

(1) 宇宙形成以前の記述（52D–53A）には、(i)魂への言及はいっさいなく、しかも、(ii)動の伝達の必要な条件を示すだけで終わっていること。われわれの解釈は(i)の点で第4解釈と異なり、(ii)の点で第5解釈と異なる。

(2) 魂の運動原因説は、明示的に語られているわけではないが、しかし、宇宙形成後の動の記述（57D–58C）では、それが前提されていると言えること。この点で、われわれの解釈は第3、4解釈と同じであり、第5解釈とは異なる。

次に、(B)宇宙形成以前にあったものは 50B6 では「物体」と呼ばれているが、厳密には物体そのものではなく、物体の「痕跡（ἴχνη 53B2）」である。そこで、宇宙形成の前と「形と数でもって形象化」（53B4-5）された後ではそのあり方はどのように違っているのかについて考えてみたい。第3解釈の要点は、場に現われる物体のあり方が宇宙形成後とは「あらゆる意味で違った存在で、ほとんど記述不可能[86]」なものであるがゆえに、魂の自己運動説との矛盾はないと考えることにあった。もちろん、イデアが場に投影されて現われるその映像がいわゆる物体であるという場の記述の方式（50C 以下）そのものは言うまでもなく宇宙生成以後にも成立するのであるが、問題は、物体の痕跡と言われるとき、それが現在の物体のあり方とまったく異なったものという意味なのかどうかということにある。痕跡という言葉は、ロビンソン（Robinson）らの主張とは逆に、まったく物体になってはいないということではなく、むしろある段階まではそれが完成されていることを予想させる。「形と数」はその後に続く正多面体のもつ幾何学的構造を指すので、そのような構造はまだもっていないが、一部物体としてのあり方をしているもの、あるいは不完全ながらすでに幾何学的構造をもっていたものが[87]、ここで物体の痕跡と呼ばれているのだと思われる。

この痕跡という表現は、ヴラストスが考えたように[88]、無秩序でありながら部分的に秩序を有するというような自己矛盾の（self-contradictory）な概念であろうか。物体の痕跡、すなわち「物体的ではないが、まったく非物体的でもない[89]」というあり方が、自己矛盾と感じられるのは、これと秩序の有無ということとを混同しているからである。物体が無秩序な状態にあることは、宇宙が形成以前であるために、その生成や運動のメカニズムがいまだ完全なものとなっていないということではないことに、われわれは注意すべきである。そのメカニズムが完成されたとしても、つまり宇宙誕生以後にあっても、物体が「思考を欠き、ただ出まかせのものを無秩序にその都度作り出すだけの原因」（46E5-6）という身分は変わらない。神の創造とは、物体的なものが「他のものによって動かされて、また必然的に他のものを動かす次元に属する原因」（46E1-2）すなわち補助原因（συναίτιον）という位置をあたえるということであって、それ自体としては宇宙生成以後も依然として無秩序な状態にあると言うことができる。プラトンにとって、完全なるメカニズムは、われわれの普通の想念とは違って、無秩序以外のものではなかった[90]。そして、もう一方の真の原因は、これも46D-Eから明らかなように、「知性」あるいは知性をもつにふさわしい「魂」である。神による秩序づけと言われるものは、このように、知性をもつことのできる魂を待って可能となるもので、魂原因説は宇宙形成に不可欠のものだと考えられる。そこで、以下のような結果が得られる。

(3) 物体は宇宙形成以後においても依然として無秩序なあり方をする。したがって、物体の痕跡という表現は、第3、5解釈を採用する人が考えるような、矛盾するものではない。

われわれは以上述べたように、第3、4、5解釈のいずれにも完全には賛同できない。そこであらためてプラトンが宇宙形成以前に無秩序な動があったと言ったその意図を考えてみることにしたい。

Ⅲ

われわれははじめに、もしも魂がすべての動の原因であるとすれば、なぜ宇宙形成の前に動があるのだろうか、という疑問を提起した。すなわち、物体の痕跡が存在し、そこに動があるのなら、字義的に考えるかぎり魂の運動原因説との矛盾を避けることはできない。そして、第5解釈のように、『ティマイオス』ではこの立場がとられていないとして矛盾を回避することもできないことをすでに述べた。そうであれば、残された方策は比喩的解釈しかないであろう。しかし、われわれはここでこの場合の比喩的解釈なるものが、通常プラトンのミュートス解釈として提示されるアレゴリー解釈と異なることに注意しなければならない。アレゴリーは寓意として、語られることそのことではなく、それによって暗示されていることのほうが重要な意味をもつ。一方、クセノクラテスの比喩的解釈（その他の比喩的解釈はここでは除く）は、アリストテレス『天体論』やそれについてのアレクサンドロス、シンプリキオスの注解によれば、「幾何学上の図形を描く人びとと同様な仕方で宇宙の生成について語った」とするもので、それを聞く人たちの「理解を助けるため」のものと解する。アリストテレスはこの解釈を「宇宙がかつて生成したということを意味しているのではない」という趣旨のものと理解しているようであるが、この点についてのクセノクラテスの正確な理解の仕方はわれわれにはわからない。しかし、この図形を描くようにというのは、われわれの理解に役立つものである。例えば、円についてなにかを語る場合に、われわれは丸い図形を書く。しかし、書かれた線はある厚みをもっているから、それが厳密には円ではないことをわれわれはむろん承知している。書かれた円はこのように矛盾を含んだものである。これと同様に、宇宙形成以前の動に関するプラトンの説明はまったく文字通りに理解するならば、それ自体に矛盾を含んでいる。しかし、あえて矛盾するような説明をおこなったことには、それなりの理由があると思われる。以下、その点について考えてみよう。

まず第一に、しばしば指摘されているが、プラトンが混沌について語るときに、ソクラテス以前の哲学者の使った表現が用いられている。[91] しかも、そのような表現は否定的な意味のものではない。プラトンが『ティマイオス』で認めないのは、このような動のあり方を真原因とする考え方である。53B3-4で「なにものたりとも神不在の場合にはさぞやかくあらんというようなあり様だった」と言われているように、いまだ知性や魂が働いていないそのような状態を、無秩序的動の直接的な原因を故意にぼかしつつ、描写することによって、真の原因の所在を明らかにしようとしたのではないかと思われる。そして、宇宙の形成によって、初期宇宙論を模した世界からプラトンの世界となる。

第二に、宇宙の形成以前の動をこのように解するとしても、なぜプラトンはあえてこのような記述の方法をとったのか。そこにはどのような意図が隠されているのか。われわれはこれを別の方面から考えてみる必要がある。物体がかつて宇宙が誕生する以前に自発的に動いていたとか、あるいは、それらを魂がなんらかの仕方で動かしていたとかいう解釈には従うことができないことをすでに論じたが、もし物体がその動の直接の原因であるとすると、魂が物体（身体）とともにあることから生ずるもろもろの悪は、その原因が物体にあることになって、結局「魂には責任がない」（決定論）ことになる恐れが生じてくる。しばしば引き合いに出される86B–Dの箇所で、魂の病気（悪）が身体的条件（σώματος ἕξις）に起因するという趣旨のことが述べられていて、多くの解釈者はここに決定論を読み取っているけれども、[92] もちろん身体的条件によって魂のあり方がその自律性（autonomy）まで失われるような仕方で決まると考えているわけではない。身体を構成する基本要素の不自然な過不足が内部的な不和をもたらして身体や魂を混乱に陥れるというのが、この箇所や82Aでの病気の説明であるのだが、心身を一つの共同体として教導する主体はいずれも魂であって、当の魂自身が可能なかぎり立派で善きものであるように準備することが大切であると語られている（89D）のは、プラトンのこれまでの主張となんら変わるところがない。物体（身体）はたしかに魂を無秩序な混乱した状態に至らせるけれども、悪の原因（責任）は魂あるいは魂の無知にあるのであり、その点では、物体（身体）はもともとそれ自体としては善でも悪でもなく、むしろニュートラルなものであると思われる。[93] そして、この考えは『ティマイオス』では神（デーミウールゴス）が誕生した人間の魂（不死的魂）に告げる掟（ノモス）の中に読み取られる。すなわち、魂は身体の中に必然的に植えつけられると、感覚、快苦と混じりあった愛欲、恐怖、その他これらに付随するもの、これらとは反対の性質のものが生じることになるが、そのようなものを魂が克服するならば、正しい生き方をすることになり、それらに征服されるなら不正な生き方をすることになる。そして、魂が悪をやめないかぎり、次々と輪廻転生をくりかえさなければならないけれども、四元（火・水・空気・土）の騒々しい理《ことわり》のない状態を、言論を用いて克服するならば、はじめの最善のあり方に戻ることができる（41E-42D）。これとまったく重なる思想が、『法律』では万物を支配する魂について語られている。つまり、魂はみずからの動によって、天地、海にあるすべてを導いている。それらの動は第一次的な動であり、それらがそのさい物体の第二次的な動を受け取って、万物に運動変化を生じさせるが、魂がそれらの物体的な運動変化を用いる場合に、「知性」を援助とすれば万物を正しく幸福に教導することになるが、「無知」と一緒になるならばそれとは反対の状態にしてしまう（896E-897B）。これらの箇所は人間の魂と宇宙の魂という違いはあっても、語られている思想は同一のものである。『ティマイオス』と『法律』はしばしばその間にある矛盾が指摘されるが、このように見ると、両者は共通の考えのもとに立っていると言える。魂は、このような意味において善と悪の原因（プシューケー・アイティオス）なのである。悪の原因を物体的なものに見ようとする見解はプロティノス（『エンネアデス』I. 8）以来固定化した観があるがけれども、それはかえって善悪の責任の所在を不明瞭にすることになるであろう。

宇宙形成以前の動の原因は何かという問題についてこれまで多くの解釈が試みられた。そして、この問題がもう一つの問題、すなわちそもそもこの創造の記述が字義的なものか否かという問題と不即不離の関係にあることは先にもふれた。そして、古代からの『ティマイオス』解釈はキリスト教の創造（Creatio）の問題とも絡んで、これらの問題に集中してきたと言ってよいであろう。けれども、無秩序な動の直接の原因が何かとか、あるいは創造が文字通り現実のものか否かといった問題が、プラトンにとってほんとうに主たる関心事であったのかどうかについて、著者は疑問をいだいている。いま『ティマイオス』の記述をよく見ると、神（デーミウールゴス）は創造行為のすべてに携わるのではなく、創造がある段階にまで達すると創造された若い神々に残余の創造の仕事を託して、みずからは創造以前のもとのあり方に戻っている（42E）。その残余の仕事とは人間を作る仕事であるが、神は神々にこれを委ねることによって、人間が作られて後に重ねていく「その後の悪については責任がない」（42D3-4）ようにしたのである。神には悪に責任がないというこの思想は、『国家』のエルのミュートスにも現われていたが、[94]『ティマイオス』でもきわめて重要な意味をもっている。29Eでは、神が「すべてのものができるだけ工作者自身によく似たものになることを望んだ」ことが、宇宙生成の決定的な始めであったと言われている。それは工作者の善性にできるだけ似たものになることにほかならない。このように、神はつねに善のみの原因であるといういわゆる弁神論的な関心が、われわれの問題についても、一番強く働いていたのではないかと思われる。

そこで、もしわれわれが無秩序な動の淵源を魂に求めるならば、それから生じてくる混乱はもともと魂によって引き起こされるものと考えねばならなくなり、そうするとヘルター（Herter）が批判しているように、[95]それがたとえ偶然的に、第二次的に起こってくるものではあっても、工作者である神はやはりその責任を免れえない結果となろう。第４解釈は『法律』の刑罰理論の中の不正と損害に関する議論（863A以下）にヒントを得た解釈であるが、工作神の場合に決定的に異なっているのは、『国家』（II. 379B）ですでに述べられていたように、神はすべてのことの原因ではなく、善きことのみの原因である。さらに、もし第４解釈が正しければ、宇宙にも人間にも悪があることになるはずであるが、しかし、実際には悪が生じるのは人間にだけである。[96]そして、人間の場合にだけなぜ悪が生じるのかが問題なのである。『ティマイオス』でも、神が今後の悪に対して責任がないように掟として先に述べた言葉を申しわたすと、若い神々にそれ以後の仕事を託したと語られていた。その箇所で、「死すべき生きものを、それが自分で自分の悪の原因となる場合は別として」（42E3-4）最大限よく導くように、と言われていたのが目を引く。これらのことを顧慮するならば、なぜプラトンが混沌についてこのような記述をしたのかが理解できるだろう。つまり、物体的なものは悪の原因ではないとしても、無秩序化の淵源がそこにある以上は、神（デーミウールゴス）をできるだけそこから離し、それを「受け取る」（παραλαβών, 30A4）というかたちにする必要があったのであろう。これはなぜ神が作った魂が過ちを犯すのかという弁神論の問題に関わっている。神が魂を作り、そしてその魂が無秩序の動の原因であるとすれば、「神に責任がある」という非難は免れえない。こうしてみると、魂を創造した上で、神が魂に語りかけた意義はきわめて大きいように思われる。責任はむしろ人間の魂（プシューケー）にある。神が人間の魂に知性をあたえ、そして魂がその知性とともにあるとき、魂は正しい。知性は魂を導くのだから、神こそが原因であると思われるかもしれないが、実際には知性は魂の行く手を光で照らすことはあっても、しかし直接には魂が原因である。つまり、選ぶものは魂であるということである。善悪の原因は魂であり、そして「神には責任がない」（テオス・アナイティオス）。宇宙形成以前の混沌の記述は、このような意味においてプラトン苦心の弁神論であったと言うことができる。

魂の堕落が身体とともに始まることは、たしかにプラトンの古くからの前提である。身体を魂の墓（σῶμα-σῆμα）とするいわゆるオルペウス教的思想からの強い影響下にある『パイドン』では、「身体的な悪[97]」（66B6）とまで極言されている。また、『政治家（ポリティコス）』のミュートスでも、秩序ある進行を保つという宇宙の義務感が徐々に鈍化していくのは、宇宙の組織内に含まれる物体的なもののためで、それが現在の宇宙に到達する以前に多くの無秩序に与っていたからである（273B）と説明されている。物体（身体）のいわば「ティターン的本性[98]」が混乱と無秩序の原因として根深くひそんでいるわけである。しかし、『パイドン』においても、主人となって支配するのは魂であり、身体はこれに隷属し支配されるものである（80A1-2）。『政治家』でも、直接的には宇宙が神の教えを忘却したことが鈍化の原因である。つまり、魂が善悪について主導的位置にあるということは、一貫して守られていると言えるわけで、ここで扱われた『ティマイオス』でも、たとえ物体的なものが魂を混乱に陥れても、それは必然的、強制的に不正をおこさせるというような意味からではなく、やはり魂がそれを選んでいく位置にあるのである。

4. アトランティス物語

古代のギリシア人にとって「内なる海」が地中海であるのに対し、「外なる海」はヘラクレスの柱（ジブラルタル海峡）の外側にある「アトラスの大洋」、すなわち大西洋を指した。アトランティスの物語とは、この大洋に突如没したとされる幻の大陸に関するものである。この大陸の位置をめぐって古来多くの人びとがその同定を試み、関連する文献はその題目を集めただけでも優に一冊の書物となる。[99] アトラントロジィなる言葉が存在するが、古典を専門とする研究者のみならず、地震学者、海洋学者、はては文学や絵画にまでアトランティス問題は格好の材料を提供してきたと言えるだろう。事は哲学者プラトンが著わした一冊の作品『クリティアス』にはじまるが、この書はプラトンの著作では唯一中断された（多分未完の）ものとして今日に伝えられているのである。われわれはこの一見荒唐無稽ともとれる作品について、作者プラトンがどのような意図のもとにこれを執筆したのかについて検討する。その前に、その内容の梗概からはじめてみたい。

I　物語の梗概

アトランティス物語は、『ティマイオス』の導入部と『クリティアス』において語られるが、『クリティアス』

のほうは今述べたように、話は中断されて終わっている。しかし、遺された部分だけでも、プラトンの意図を読み取ることはさしてむずかしくない。ここで話の概略をみることにしよう。

一　ソロンとエジプト神官との会見

アテナイのソロンは、エジプトのナイル河の三角州にあったサイス市を訪ねたことがあった(100)。そこで神官のうちでも古《いにしえ》のことにとりわけ通じている人たちと会見することになるが、ソロンは彼らにギリシア人が知る最古の話を語る。それはすなわち、原初の人間とされるポロネウスとニオベのこと、またいわゆるデウカリオンの大洪水のさいにデウカリオンらがどのように生きのびたか、あるいはその子孫たちの系譜を話して聞かせたわけであるが、これに対して神官たちのひとりがこう答える。「ソロンよ、ソロンよ、あなた方ギリシア人はいつでも子供だ。ギリシア人に老人というものはいない」。それは、ギリシア人は古い言い伝えによる昔の説も学問も、なにひとつ心に留めていないからである。人類の滅亡の最大のものは火と水(101)によって引き起こされるが、エジプトではナイルという救済者がどんな場合にも救ってくれて古のことが文書で保存されるのに対して、ギリシアではひとつの文明が成立したかと思うと、そのたびに襲来する災害によってその記録とともに消滅し、無教養な人間だけが生き残る。つまり、ギリシア人はふたたび子供にもどるのである。したがって、ギリシアに残る歴史物語は子供のそれと大差ない。大洪水はただ一度ではなく過去に何度もあったし、その上およそ人類を通じてもっとも優れた種族がギリシアのアテナイにいたことを知らないのだ。この古のアテナイこそ、戦争行為においても、あらゆる法秩序においても卓抜しており、その偉業、その国制はもっとも立派なものであったと伝えられている。

二　古アテナイとアトランティス

神官はさらに話を進め、ソロンのエジプト旅行の九〇〇〇年前に実在したとされる古アテナイの強力な都市国家について語る。この国家はエジプトの国家の成立（神官によれば八〇〇〇年以前）よりもさらに一〇〇〇年古く、その社会構造は昨日語られた（『国家』篇の）理想国家に驚くほど似ている。まず、市民は神官、手職人、牧人、狩猟民、農夫に分けられ、それぞれが独立し他の市民の職分をおかすことはない。とりわけ、兵士が他と区別されて軍事のみに専念できるようになっていた。知恵の面でも、彼らはあらゆる技術、学問知識に秀でていたと言われる。

しかし、古アテナイがなし遂げた数々の偉業の中で特に驚嘆されるのは、アトラスの海（大西洋）から押し寄せてきた大勢力の侵入を阻止したことである。当時かの海は渡航可能であったわけだが、ヘラクレスの柱とギリシア人たちが呼ぶ入り口の前に島があり、その島はリュビアとアシア(102)を合わせたのよりさらに大きかった。入り口のこちら側（地中海）は港湾でしかなく、あの外海こそ真の大洋であり、さらにこれを取り囲む真の大陸があった。さて、このアトランティスの島に大勢力が出現し、ギリシアやエジプトを隷属させようと企てたときに、勇気や強さに優れる古アテナイ人は侵略者らを制圧したのである。ところがその後、大規模な地震と大洪水が度重なって、一昼夜のうちに、アテナイの兵士たちは大地に呑み込まれ、アトランティスの島も海中に没し消えてしまう。そのため、現在はかの海へは渡航できなくなってしまった。

『ティマイオス』冒頭にみえるアトランティス物語の内容は以上の通りである。クリティアスは、この古アテナイの国家が、ソクラテスが昨日語った理想国家とぴったり一致していることに注意している。この後『ティマイオス』では天文学に秀でたティマイオスが宇宙の発生と人間の誕生について語り、この作品の続編である『クリティアス』においてふたたびクリティアスはアトランティス物語を語る。『ティマイオス』の部分が物語の序論部にあたることは、クリティアスが前の日の夜に記憶を呼び戻し思い出したことを、要約だけではなく個別的にこれから話そうと言っていること（26C）から明らかである。

三　古アテナイの国力と国家組織

その昔神々が大地を土地ごとに分配しあい、それぞれの神が自分にふさわしい土地を選んだ。そして、自分の土地をえると、そこで神は人間を、あたかも牧人が羊を飼うように、所有物、飼育物として育てた。しかも、それは力ずくによるのではなく、説得によって人間を導いたとされる。[103] さて、アテナとヘパイストスの兄妹は、徳と知恵を育む最適の場所としてアテナイの土地を選び、人間たちに国家組織（πολιτεία）のあり方を教えた。こうして生まれたアテナイ人たちは、男女の別なく戦いに優れた業績を示し、[104] 兵士たちに私有の財産はなくすべて共有のものとされ、彼らは（『国家』で論議された）守護者（φύλαξ）の仕事を実行していた。その国土は今とは違って肥沃な平野が広がっていて、豊かな森林もあった。その点ではアテナイ市およびそのアクロポリスも同様で、そのような豊かな暮らしのもとでアテナイ市民は心身ともに秀でており、そのことは当時の世界中に知れわたっていた。

四　アトランティスとその住民

続いてソロンは、古アテナイ市民と敵対して戦ったアトランティスの土地と住民について語る。その前に、ここで異国の者たちがギリシア名（つまり、ギリシアの神々や人間の名）で呼ばれることについて説明されていて、ソロンは、アトランティスに関する情報をエジプト人が自分たちの言葉に訳して書いたのを、今度はギリシア語に直して書き留めたという。

その書いた記録(γράμματα)が老クリティアスの祖父のところにあったのが、「いまでもぼく(老クリティアス)の手もとに」(『クリティアス』113B)あると言われているのが興味深い。『ティマイオス』では、この話はまったく口頭のみで伝えられたかのように言われていたからである(『ティマイオス』26B-C)。解釈者らはここに両対話篇の間の矛盾をみているようであるが[105]、この記録が話の全容を示す詳細なものではなく、このような場合によくあるような「覚書」にすぎないものであるとすれば、たいした矛盾であるとは言えないだろう。いずれにしても、後でふれるような、両作品の書きかたそのものの相違と比べればそれほど重要な問題ではない。

さて、アトランティスであるが、この島を配分されたポセイドンの神は、大地から生まれた人間の娘クレイトを娶って、五組の双子を生む。そして、肥沃なこの土地に聖地を選び、等間隔に五つの環で仕切って、二つの土手と三つの堀をつくった。さらに、温泉と冷泉の二つの泉で豊かな作物を実らせる。誕生した一〇人の子供たちには島の一〇の地域が分け与えられるが、最年長のアトラスにちなんでその島も周辺の海も「アトランティコス」と呼ばれるようになる。「アトラスの」という意味である——「アトランティス」とはアトラスの女性形容詞あるいは女性名詞である。その他の子供らの名前については省略するが、これらの一族ではつねに最年長の子供が王として君臨する。アトランティスの都市の特色はその莫大な富にある。多くの地下資源が採掘され、その中には不思議な金属オリハルコン[106](ギリシア語ではオレイカルコス)も含まれる。ほかにも豊かな森林があり、象をはじめとする多数の動物が生息していたとされる。

プラトンがアトランティスについてもっとも詳細に語っているのはその都市構造である。クレイトの聖地に神殿が築かれると、これと外海とを結びつけるべく幅三プレトロン、深さ一〇〇プース、長さ五〇スタディオン（すなわち、幅約八九メートル、深さ約三〇メートル、長さ八九〇〇キロメートル）の水路が掘られる。聖地はアトランティスの中央都市（メトロポリス）となるわけであるが、その中心にある神殿に奉納された多くの神像や王の像について記述されたあと、この港湾都市は世界各地からやって来た船舶、商人で賑わいをみせていたと語られる。

その平野部は一辺が三〇〇〇スタディオン（約五三〇キロメートル）、他の一辺が二〇〇〇スタディオン（約三六〇キロメートル）の長方形のかたちをしており、その中を東西と南北にそれぞれ運河が何本もはりめぐらされ、その長さについては省略するが、運河と運河の間は一〇〇スタディオン（約一八キロメートル）の間隔が保たれていて、各区画に住民が居住していたという。以上はアトラスが治めた第一都市のことであるが、残る九つの都市についてはほとんどふれられていない。

五　アトランティス住民の掟とその堕落

アトランティスの諸王はポセイドンの掟に従って統治した。この掟はポセイドンの神殿にあるオリハルコンの柱に刻まれていたが、十王による裁きと犠牲式について、また王たちがたがいに争わぬように定めたものであった。このようにしてポセイドン神によってアトランティスはひとつにまとめあげられていたが、彼らの中にある神の自然本性が強い力を保っている間、彼らは掟を守っていた。しかし、死すべきもの（人間）との度重なる混合によって神の性が弱まって、その莫大な富の重みに耐えかねるようになるとアトランティスの王たちの堕落がはじまる。神々の中の神であるゼウスは、このような状況をみてとり、罰をあたえようとした。そこで、神々を集めて申しわたした。

『クリティアス』篇はここで中断されている。プラトンが『クリティアス』の残りの部分を書いていた、あるいはこれを完成していたという証言はまったくない[107]。プルタルコスの『ソロン伝』によれば、プラトンは晩年になってこれを起稿したために完成しないまま生を終えたと言われる[108]。つまり、『クリティアス』は死によって中断されたことになるが、一方でプラトンは晩年に『法律』の執筆に追われていたとも言われている。これはディオゲネス・ラエルティオスによるものであるが[109]、この記事がその通りであるとすると、この大作の完成を急いだために『クリティアス』のほうは未完に終わったと考えることもできるだろう。しかし、このような詮索は結局推測の域をでない。

II　史実説

プラトンはこの物語をどのような意図のもとに語ったのか。ひとつの解釈は、クリティアスの言葉をそのまま信じて、この物語を史実として受け入れることである。しかし、アトランティスの大陸が現実に存在していたとなると、それが地球上のどこに位置していたのかが問題となる。いわゆる「アトラスの大洋（Atlantic Ocean）」すなわち大西洋には、今日のアイスランドから南大西洋にかけての中央海嶺に隆起した山脈があることが確認されているが、近年の地質学の研究によれば、これが沈下した大陸の残存物である可能性はほとんどないという。さらに、地殻変動にともなう土地の隆起や沈降もまた、大西洋に陸地が沈んだことを証明しないとされている。その沈降速度はきわめて遅いからである[110]。

アトランティス大陸の位置づけで、多くの考古学者や地質学者が関心を寄せたのは大西洋ではなく、むしろ地中海域に生じた同様の文明崩壊と重ね合わせることができないかという問題である。そのうちもっとも有力な候補としてあげられるのがミノア時代のクレタ（クレテ）島である。かつてクレタにミノア文明が栄えていた事実は、二〇世紀初頭アーサー・エヴァンズ（Sir Arthur Evans）の発掘調査によって明るみにでたが、このクレタの海洋王国が突如消滅するにいたった原因について学者らがあれこれ取り沙汰するなかで、クレタの北方およそ一二〇キロにあるテラ島（現サントリーニ島）にも同様の文明があったことが発見された。これはギリシア人考古学者マリナトス（S. Marinatos）の調査隊によるものであるが、前一五世紀に同島を襲った火山の噴火によって大カルデラを形成し、古代都市が地下に沈没した。この火山の活動とクレタ文明が消失した時期が重なることから、後者を崩壊せしめた直接の原因はテラ島の火山の爆発であろうというのがマリナトスの仮説である。

さらに、この仮説をアトランティスにも適用しようとする試みが一九六〇年代にさかんにおこなわれた。その一人であるルース（J. V. Luce）は、テラ島の火山爆発とクレタ島のミノア文明崩壊の時期がともに前一五世紀であったが、これは「一昼夜のうちに」滅んだとされるアトランティスの王国が存在した時期でもあったと考える。[11] クレタの海洋王国にはいくつかの宮殿が分散したかたちで建てられていて、島が管区に分けられ、王の家族によって統治されていたようにみえるが、これはアトランティスの王国も島全体が一〇に分割され、ポセイドン神の子孫らに領地としてあたえられたという記述とよく似ているからである。したがって、アトランティスはクレタ島にあったという可能性がでてくるわけであるが、この大胆な仮説を支持する者は（特に地質学者、海洋学者には）けっして少なくない。

しかし、もしそうだとするとアトランティスに関する報告者であるプラトン（あるいはむしろソロン）が、ギリシア本土から近いクレタ島に栄えたミノア文明について知らず、これを「アトランティス」の物語として語ったということになる。ルースの解釈で困難だと思われるのは、アトランティスがプラトンの時代から遡ること九〇〇〇年前に存在した明言していることであろう。が、この点については、ルースは、プラトンがもし一桁間違えて報告したと考えればさほど不自然ではないと主張する。つまり、九〇〇〇年前というのを一〇で割り算して九〇〇年前とすれば、これはテラ島が爆発した年代に非常に近くなる。エジプト語を知らなかったソロンがエジプトの神官から通訳を通して話したさいに数字を聞き違えたとも考えられるわけである。また、アトランティスの王国の大きさや運河の長さを一〇倍縮小して考えれば、クレタの都市と近づいてくる。

さらに、この解釈でもっとも困難と思われる、クレタ島が地中海の南東部に位置しているのに対して、アトランティスの大陸は地中海の西側、すなわち「ヘラクレスの柱」と呼ばれたジブラルタル海峡の外側に設定されていることについては、ルースはこう考える。この不一致は、もし当時のエジプト人が地理的知識に乏しかったとすれば、うまく説明される。エジプトの神官がクレタ島（エジプト語では'Keftiu'）の位置を「はるか西」にあると言ったのを、ソロンはジブラルタル海峡の西側と解したというのである。これにはホメロスの『オデュッセイア』で遠く西にあったとされる神話的表象「アトラスの娘が住まう島」からの連想も手伝っているかもしれない。(112)

しかしながら、このミノア文明の崩壊をプラトンに結びつける直接の証拠があるわけでもない。ルースの説明も仮定の上に仮定を積み重ねただけとも考えられる。問題点はいくつもでてくるであろう。この解釈の拠り所となっているマリナトス説にしても、現存する陶片が示すテラ島の火山爆発の年代は前一五〇〇年頃と推定されるが、クレタ島の宮殿破壊は前一四五〇年頃からはじまっていることが最近の調査からわかっている。爆発よりも実は約五〇年古いのである。このように肝心のマリナトス説が危うくなってくると、途端にルースの仮説自体も脆くなってくる。今日知られているかぎりでのクレタの王宮の構造は、プラトンが記しているアトランティスの都市のそれとはかなり異なっているし、いかに神話伝説の類いとはいえ、ミノス王の宮殿はプラトンには周知のものであったわけで、これをアトランティスと混同したとはとうてい信じがたい。かくして史実説は一九六〇年代に流行したが、結局決定的な証拠を示すことができずに終わってしまった。

Ⅲ　虚構説

われわれがまず注意しなければならないのは、アトランティスをめぐる史料が古代にいくつかあるけれども、それらはいずれもプラトンに遡り、プラトン以前に古代の史家による言及がまったくないという事実である。[113]つまり、この話はプラトンを唯一の源としているのである。そうすると、この話が虚構（フィクション）である可能性がでてくる。新プラトン派の哲学者プロクロス（後五世紀）が著わした『プラトン「ティマイオス」注解』によると、プラトンの対話篇について最初に注釈を書いたクラントル（前四世紀）は「純然たる歴史（ψιλὸς ἱστορία）」とみなしたが、一方、歴史家ストラボン（前一—後一世紀）の『地誌』[114]によれば、アリストテレスはむしろこの話を虚偽のものと考えていたとされている。アリストテレスの同時代人であるテオプラストスは史実説をとったが、より後代のポセイドニオス（前二—一世紀）やストラボンはより慎重な態度をみせている。『博物誌』の著者であるプリニウスも、この物語に出てくる土地の地質学的な記述に大きな興味を示しているものの、話そのものは事実ではないとみなしている。[115] つまり、プラトン以後の著作家からの言及をみると、これを史実とするものと、虚構だとするものとあい半ばしているわけである。

しかし、アトランティス物語が史実ではないとすると、プラトンはどのような意図のもとにこれを語ったのであろうか。なぜプラトンは、このような荒唐無稽ともとれる話を書いたのか。通常考えられているのは、アトランティス物語は虚構（フィクション）であって、むしろアレゴリー（寓意）の一種として読まれるべきだということである。このアレゴリー[116]という言葉を文字通り「他のもの（ἄλλο）」を「語る（ἀγορεύειν）」という意味で解するならば、どんな歴史物語も、またどんな歴史記述も、アレゴリーであると考えることができるだろう。その場合の「他のもの」とは歴史を語る作者の執筆意図、時にはその歴史観を意味することができる。けれども、このような広い意味でのアレゴリーとは別に、通常アレゴリーは語られる内容が虚構（作り事）でしかないという意味を含んでいる。つまり、歴史物語は大部分が虚偽（ψεῦδος）であっても部分的に真実であってもよいが、狭義のアレゴリーはこれをまったくの虚偽だとする主張を含むことが多い。この場合「真実」とは歴史的事実のことであり、「虚偽」とは事実に対応するものがないこと、そして「虚構」とはそのような虚偽だけからこしらえあげられたものを指している。[117]

このようなアレゴリー解釈は、レギオンのテアゲネス（前六世紀）が、ホメロスの神々が不道徳であるというクセノパネスらの非難に答えたのが嚆矢とされる。これは逆に言えば、通常ホメロスの歴史物語はギリシア人にフィクションではなく史実とみなされていたということでもある。この点ではヘシオドスも同様で、ヘシオドスの描いた神々の系譜も古代人には歴史以外のなにものでもなかったのである。したがって、いわゆるアレゴリー解釈は必ずしも一般的なものではなく、どちらかと言えば特殊な、多くは歴史物語への非難に答えるかたちで提案されたものである。このような解釈はテアゲネスのほかにも、シュロスのペレキュデス（前六世紀）など古くからみられるが、なんと言ってもそれを大々的に取り上げたのは新プラトン派である。アトランティス物語に関する新プラトン派の解釈は、プロクロスの『プラトン「ティマイオス」注解』から知られるかぎりでは、古アテナイとアトランティスの戦いを、魂と悪しきダイモーン（ポルピュリオス）等、宇宙において対峙する二つの勢力間の争いとして説明するものがそのほとんどである[118]。

物語がアレゴリーを含むことがあることを、われわれは否定しない[119]。問題となるのは、その場合この物語の全体がまったくの虚構とみなされるかどうかであろう。一方、近代におけるアレゴリー解釈は、大なり小なり現実の政治に関連させるものが多い。これまでおこなわれていた解釈を二つに分けて、以下検討することにしよう。一九六〇年を境に、アトランティス物語の解釈は格段の進歩を遂げたと思われるからである。

一　一九六〇年以前の解釈

比較的古い時期のものは、アトランティス物語から地質学や海洋学の面など、その細部について考察し、プラトンの記述の正確さを立証したものが少なくないが、物語全体の意図を読み取ろうとする試みもむろんあった。フリートレンダー（P. Friedländer）その他、比較的以前の解釈者たち[120]は、これがヘロドトスの伝えるアテナイを中心とするギリシア軍とペルシアとの戦争を物語風に翻案したものと考えた。つまり、この戦争はギリシア人とバルバロイとの戦いだということである。実際アトランティスのメトロポリスの城壁は、ヘロドトスが記述するエクバタナやバビュロンのそれに似ていることがつとに指摘されていた[121]。また、言葉だけについていうと、「アトランティス」という名称はすでにヘロドトスに出ている。このようにプラトンがヘロドトスからいくつかのヒントを得て、ここから架空の物語を創作したという点で、大方の意見は一致していたと言うことができる。

しかし、この解釈はその後指摘されたように[122]いくつかの難点をもっている。そのうちの最大のものは、古アテナイが港がなく、むしろ戦闘では陸上戦に秀でていたとされるのに対して、アルテミシオンやサラミスで戦ったペルシア戦争時のアテナイはすでに海軍大国であったということである。プラトンはその当時の将軍テミストクレスに必ずしも賛辞をおくってはいない[123]。さらに、歴史上のアテナイがその後たどることになった道はどちらかといえばアトランティスの運命に似ていると言わねばならない。

さらに、ペルシア戦争に物語のモデルをみようとするこの解釈の難点（とわれわれが考えるもの）は、プラトンは古アテナイの栄光を語るのに、なぜアトランティスだけでなく古アテナイをも破滅させたのかという問題に答えていないことである。古アテナイは道徳の崩壊によって内部分裂したのではなく、大地震と洪水によって突如大地に呑み込まれる。これはむろん古アテナイという「実在した」理想国家を有史以前のかなたに設定するためのトリックだとも考えられる。物語の伝達経路の複雑さは有効な史料がないことへの口実と言うことができるかもしれない。が、しかしプラトンは『法律』第三巻においても同様な文明の崩壊について語っている。大洪水の後、生き残った人間たちが形成していく国家や、そのために考案される法律の成立の過程についての記述は、この対話篇全体においても重要な位置を占めているのである。われわれはこれを単なる方便として片づけてしまうことはできない。むしろ、自然の歴史と人間の歴史の両方を結びつける有効な説明方式が必要である。これらの意味において一九六〇年までの解釈では、十全な解決が得られなかった。

二　フランス構造主義の解釈——一九六〇年以後

一九六〇年以後、古典学畑からの解釈はこの物語をアレゴリーとみる点ではその以前とそれほど大きな違いはないが、アトランティス物語全体の構造を正確に読み取ることでは、それ以前と比べ格段の進歩を遂げた。その中で、現在においてもっとも有力な解釈とされるのが、フランスの構造主義者の中でも影響力のある学者のひとりヴィダル＝ナケ（Vidal-Naquet）が「アテナイとアトランティス」（'Athènes et l'Atlantide', 1964）と題した論文で展開したもので、大方の学者は部分的には意見を同じうしなくても、大筋ではこれに従っている。[124]

この論文によると、この物語は古アテナイとアトランティスとをそれぞれ割り当てられたアテナ（およびヘパイストス）とポセイドンの間の争いを表現するもので、この二神の戦いは、パルテノン神殿の西側破風でそのありさまが描かれているように、神話の伝統形式に沿ったものであるが、さらにそれはまた「土」と「水」の対立によっても表わされている。アテナイは「土」であり、アトランティスは「水」を示す。これは例えば、アテナイについてはその陸上生活の記述のみに終始していたのに対し、アトランティスは港を有する海洋国家であったとされていること（『クリティアス』117E）や、アトランティスが海中に没するのに対して、アテナイが土中に呑み込まれるといった記述（『ティマイオス』25D）で象徴的に示されている。「土」の世界であることは、アテナイが土の性質である「不変化性」あるいは「同一性」を体現した国家であることを意味するわけで、このことは単にその地形からだけでなく、政治的、社会的構造の上からも言うことができる。一方、アトランティスの構造はたえざる変動から成り立っている。ただし、ヴィダル＝ナケによれば、アトランティスは、厳密には「水」だけからではなく、「水」と「土」の二つでつくられる世界で、これは例えば、アテナイにはただひとつの泉があるのに、アトランティスには温水と冷水の二つの泉があるとされていること（『クリティアス』

112C, 113E, 117A)、あるいはポセイドンは海の神であるが、もともとの出自は大地の神であること、[125]ポセイドンの社は「土・水・土・水・土」の環状構造になっていたこと、などから象徴的に語られていた。それはつまり、アトランティスの地形、およびその政治的、社会的構造が同一性を否定するアペイロン（無限定）的な要素を内に含んでいるということでもある。

このように二つの対立的な構造をみるヴィダル＝ナケの解釈は、プラトンの記述の細部に象徴的な意味を読み込もうとする大胆な、しかも非常に興味深い試みである。これによれば、アテナイとアトランティスは、結局プラトンが理想とする陸上国家と彼が非難してはばからない海洋国家[126]とを、ミュートス風に体現したものということになろう。そうすると、重すぎる富の蓄積に耐えかねてアトランティスの王たちが堕落していくあり様[127]はペルシアではなく、むしろプラトンが幼少の頃からいやが上でも体験していた、当時のアテナイの国情に似ていると考えることができる。これはすでにしばしば指摘されていることであるが、対話の登場人物にシケリアの将軍ヘルモクラテスが登場していることは偶然でないかもしれない。彼は前四一五年アテナイ海軍のシケリア進攻を阻止した人物である。トゥキュディデスは、アテナイがペルシア戦争後「新たなペルシア」[128]に変貌したと彼をして非難せしめている。つまり、アテナイとアトランティスとの「二都物語」は、プラトンがかつて『国家』においてもっとも理想的な国家として構想したものが、実際に歴史上存在したとされる「古アテナイ」と、蓄積された富によって膨張し破滅の道をたどった海洋国家「現アテナイ」とを象徴的に描いたものである——これがヴィダル＝ナケの解釈で、現在のところ古典学者の間でもっとも支持されているものであると言うことができるだろう。

この解釈は非常に魅力的である。アトランティスがその富の膨張によって没落していく様から、聴衆が当時のアテナイを思い浮かべたであろうことは十分に考えられる。軍事大国アテナイがなぜ敗戦の憂き目にあったのかについて、それは明瞭に答えているのである。プラトンは、ペロポンネソス戦争の敗戦の原因を、徳行を無視し港湾や城壁にのみ目を向けたその拡張政策にあったと考えていた。[129] このような意味において、アトランティス物語が、アテナイ人に対する深い真理を含む教訓の物語であることをわれわれは否定することができないであろう。

けれども、この解釈もまたいくつかの難点を含んでいる。例えば、「土」と「水」のモティーフは、この話が『ティマイオス』の宇宙創造神話の後をうけて語られたものであるだけに、われわれには一層説得的であるようにみえる。しかし、「土」と「水」、より正確には「土」と「土・水」というモティーフが（たとえ自然学的な要因にふれているとはいえ）『ティマイオス』の宇宙論全体とどのように連関しているかは、これだけでは少しも明らかでない。『ティマイオス』と『クリティアス』、そしておそらく書かれる計画があったと思われる『ヘルモクラテス』[130] ——第三の作品についてはその内容を想像することはほとんど不可能に近いが、アトランティス物語がこの三部作の中で語られているということは、けっして無視してはならない事実である。つまり、アトランティス物語の真意は、三部作全体の構成を度外視しては理解されないと思われるが、上記ヴィダル＝ナケの解釈がこれに十分答えていると言うことはできない。これがこの解釈に対する不満の第一とする点である。

さらに、アトランティスの描写には、すでに指摘されているように多くのペルシア的要素も含まれている。つまり、アトランティスにはペルシア戦争後のアテナイを彷彿させる面があるとはいえ、これとは異なる要素をも含んでおり、より多面的に描かれているのである。つまり、そのモデルを特定化すれば、必ずそれに反するところがでてくるということである。われわれはむしろアトランティスの実像をもっと一般化して考えるほうがいいのではないかと疑われる。これが第二の不満点である。

第三は、すでに先の解釈に対して述べたことであるが、この解釈もまたこの物語でアトランティスだけでなく、古アテナイもまた消滅することになった理由を十全に答えていないということである。

さらに、第四には、虚構（フィクション）説（後に述べるように、この言葉は、史実説にもいくぶんかの虚偽が認められるので、誤解をうけやすい言い方であるが）に対する不満点がある。もともとこの物語は、ソクラテスが前日に話した「理想国家論」が、話（ミュートス）の上だけのものでなく、現実に動くところをみたいという要請を受けて語られたものである。もしもその話が虚構、すなわち現実になんらの対応をもたない架空の話だとすれば、それはソクラテスの期待を裏切ることになるのではないかという疑問が生じる。それはいわば虚構の上にまた虚構を重ねたにすぎないであろう。したがって、この話のもともとの設定に忠実であろうとすれば、われわれはこの話が史実であると考えねばならないことになる。

これらの疑問に答えるには、ヴィダル＝ナケの解釈も十分なものであるとは言えない。先に述べたように、ミュートスにアレゴリーも含まれるのは事実であるが、はじめからこれをフィクションとみてしまうのは、プラトンの言葉を正確に読み取ろうとする努力を怠った、安易な逃げ道でしかない。すでに述べたように、かつてドイツ観念論の哲学者シェリング（Schelling）は『神話の哲学』の序説の中で、ミュートスをアレゴリーとしてよりは、むしろタウテゴリー（Tautegorie）、すなわち「寓意」的ではなくいわば「自意」的に解釈することを唱導したことで知られている。[131] つまり、ミュートスそれ自体をして語らしめよということである。シェリングの解釈はそのロマン主義的な思想の影響を免れていないが、ミュートスを理解する基本姿勢にかぎって言えば、ミュートスをそれ自体から読み取ろうとする、正当な態度ではないかと思われる。われわれはこの点について想い起こしながら、あらためてこの問題を考え直してみたい。

Ⅳ　問題の整理

アトランティスをめぐる史料は、先に述べたように、おそらくプラトンを唯一の源としている。したがって、この話が虚構（フィクション）である可能性も捨てきれないわけで、実際現代の、少なくとも古典畑の研究者たちは、そのほとんどが虚構説をとっていると言っても過言ではない。[132]しかし、それと同時にわれわれが無視してはならないのは、この作品で直接の報告者として設定されているクリティアスが、[133]この話が作り事ではなく真実の出来事を語るものだと断言している点である。

これはなんとも不思議な話（λόγου）であるが、全面的に真実の（ἀληθοῦς）話であって……。（『ティマイオス』20D）

これが作り話（πλασθέντα μῦθον）ではなく、本当の話（ἀληθινὸν λόγον）だということは、これはきわめて重大な点であろう。（『ティマイオス』26E）

これら二つの引用文で、プラトンは登場人物のクリティアスにアトランティス物語は「本当の話」であると語らせているのである。ここでは「ロゴス（λόγος）」が「ミュートス（μῦθος）」と対比的に使われているようである。ロゴスは「レゲイン（λέγειν）」すなわち語られるもの、ミュートスもたいていはほぼ同じように「話」の意味で用いられる。だが、このコンテクストの場合では、両者は対比され、ミュートスはロゴスと異なる意味で用いられているようにみえる。実際、このあとアトランティス物語を記述するさいには、プラトンは「話」に一貫してλόγοςの語をあてており、μῦθοςは意識的に回避しているようである。

今後の考察のためには、両者の意味の差異を正確におさえておくことは重要であろう（もっとも、後述のように、われわれは老クリティアスの語るロゴスは、広い意味でのミュートスに属すと考える）。一般には、ミュートスはロゴスと比べて真実性の低いものとみなされることが多い。ヘーゲルは、プラトンのミュートスに言及しながら、これは人間が幼年であるときにのみ用いられるだけのもので、年を経て理性が成熟してくれば、廃棄されるのがふさわしいものとみなした。したがって、ミュートスの挿入は論理の必然的な展開を中断させるもので、哲学書にはふさわしいことではないと考えている。[134] けれども、われわれはそもそもロゴスとミュートスは真実性の度合によって区別されるのではないと考える。つまり、ミュートス（物語）で語られることが実際のことであれば、これはロゴスになるというのではなく、両者はもともと語られる次元を異にすると言うほうが正確であると主張したい。[135] 例えば、『ティマイオス』には、太陽（ヘリオス）の子パエトンが、父の車に乗って駆けようとしたとき、御《ぎょ》しきれず地上のものを焼き尽くし、みずからもゼウスの雷に打たれて死んだという話がでてくるが、これについてエジプトの神官が

神話（μύθου）の形をとって語られているが、その真実（ἀληθές）は（22C–D）

天を運行する星の軌道が外れたことや、長期にわたってしばしば起きる大火が原因であると語っている。ここでもミュートスは真実の話と対比されるものを指し示しているが、それは表現形式において物語のかたちをとっているということであり、語られたことが嘘だということではないし、また「真実」も事実、すなわち実際

に起こった出来事より以上の意味のものではない。つまり、ミュートスだからそれは「嘘の話」だということではないのである。さらに、『ティマイオス』の別の箇所では、

昨日君（ソクラテス）が話の上のものとして（ὡς ἐν μύθῳ）述べてくれたあの市民とあの都市も、いまはこの本物の世界（ἐπὶ τἀληθές）に移して、あの都市とはこのアテナイのことであり、あの市民とはわれわれの祖先（アテナイ人）のことだということにしょう。（26C–D）

と語られている。ソクラテスの昨日の話とはむろん理想国家論（すなわち『国家』での議論[136]）のことであるが、これを嘘の話として考えているわけでないことは言うまでもないだろう。ここで国家に関する議論がミュートスだとされているのは、それが議論において組み立てられたものであるという意味にすぎない。ロゴスから特に区別されるミュートスとは、多くの場合に虚偽（この場合、虚偽とは非事実を指す）を含むことがあっても、同時にロゴスとは次元を異にする真実を含むものであると、われわれは考える。したがって、いま論じているアトランティスの話が真実のロゴスだとされるのはどのような意味なのかを、われわれはまず明確にしておかなければならない。

テクストでこのアトランティスの話が伝えられる伝達の経路をみると、この話は、アテナイのソロンがエジプトのサイス市を訪れたときに、当地の神官から直接聞いたのを、ソロンの友人で親戚でもあるドロピデスの息子クリティアスがソロンから聞いて、それをさらにクリティアスの孫にあたる同名のクリティアスに伝えられ、これをまたさらにソクラテスらに話して聞かせるという、かなり複雑な設定になっている。つまり、その伝達には四つの段階があって、(1)神官からソロンへ、(2)ソロンからクリティアスへ、(3)クリティアスから同

名の孫クリティアスへ、(4)クリティアスからソクラテスらへ伝えられるわけであるが、プラトンはその各段階でこの話が事実であることを対話者に確認させている。

奇妙な話だがソロンが言ったところでは真実。(『ティマイオス』20D9)

本当にアテナイがなし遂げたとソロンから先代のクリティアスが聞いた。(同21A5)

ミュートスではなく真実のロゴス。(先に引用した26E4-5)

このように話の史実性がくりかえし強調されているわけである。もともとどのような経緯でアトランティスの物語が語られたのかというと、それは理想国家論を語り終えたソクラテスが、翌日になって、その議論を要約した上で、

立派な動物が、絵に描かれているとか、あるいは、本当に生きてはいるがじっとしているとしてもよいのですが、ともかく、どこかでそれをみた人が、その動物の動くところをみたいと切望するように、描かれた国家が現実にどのような働きをするのかをみたい。(『ティマイオス』19B-C)

と、出席者らに要請するところからはじまる。すなわち、このような理想国家が現実に存在して、「戦争遂行の途上で、その教養と育ちにふさわしい成果」(19C4-6)をあげるところを話に聞きたいというソクラテスの求めに対して、老クリティアスが昔祖父に聞かされた話にでてくる古のアテナイがきわめてこの理想的国家に似ていることに気づいて、アトランティスとの戦争の物語をソクラテスらに話して聞かせるということから、はじまっているのである。

したがって、この話が史実だと何度も強調されているにもかかわらず、これをまったくの虚構（フィクション）だとすることは、作者プラトンの誠実さを疑うことになるのではないかとも考えられる。しかし同時にまた、プラトンがこの話についての第一次史料を完全なかたちで所有していたというのも、同様にありそうにないように思われる。先に述べたように、プラトン以前の歴史家にこの物語についての言及がまったくないからである。つまり、この話を全面的に嘘だとすることもできないが、同じく、これをまったくの史実だとすることもできないということである。『ティマイオス』の宇宙創造神話についても同様の問題が論じられているが、これも文字通り（リテラル）のものか、それとも虚構あるいは比喩（アレゴリー）のものかについて古代より激しく論議が重ねられてきた。もしもアトランティス物語についても回答を求められるならば、われわれは一応これをリテラルに、つまり史実として読むべきだと思う。つまり、古アテナイとアトランティスとの戦争を、作者プラトンが語るままに、そのまま受け入れるのが基本的に正しい読み方であると考える。が、より大切なのは、それらがどのような意味で史実なのかという点であろう。いまここで扱っているアトランティス物語について言えば、この物語がどのような趣旨のものとして語られたかを見定めるために、史実かあるいはアレゴリーかという議論をもう一度整理しなおして、その上でわれわれの論点を明確にしておく必要がある。この問題に関するこれまでの論じ方は、

(一) リテラル（文字通り）にとれば、「史」を語っているのであって、したがってそれは虚構（フィクション）ではない。

(二) アレゴリー（寓意）ととれば、史実とするのはいわばアイロニーであって、したがってそれは虚構（フ

ィクション）である。

のいずれかを選択するかたちでなされてきた。けれども、もうひとつ考えられるのは、プラトンが過去の出来事についてふれてはいても、語られたことが厳密なる意味において史実たりうるものではなかったかもしれないということである。つまり、この話が事実だとしても、そのことは必ずしも「史」を語ることを意味しないかもしれないのである。むしろ、プラトンはおそらく先のクレタ文明の崩壊に類するような別の文明崩壊についての題材を手にしていたのではないか、そして、これをプラトン流に「脚色」したのではないだろうか。これがわれわれの推測である。

ここで「脚色」したというのはどのような意味なのかを明確にしておく必要がある。プラトンがおそらく手にしていたと思われる題材は、文明崩壊についての伝聞の類いであって、これがそのまま今日にいう意味での史実と言えるかどうかはきわめて疑わしい。われわれは同様の例を『政治家（ポリティコス）』にもみることができよう。ここではアトレウスとテュエステスとの争い、クロノスが統治していた時代があったこと、人間の大地からの誕生、という三つの説話がすべて同一の出来事であったとされているが、そこで語られるのは全天体の運行が逆行するという途方もないミュートスであった。そして、同一の出来事についての話が成立してから、長い時間が経過したために、一部は消滅し、その他は相互の関連を失って断片的に今日に語り伝えられているという設定は、アトランティスの物語の場合と驚くほどよく似ているのである。ともに過去の伝聞の類い（これをプラトンは真実として疑っていない）についてのプラトン流の脚色がみられる。この脚色がフィクションだとすれば、アトランティス物語はフィクションであることになる。ただ注意しなければならないのは、プラトンがまったくの架空物語をつくろうとしているのではないということである。すでに述べられたように、ホメロスから古典時代にかけて歴史物語は真実とみなされるのが普通であった。空想的な物語の登場は、さらに後代のギリシア小説の登場を待たねばならない[137]。

「脚色」の意味について知るには、『国家』第二巻の議論が役に立つ[138]。ミュートスは、その大部分が虚偽（ψεῦδος）を含むが、真実（ἀληθές）も含まれている（『国家』377A）。ここでいう真実はファクト、事実以上の意味ではない。そして、続いてホメロスやヘシオドスが「作り事の物語」の作者として非難されるのであるが、それは事実を語っていないからという意味ではない。むしろ、語られることがたとえ事実であっても、その内容が若者が聞くにふさわしいものでなければ、これを語るべきでない（378A）。言葉における虚偽のひとつであるミュートスは、昔のことについて本当の事実を知らないので、虚偽をできるだけ真実に似せることによって役立てられねばならないとされる（382C–D）。この最後に言われた「真実」は、明らかに事実としての真ではなく、より高次な真理[139]を指している。つまり、プラトンのミュートスはおしなべてこのような性格のものであるが、アトランティスの物語もまた、それは厳密な意味での史実ではなく虚偽を含むとしても、まったくの虚構（架空物語）というのではなく、たとえ伝聞の類いであっても多少の真実（事実としての真）と多くの虚偽（非事実）を含みながら、同時により高次な真理にできるだけ近づけて語られたものと考えられねばならない。したがって、アトランティスの物語を読み解くさいにもっとも重要であるのは、ミュートスに含まれる真理（より高次な真理）が何であるかを問うことにある。それは言い換えればプラトンの歴史観を問うことにもなろう。

われわれはこの物語をリテラル（文字通り）にとるが、しかしそれは「史」（factum）[140]を語るものではなく、やはりひとつのミュートスであると考える。ただし、ミュートスであることは、この話がまったくの虚構であることを意味しない。しかし、同時にまた、なぜこの作品では特にその史実性が強調されているのか、についても答えなければならないだろう。クリティアスはこれをミュートスとしてではなく、ロゴスとして語ったのである。この史実性の強調こそが、アトランティス物語が他のミュートスと異なる、きわだった特色となっている。

V　エイコース・ロゴス

アトランティス物語を虚構とする解釈者たちは、なぜプラトンが話の史実性にこれほどこだわったのかについてなんとか説明しようとする。そして、これはプラトンのアイロニーでしかないと考えた[141]。つまり、史実というのは老クリティアスが言っているだけで、それはプラトンの真意ではないというのである。近年アトランティス物語についていくつかの重要な論文を物したギル（Gill）は、史実性の強調はアイロニーであって、実はこれがフィクションであることをプラトンは重々承知していたとみる。ここで語られている歴史物語は、本来的な意味での歴史ではなく、歴史の「パロディー」以上のものではない。それはけっして真摯なものではなく、いわばゲームを楽しんでいるにすぎないとするのである[142]。このような見方に対して、われわれは歴史物語を含めてプラトンのミュートスはもっと真摯な意図のもとに語られていると考える。真摯な意図というのは、プラトンにとって重要な真理をはらんだミュートスだという意味である。この点について以下明らかにしよう。

まず、われわれが注目しなければならないのは、この話の報告者クリティアスの語り方には一貫しないところがあることである。『ティマイオス』の導入部では一貫してその史実性が強調されていたが、『クリティアス』

では目立ってそのように強調されることはない。むしろ、ここでは物語の語り手は画家に喩えられている。『ティマイオス』で「真実のロゴス」だとされていたこの話を、老クリティアスはただそのまま「報告」するだけでよかったはずなのに、ここではこれを「模倣（μίμησις）」あるいは「描写（ἀπεικασία）」することが問題にされているのである。すなわち、画家が天地や山川草木を描くさいには多少それが似ているだけで事足れりとされるが、人体描写になると小さな相違も容赦なく批判される。ちょうどそれと同じように、物語（ただしここでも λόγος が用いられる）の場合には、

> 天界や神々に縁のあること（τὰ μὲν οὐράνια καὶ θεῖα）だと、ほんの少しでもそれらに似せた話を聞かせれば、それでもう、われわれは満足してしまう。だが、死すべきものども、人間たちのこと（τὰ δὲ θνητὰ καὶ ἀνθρώπινα）となると話は別で、くわしく吟味しようとするわけだ。（『クリティアス』107D）

と言われる。むろんこれは宇宙創造論とアトランティス物語の二つの話が比べられているわけであるが、「死すべきものどもの似姿を人びとの思いなし通りに描きだす（ἀπεικάζειν）のは容易な業ではなく、なかなかむずかしいことなのだ」（同書107E）と言う老クリティアスは、むしろ歴史物語の作家を想い起こさせるだろう。それは他の歴史物語と変わるところはなく、やはりひとつのミュートスであるように思われる。『ティマイオス』の宇宙創造論は時にロゴスと、時にミュートスと言われていた。アトランティスの物語もそのような広い意味でのミュートスであることでは同じである。つまり、真実のロゴスというのは、この話が多くの事実を含んでいるという意味以上のものではないように思われる。そうすると、史実性の強調はアイロニーというよりは、他の歴史物語に比べて信頼すべき根拠をより多く持つためであると考えるほうがより適切である。長い時

を経過してほとんど忘れ去られているが、この物語には対応する事実が多く含まれることを強調しているわけで、ミュートスがロゴスに言いかえられたのは、この話がまったくの「作り事」[143]（これが虚構ということ）ではないからであるが、プラトンが描いたのはやはり歴史物語のひとつなのである。われわれは史実か虚構かという問題についてはこのように考えることで一応の結論を下したとしよう。

けれども、問題はこれによって解決したとは言えまい。むしろ、ほとんど解決していないと言うこともできる。なぜプラトンはこのような荒唐無稽ともとれる話を、しかも『ティマイオス』のいわゆる宇宙論に続けるかたちで語ったのか。二つの（本来は三つの話であろうが、とりあえずは二つの）物語はどのようなしかたで連結するのか。これがより大きな問題であろう。先に述べたヴィダル＝ナケの解釈は、この物語がもつ意味のいくつかを適確に述べていたと言うことができるが、二つの作品の全体的なつながりについては十分明らかにしていない点に不満が残った。

ところで、先に引用した『クリティアス』で老クリティアスはなぜ「模倣」あるいは「描写」という言葉を用いたのだろうか。このことは両対話篇の結びつきを考えるのに重要な意味をもっている。先に引用した『クリティアス』（107D）で、天界や神々のことについては「ほんの少しでもそれらに似せた話（καὶ σμικρῶς εἰκότα λεγόμενα）」を語るだけで是とされると言われていた。この表現は明らかに『ティマイオス』の「ありそうな話（εἰκὼς λόγος、あるいは εἰκὼς μῦθος）」に言及するものである、とわれわれは考える。「天界や神々のこと」とは、先の語り手ティマイオスが語った宇宙創造の物語のことである。ティマイオスは自然あるいは宇宙を語るにあたって、問題の性質上われわれは「ありそうな話」で満足せねばならない、と前置きしている（『ティマイオス』29B–D）。自然学あるいは宇宙論は、イデア論のような厳密な議論は不可能であり、蓋然的な論及にとどまるということである。しかし、話が人間の歴史物語となると、これについてありそうな話を語ることはより一層困難である、というのが老クリティアスの言葉の意味である。とすれば、「模倣」する、あるいは「描写」することも同じような意味において理解されるのが自然であろう。つまり、アトランティス物語は、単なる歴史的事実の報告を意図したものではなく、語られるべき真実にできるだけ「似せて」描写、あるいはこれを模倣しようとしたものだということになる。先の引用で「ありそうな」とか「似せた」と訳されたのは同じくギリシア語のエイコース（εἰκώς）であるが、すでに述べられたように、これは「もっともらしい」「蓋然的な」という消極的な意味合いばかりでなく、「（あるものに）似ている」というより積極的な意味ももつ言葉であった。

ただ、このような見方に反対する者もいる。われわれの「ミーメーシス（アペイカシアー）＝エイコース・ロゴス」解釈はなにも目新しい議論ではなく、すでに指摘されているもの[144]であるが、これに真っ向から異を唱えているのは先にもでてきたギル[145]である。ギルによると、『ティマイオス』の「エイコース・ロゴス」は『クリティアス』の「似せた話（エイコタ・レゴメナ）」と決定的な点において相違している。それは、永遠的存在については厳密なる議論が成立しても、それの似姿（エイコーン εἰκών）である宇宙についてはありそうな話（エイコース・ロゴス εἰκὼς λόγος）でもって満足しなければならないとされていた点である[146]。つまり、『ティマイオス』の場合にはイデアがモデル（パラデイグマ παράδειγμα）で、宇宙はそのエイコーン、つまりコピーでしかないという意味からエイコースと言われたわけで、『クリティアス』の場合このモデル・コピーという観点が欠落している。宇宙論の場合には、それがコピーであるということから、厳密な意味での真理は原則として不可能であるが、一方老クリティアスは真のロゴスがつくれない、真理を知らないという立場には同意していない。したがって、エイコースと言われるのも両者では意味が当然異なってくることになる[147]。

このギルの反論は筋が通っており、エイコースの語がもつ二つの意味（すなわち、「似ている」という積極面と「ありそうな」という消極面）を明確にしている点で意義がある。ただ、問題は二つの意味がそれぞれ宇宙論とアトランティス物語に対応し、それぞれの話のエイコース性はそのもう一方の意味に対して排他的であるか（つまり、両極面がそれぞれの一方のみに対応しているのか）どうかであろう。『ティマイオス』の「エイコース・ロゴス（あるいはミュートス）」は、いくつかの箇所においてくりかえし確認されている。そのすべてについてひとつひとつ検討することは、すでに第四章（2）でなされたので、その重要な箇所について一応復習しておくと、明確にエイコース・ロゴスに言及している箇所のうち、「モデル（パラデイグマ）・コピー（エイコーン）」をふまえて語られているのは、29C-D と 59C の二箇所だけであった。一方、29C-D, 48D, 68D（色との関連で述べられる重要な箇所）、72D の四箇所では、神の知の無限性に対する人間の知の有限性にふれられている。宇宙論を語ることは人間の本性（φύσις）では十全にはなしえないということが言われていた。この言及は「モデル・コピー」からの説明とどう結びついていたのか。例えば、イデア論を語る場合にも、人間はイデアについて明瞭な知識を保持していないのであるから、人間知に関する有限性は同様についてまわるわけである。したがって、コピーであるからという議論と人間の有限性の議論とのつながりは必ずしも明白ではないわけである。

ところが、すでに述べたように、29C-D の原文では、

(1) 言論の対象が似姿（エイコーン）である場合には、言論自身も「ありそうな（エイコース）」ものになる。
(2) だから、神々（天体）や万有の生成について整合的で正確な言論をあたえることはできない。
(3) 話し手も聞き手もともに人間の本性をもつものでしかない。

(4) したがって、「ありそうな言論」で満足しなければならない。

という順序で、しかも宇宙論が「エイコース・ロゴス」であることの二つの論拠(1)と(3)はひと続きに語られていた。(2)は『クリティアス』(106B-C)のクリティアスの言葉にそのまま対応しており、彼はそうしたうえで先の「エイコタ・レゴメナ」について語りだしているのである。死すべきものである人間を「人びとの思いなし通りに描くのは、容易な業ではなく、なかなかむずかしいことなのだ」(107E)と言われるのは、ティマイオスの宇宙論より以上に、われわれは「ありそうな話」に満足しなければならない、というのがもっとも自然な読み方ではないかと思われる。ギルは、老クリティアスが「真実のロゴス」として語っていると言うが、はたしてその話は真実の話であろうか。「真実の」と言われたのは、先に述べたように、多くの史実を含むという意味でしかない。しかし、その話も、彼が語られるべきだと考えるものに比べ、完全でないことは十分自覚しているのである。ここでわれわれが想い起こすべきは、先にあげた『国家』(382C-D)の箇所で、あるべきミュートスとは、真実にできるだけ似せられた虚偽であると言われていたことである。まことに「真実に似た虚偽」とは、ホメロスがオデュッセウスをして語らせた漂泊の物語、ヘリコン山麓で羊飼いのヘシオドスに語りかけたというムーサの言葉より以来、「まことしやかな偽り」ではなく、できるだけ「真実」に近づけた虚偽というような、語り手の技《わざ》の巧みさに訴える、より肯定的な表現であったが、ここにきてその「真実」は単に過去の事実として起こったかのように語られる事柄ではなく、より高次な、プラトンが信じてやまない「真実」に人間の能力が許すかぎり接近させるかたちで述べることを意味するようになった。そこで語られるのは、宇宙の生誕から人間の発生までの自然史と、国家が成立するにいたる人間の歴史とである。語り手が人間である以上は、これを正しく語ることは至難の技に近い。「エイコース・ロゴス」はそのような「真実に似た虚偽」という物語の伝統の上に立ちながら、同時に真実の意味が個々の出来事のレヴェルから高められた、いかにもプラトン的な表現であると、われわれは考える。

では、その場合の「人間の知の有限性」とはどのような意味のものであるのか。それは明らかに個々の人間がみずから真理に至るディアレクティケーの路程の困難さとは異なっている。むしろ、神が宇宙や人間を誕生させ、人間がみずから歩み出したとき、それを見守ってきた神の働きの足跡を、あるがままに描くことの困難さである。この仕事は厳密には神ならずしては不可能である。本来なら「モデル・コピー」の観点からだけで言えばよいはずの「エイコース・ロゴス」が、人間の有限性とからめて言及されているのはこのような理由からであった。つまり、それはいわば神の働きを正しく記述するという弁神論の意図のもとに語られていた。『クリティアス』がこれに続く仕事を、しかもさらなる難業として受け継いでいるわけである。

Ⅵ　プラトンの歴史

われわれに残されている問題は、ひとつはアトランティスや古アテナイがなぜ滅んだのかということ、そしてもうひとつは『ティマイオス』と『クリティアス』の二つの作品を結ぶものは何かいうことである。

第二の問題については、前節で述べた「エイコース・ロゴス」が二つの作品全体の構造を考える上で重要な意味をもっているが、この「エイコース・ロゴス」がどうして『ティマイオス』の宇宙創造神話で前置きとして語られたのかについて簡単に復習しておくと、まず「あるもの（存在）」と「なりゆくもの（生成）」の峻別がされて、「なりゆくもの」はその生成の原因が想定される。次に、この原因が神であること、つまりこの世界を創造したのは神であることが確認される。ただし、この神はいわゆる無からの創造をおこなう神ではない。もしも創造という言葉を無からの創造にのみ限定しなければならないのだとすると、この神は宇宙を創造したのではない。神がつくりだすのはむしろ「秩序」である。つまり、無秩序に動く混沌（カオス）に秩序を加えたのであり、混沌を含む世界の全体をつくったのではない。そして、この「創造」にさいしてモデルとして用いられるのが「あるもの（イデア）」である。したがって、生成した宇宙はイデアの似姿（コピー）であることになる。このようにして、これを語るさいの言論が問題にされて「エイコース・ロゴス」が登場するわけである。

ここでわれわれが注目すべきはこの神の権能の問題である。製作神（デーミウールゴス）は善きもの（21E）ではあるが、キリスト教的な神に比べると全能ではない。キリスト教の全能神の場合、それがつくる世界になぜ悪が存在するのかという問題が、いわゆる弁神論において論じられる。同様の問題はプラトンの哲学にもあるが、全能でないだけに、その議論の仕方もおのずから異なってくる。プラトンの神は善であるから、できるだけ世界が善きものとなるように製作するが、完全に善きものとすることは不可能である。それは悪しき存在が神に対抗してこの世にあるからではなく、むしろ世界がイデアのコピーでしかないからである。つまり、イデアが合理性という一方の極にあるとすれば、混沌は不合理性というもう一方の極に厳然として存在している。このことはこの神の創造行為を文字通り（リテラル）にとっても、比喩あるいはアレゴリーととっても、実質的には変わらない。神はその創造の前（リテラル）においてにせよ、現在（アレゴリー）においてにせよ、不合理な力と拮抗し争わねばならない（30B）。

ティマイオスが描く宇宙誕生の自然史は、ひと言で言えば、神と不合理性との闘争の歴史である。もちろん、神は不合理性に対して優位に立っているが、それはいわば絶対的に優位なのではなく、両者の関係は神が不合理性を「説得する」という関係で成り立っている。これが「知性（ヌース）が必然（アナンケー）を説得して、生成するものの大部分を最善に導く」（48A）という言葉の意味である。世界をできるだけ善いものにしようとするが、完全に善がこの世を支配することはない。つまり、この世界のものが「終末」を迎えて、すべてが秩序ある存在となる、というようなエスカトロジー（終末論）はこの神話にはないのである。しかし、同時にプラトンは、神によってつくられた人間のもつ知性の力を疑ってはいない。人間の中にある神と同族の動きは宇宙万有のもつ思考の働きと周期（つまり天体の秩序ある運行のこと）であるから、人間はこれより学んでみずからを矯正しなければならない。このようにして、思考する側の人間を思考される側のもの（宇宙）に似せて、前者を本来の姿に戻すこと、これが人間にとって最善の生（幸福）である（90D）。つまり、作品『ティマイオス』は弁神論であるとともに、人間のあるべき生き方をその組成から解き明かした書物であった。「宇宙の生成から人間の自然本性までを語る」（27A）ことを託されたティマイオスの仕事とは、このようなものであった。

それでは、これに続くアトランティスの物語はどのような意図をもつ話なのか。一方で、ティマイオスが誕生させた人間を受け取り、また一方で、ソクラテスが語った「よく教育された人間」を受け取って語られるアトランティス物語は、理想的国家を現実のものとしてもつ人類史の軌跡である。しかも、神はそれをたえず見守っているのであるが[148]、しかしそれでも知性は絶対的に優位にあるのではない。つまり、人類史は神の完全な支配のもとに進行するのではないということである。われわれはこのようにアトランティス物語を『ティマイオス』と同様に、世界に本性上内含される不合理性と関連させて読むのが一番いいと考える。古アテナイもアトランティスもともに滅びるからである。

アテナイはなぜ滅んだのか。アトランティス物語は二つのタイプの滅《ほろ》びについて語っている。アトランティスについてはその原因は明確である。何世代もの間ポセイドン神の自然本性が強い力を保っているうちは、アトランティス人は神の掟に従っていた。当時はまだ思慮（φρόνησις）が彼らの心を支配していたからその莫大な富の重みに耐えていたが、神の性が死すべきものとの度重なる混合によって割合が減じ、人間の性が優位を占めると富が重荷になって、それから堕落がはじまる（『クリティアス』120E–121B）。このようにアトランティスの人間の滅びは、その道徳的退廃が原因である。これに比べて、古アテナイ人の滅亡は堕落によるものではない。物語を読むかぎり、彼らには一点の欠陥もなく、ある日突然の天変地異によって大地に呑み込まれるのである。そして、地震と大洪水によって滅亡するのであるが、プラトンは同じようにして文明が誕生しては滅亡して、興亡をくりかえすと考えているようである。つまり、この自然の手による滅亡は「必然（アナンケー）」によるもので、言い換えれば、世界に本性上含まれている不合理性が直接の原因であることになる。アトランティス人の道徳的退廃ももとをただせば同じく不合理性を遠因とすることができるであろうが、直接的には人間のモラルの問題である。つまり、アトランティスの場合にはその悪に対して責任があるが、古アテナイはモラルを超えた原因によって滅び、したがってそれについて責任はない。プラトンの晩年の思索で大きな問題のひとつに「悪の原因は何であるか」という問いがある。悪の起源に関する問題は次の二つから成っている。

(一)　人はなぜ悪をなすのか。

(二)　人間をつくった神は、人間の悪に対して責任がないのか。

㈡は弁神論にかかわる。プラトンは㈡について『ティマイオス』の中で、神には責任がないことを示した。一方、㈠については人間の組成に関連して論じたが、歴史的な観点からはいまだ十分に明らかにしなかった。老クリティアスが引き受けたのはこのような課題であり、アトランティス物語において「アトランティス」という海洋国家の勃興と崩壊によってこれを明らかにしようとしたように思われる。

このアトランティスの没落は、人間のもつ組成から「必然」によって結果しているようにみえる。そうすると人間の歴史は、善から悪へと必然的に下降することになる。そして、このような下降史観は歴史主義の亜種ともみられることになろう。しかし、このような見方は「人はなぜ悪をなすのか」の論議についても同様に言えることであるが、プラトンの「必然（ἀνάγκη）」を誤って理解したために生じたものである。それはいわば目的因に従属すべき原因（より正確的には補助的な位置に甘んじるべき原因）であって、歴史の流れに内在する必然的法則の意味ではない[149]。プラトンはそのような必然性を想定していない。そうでなければ、プラトンの思想は自然学的には決定論、歴史学的には歴史主義ということになろう。しかし、むしろプラトンは歴史には偶然的要素が多いとみているのである。人間はたしかに劣悪化しやすいが、これを防ぐ策がないではない。それは神が人間にあたえた「思慮（φρόνησις）」であろう。人間はきわめて脆い存在であるが、しかしそれでもプラトンは知性のもつ力に希望を託しているように思われる。それを例証するものが、『法律[150]』にはいくつか散見される。そして、これは推測にとどまることであるが、予定されていた『ヘルモクラテス』では、現実のアテナイ史を描くことによって人間知性への望みをかけたミュートスを構想していたように思われる。しかし、同じ枠組みで執筆を続けるよりは、国家のもつ「法律」の本性を明らかにすることで知性の力を示すほうがより適切と考えたのではないか。『ヘルモクラテス』は書かれずに終わったが、その構想は『法律』において新たな設定のもとで書き継がれたと考えるのが、もっとも理にかなった想定であろう。この作品は、ひょっとすると古アテナイに続いて、現アテナイ、つまりペルシア戦争を経てペロポンネソス戦争に至るアテナイの発展、あるいは凋落を描くことを予定したものであったかもしれない。『法律』第三巻のミュートスには『ヘルモクラテス』を想い起こさせる記述がある。

プラトンはアテナイとアトランティスという二つの国の戦いを描くことによって何を意図したのだろうか。すでにこの問題に関しては、イギリスの古典学会の指導的存在であったテイラー（Taylor）が述べている解釈が参考になる。すなわち、資源に劣る小国でも、真の祖国愛と高い道徳的理念で鼓舞されるなら、人口の多い富裕な強国に、もしその国が豊かな資源に恵まれていても徳行において欠けるところがあれば、まさるということ――これが二つの国の戦争物語の趣旨である。[151] この解釈は大筋で間違ってはいないが、ただ欠点となるのは、プラトンが描いている古アテナイがけっして弱小国家でなかったことだろう。その点についていくらか修正をほどこしたのがハックフォース（Hackforth）である。

防衛戦、すなわち他国の侵略に抗する戦争は、もしも特にそれが他の民族をも援護し、彼らを外国の支配――それが現実におこなわれているにせよ、脅威によるものであれ――から解放するためのものであれば、一民族にとって至高の栄誉である。[152]

いささか事々しい表現であるが、ハックフォースの論文が書かれた当時のイギリスの国情（一九四四年）を思えば、無理からぬことでもある。が、しかしより重要なのは、この戦争が、アトランティスがいわれのない攻撃をしかけてきたのに対する防衛戦であり、古アテナイのほうには一点の非もないということである。それはいわば膨張した富に対する徳行の戦いである。さらに、すでに『国家』において、支配者層が私有財産をもたぬ国家は、どんなに富裕な敵国と戦っても、これを打ち負かすことができるが、個々の支配者が財産の獲得にあけくれるなら、国家は内部分裂を生じ、政治の破綻をきたす、と述べられていたことに合致する見方であり[153]、『国家』で議論の上で語られたことを現実の世界でみたいというソクラテスの要請にも沿ったものであると言えるだろう。それと同時にこの二人の解釈は、この物語の主役がアトランティスではなく、むしろ古アテナイにあることを教える。それは古アテナイ人の功《いさおし》を後世に伝えようとする祝勝歌（エピニーキオン）であり、アトランティスはたかだか端役にすぎない。

プラトンの関心はひとえにアテナイ史にあった。堕落国家のひとつとしてアトランティスの隆盛と崩壊を描きながら、もっとも理想的な国家として過去に厳然として存在していたアテナイの秩序と功を歴史的事実として示すことによって、現アテナイ（あるいはもっと一般的に現在ある国家）が歩むべき道と将来の指針となるものを明らかにすることがプラトンの意図であった。

第四章　注

（1）すなわち、クロノスの時代こそわれわれの理想であるが、現代はそういう時代ではないということ。Cf. L. Campbell, 1867, p.xxviii.

（2）H. Herter, 1958, S.113-117.

（3）しかし、実際には記憶を欠いた生である（Cf. 272A2）。なお、テクストの μέν / δέ（272B8, C5）は強い対照を示している。Cf. H. R. Scodel, 1987, p.81, n.9.

（4）Cf. O. Apelt, 1914, S.126-127, Anmm.43), 46). なお、アンティステネスに対する皮肉を、ここに読み込もうとする試み（Zeller）がある。Cf. P.Vidal-Naquet, 1978, p.139 を参照。

（5）H. Herter, 1958, S.108-109.

（6）Herter や R. D. Mohr（1985, pp.141-157）は、逆行運動の原因を宇宙の身体の自発的な運動に帰しているが、これはあらゆる動の始原は魂であるとするプラトンの基本的な見解（『パイドロス』245E、『法律』第一〇巻 896A）に反する。

（7）T. M. Robinson（1970, p.135 n.17）は、「φρόνησις を授けられたにもかかわらず」（すなわち、φρόνησις をもっているのであれば、当然神の意思に従った方向に回転するはずであるのに）と、理由文ではなく、譲歩の意味で解釈している（J. Gould, 1955, p.207 n.4 も同様）。しかし、これは逆行運動を無秩序な動としてはじめに前提してしまっていることによる。

（8）Ficinus, Ast, Burges, Stallbaum などの訳者、注釈者は、これを単に「円運動」と訳しているが、Campbell が異論を唱えて以来、ἀνακύκλησις = τὸ ἀνάπαλιν ἰέναι の意味に解されてきた（根拠は『国家』X 617B2、『ティマイオス』37A5、40C5）。しかし、LSJ, Robin, Vidal-Naquet, Petit は、Ficinus のように読んでいる。

（9）269D5 と E3 の κατὰ ταὐτά の対応に注意されたい。ただし、円運動の場合には ἐν τῷ αὐτῷ（E2-3）が付加される（『ティマイオス』34A3, 36C2, 40A8、『法律』第一〇巻898A8参照）。

（10）J. B. Skemp（1952, p.105, 1967, p.25 n.1）は、イデアのみでなく工作者をも「最も神的なものども」の中に含めている（事実、『パイドン』79D5では、純粋な魂のありかたは、ἀεὶ κατὰ ταὐτὰ ὡσαύτως ἔχει という表現で記されている）。この場合、αὖ による対照は、工作者とそれより劣った運動者とのそれであるということになる。しかしながら、純粋な魂がもつのは、動の中に見られる恒常性であるから、(a)はもっぱらイデアのみを指すという一般の解釈に従っておきたい。

（11）例えば、R. D. Mohr（1985, p.141 n.3）、H. Herter（1958, S.111）はそう解する。

（12）J. B. Skemp, 1952, p.146.

（13）Schuhl の見解が代表的である。Cf. P. -M. Schuhl, 1968, p.80; "Le movement dont il (sc. le monde) est animé lui est donné par Dieu. Mais il ne s'agit pour ainsi dire que d'une chiquenaude."

（14）"cédant à son penchant prédestiné et congénital"（Robin）のように訳するのが適訳である。Cf. L. Brisson, 1974, pp.484-487, n.9.

（15）ただし、269D2-3 の ἐξ ἀνάγκης ἔμφυτον γέγονε はこれをすでに暗示していた。

（16）J. B. Skemp, 1952, p.89, 1967, pp.26-27.彼の解釈は、基本的にはプルタルコス（『「ティマイオス」における魂の生成』1014D以下）に従っていると言えるが、『ティマイオス』のアナンケーを一種の魂のようなものと見て、工作者の神と対立させて考えること（1967, pp.77-78）は、上記の(i)の帰結に反するように思われる。

（17）この章で、わたしは円運動を知性の働きの現われた動として、直線運動を知性の働きを欠いた無秩序な動として理解している。この章を発表したおり（日本西洋古典学会第四〇回大会、一九八九年）、故種山恭子氏から、『ティマイオス』における直線運動は、すでに工作者である神の知性的な働きかけを受けたものであって、これと宇宙生成以前の無秩序な動とは区別するべきではないか、という趣旨の質問を受けた。これは『ティマイオス』における宇宙生成以前の物体的動とアナンケーとが同一視されるべきか否かの問題にかかわるものであるが（氏は区別する立場に立ち、直線運動をアナンケーの働きに帰する）、いずれにしても、『政治家』でも『ティマイオス』でも、円運動と直線運動とは本質的に異なり、前者が知性の働きを視覚的に表わしたものである点は変わりがない。

（18）R. D. Mohr, 1985, pp.154–156.

（19）Cf. R. D. Mohr, 1985, p.143: "Now I take it that the cause of disorderly motion is simply equivalent to the efficient cause of the retrograde cycle."

（20）円運動は魂の運動におけるプロネーシス（あるいはヌース）の現われであるという考えが、『ティマイオス』34Aや『法律』第一〇巻898Aでも述べられている。

（21）この点で、Campbell,（1867, p.xxxviii）が、宇宙は人間のありさまを大きなスケールで写しだす鏡である、と言っているのは正しいと思われる。

（22）『法律』のテクストでは、「支配者としないで」と言われている。『法律』と『政治家』とでは、クロノス時代についての扱い方が異なっている。Cf. A. Diès, 1950, p.xxxvii f.

（23）Cf. H. Herter, 1958, S.114–115. 宇宙論の言葉で置き換えて言えば、理想は κατὰ ταὐτὰ καὶ ὡσαύτως ἔχειν ἀεί するイデアの側にあって、一方向の回転運動が、他の方向への回転運動の理想であるのではない。

（24）日本西洋古典学会第四〇回大会（一九八九年）、演題「プラトン『政治家』におけるミュートス」（於東京都立大学）。

（25）A. O. Lovejoy and G. Boas, 1935.

（26）L. Brisson, 1974, Cf. 1995, pp.349–363.

（27）C. Rowe, 1995a, pp.16–19, 1995b, 11–13.

（28）一般にブリッソン＝ロウ解釈として一括して扱われることが多いが（例えば、M. M. McCabe, 1997, pp.102ff. のReview Article参照）、実際にはブリッソンとロウとは、ゼウス時代の解釈で見解が別れており、ロウはゼウス時代に人間は神の支配から離れていると読むために、伝統的な解釈と同じ見方をしている。ロウはブリッソン解釈の修正版を提示したが、むしろブリッソンの解釈が正しいとする研究者もいる（G. R. Carone, 2004, pp.88–108）。

（29）念のために原文も以下に示す。

Ἀκούοις ἄν. τὸ γὰρ πᾶν τόδε τοτὲ μὲν αὐτὸς ὁ θεὸς συμποδηγεῖ πορευόμενον καὶ συγκυκλεῖ, τοτὲ δὲ ἀνῆκεν, ὅταν αἱ περίοδοι τοῦ προσήκοντος αὐτῷ μέτρον εἰλήφωσιν ἤδη χρόνου, τὸ δὲ πάλιν αὐτόματον εἰς τἀναντία περιάγεται, ζῷον ὂν καὶ φρόνησιν εἰληχὸς ἐκ τοῦ συναρμόσαντος αὐτὸ κατ' ἀρχάς.

ἀνῆκεν は aorist であるが、これはいわゆる gnomic aorist である。続く ὅταν+ subjunctive から明らかのように、これは一回的行為ではなく、ὅταν 以下の条件がかなえば、何度も繰り返される行為をいう。

(30) 前注(7)参照。Cf. C. Rowe, 1995b, p.188.

(31) したがって、宇宙は「クロノスの時代、中間の時代、ゼウスの時代、中間の時代……」を繰り返すことになる。

(32) さらにこの解釈で致命的と思われるのは、271D2-3でエレアからの客人は、クロノスの時代がゼウスの時代の直前だ（τῆς ἔμπροσθεν）とされていることである。これは D. Sedley の指摘による（Cf. G. R. Carone, 2004, p.98 n.37）。なお、Carone（2004, p.93）は、天体の運行の方向を変えた神（ὁ θεός）が神話上ではゼウスになっていることを、三周期説の根拠の一つにしているが、明らかに Carone は、このミュートスにおいてクロノス、ゼウスは神話より拝借された神でしかないことを見落としている。プラトンは、宇宙を導き、あるいは手放す神をクロノスともゼウスとも言っているのではない。それは「神」であって、神話上の神々とは同じではない。

(33) Cf. M. M. McCabe, 1997, p.102, G. R. Carone, 2004, p.90.

(34) M. Lane, 1998, pp.110.

(35) J. B. Skemp, 1952, p.114, C. Rowe, 1995b, p.13. Rowe は三周期説をとるが、ゼウスの時代は神によって放置された時代と考える点で、Brisson とは異なる（C. Rowe, 1995b, p.13）。

(36) ガスリー、一九七八年、第四章「存在の回帰―黄金時代」、第五章「進歩の観念」を参照。

(37) もちろん、『ティマイオス』冒頭で要約されている「国家論」がそのまま対話篇『国家』と重なるかどうかは別問題である。なお、本書二九七頁注(136)参照。

(38)『ティマイオス』27A-B. この箇所はこの三部作のテーマを考えるうえで、最も重要な箇所である。三部作は一貫したテーマをもっており、例えば『ティマイオス』を「プラトンの宇宙論（Plato's Cosmology）」というようなかたちで分離させることが誤りであることを教えている。

(39) Simplicios in Aristotelis *De Caelo Commentaria*, 488. 18f. (Heiberg). = Eudemos fr.148 (Wehrli).

(40) この話はプルタルコスの『デルポイのEについて』386E、『ソクラテスのダイモニオンについて』579A–D、『食卓歓談集』718E–F にみえるが、事実かどうかについては疑問がある。プルタルコスの典拠は前三世紀のエラトステネスであることが一般に認められているが、立方体の倍積問題は前五世紀にキオスのヒポクラテスが二つの比例中項を設定して解こうとしたもので、これをデロス島やプラトンに結びつける話は後に作られたのかもしれない。この問題にアルキュタスが今日の三角関数に相当する技法によって解答をあたえ、エウドクソス、メナイクモスらがこれを補強しようとしたことは事実であるが、これらの解法がプラトンの提示していた方法と異なることからこのような逸話が生じたとも考えられる。

(41) 否定的見解の代表者はヒースである。Cf. T. Heath, 1921, vol. I, p.316.

(42) 賛否両論が並び立つなかで、近年とくに注目されているのは、ピロデモス（前一世紀）の手になる『アカデメイア史』（*Academica*）——従来は Index Herculaneum とか Index Academicorum の名で知られていた——からの断片資料である。ヘルクラネウム出土のパピュルス断片（1021 column Y）がピロデモスの著作の一部を書き記しており、われわれはガイザーの校定本によって、プラトンの科学への貢献を称賛する記述を読むことができる。「この当時数学的諸学科は飛躍的な進歩を遂げたが、この発達において指導的な役割をしたのがプラトンであった。彼が課した問題を、彼ら数学者たちは熱心に研究した。かくしてメトロロギアー（比率論？）や定義の探求は頂点をむかえ、なかでもクニドスのエウドクソスがキオスのヒッポクラテスの古い理論に改定を加えた。とりわけ一段の進歩をはたしたのは幾何学の分野で、解析や定義の方法が発見されたのもこの時期である。光学や機械学といえども［軽んじられた］わけではなかった」（Gaiser）。Cf. K. Gaiser, 1988, S.152; T. Dorandi, 1991, pp.126f.

(43) 『ティマイオス』において、神が宇宙を誕生させることを「創造」の名で呼ぶことについては異論があるかもしれない。しかし、このような異論が出るのは「創造」がキリスト教のいわゆる「無からの創造」（creatio ex nihilo）でなければならないと前提しているからである。実際には、多くの創造神話は混沌となる存在を創造行為の先においているのである。

（44）28A1の ἀεί は写本上の根拠に乏しく、プロクロスやキケロなどの引用の中にもみられない。この語を読むかどうかによる解釈上の問題があるが、ここでは省く。

（45）ὡς ἄρα（29B4）以下は区別の内容をいう。

（46）μηδενὸς ἧττον（29C7）は、カルキディウス（および A. E. Taylor, 1927, p.75）の読み方に従って男性形に解する。「何人にも劣らぬ」と読むが、同じ男性形に読んでも、「いかなる言論（ロゴス）にも劣らぬ」ととることも可能である。

（47）L. Brisson, 1982, p.163（英訳（1999, p.130）は正確な訳ではない）。

（48）K. M. Meyer-Abich, 1973 によれば、エイコース・ロゴスは自然学的対象を扱うという点に、エイコース・ミュートスは人間の本性の限界性に関連する。T. K. Johansen, 2004, pp.62-64 も同様。なお、山田道夫、一九八八年、二八頁参照。

（49）59D1の εἰκότας は直前の λόγους を補う。Cf. T. K. Johansen, 2004, p.64. Johansen は、『国家』377A の区別をもちだして、『ティマイオス』についても、広義のロゴスのうちに、狭義のロゴスとミュートスとを認めて、この困難を回避しようとしているが（2004, pp.65f.）、正しい解釈とは思われない。

（50）Cf. F. M. Cornford, 1937, pp.31-32.

（51）"Commentators often pick the expression εἰκότα μῦθον out of Timaeus' epistemological introduction (29b-d), and use it as though the emphasis were on μῦθον instead of εἰκότα. This is certainly wrong."（G. Vlastos, 1995, 249-250）Cf. J. E. Smith, 1985, p.34; M. I. S. Cruz, 1997, pp.134-135.

（52）T. K. Johansen, 2004, pp.62-63.

（53）44D1 は男性形で、λόγου を補って考える。

（54）καλόν は外見的な美しさにとどまらず、（ἀγαθόν と同様に）倫理的な卓越性の意味をもつ。

（55）例えば、時間制作（37C 以下）の場合、宇宙が動きをあたえられ生きものとなっているのを喜んだ神は、宇宙をモデルにより似たものにしようとして時間を製作する。しかし、モデル（イデア）は一のうちに静止した永遠的なものであるという特性（F）をもつが、宇宙はその特性をもつことはできず、それに類似した特性、すなわち数的な運動、永続性といった特性（f）をもつ。

(56) 以下のテクスト上の確認において、山田道夫（一九八八年）の論考に教えられたところが多い。

(57) もっとも、μᾶλλον は ἀνασκοποῦσι にかかるので、これはエイコース性をとくに強調したことにはならないという読み方も可能である。

(58) 山田道夫、一九八八年、一四－一五頁参照。山田によれば、エイコース・ロゴスがそのエイコース性をもっともポジティブに、特別なる意欲でもって主張するのは、第二部の物理的必然性にもとづく物理的因果系列を論究する場面である（同、一六－二四頁）。たしかに、第二部にこの表現が集中しているのは目立っている。このように氏の論考はエイコース・ロゴスの言及の頻度や箇所によるばらつきに目を向けて、その微妙なニュアンスの差に注目する点で、他の類書にはない特色をもつ。

(59) ただし、μηδενὸς ἧττον μᾶλλον δὲ καὶ ἔμπροσθεν（48D3）はテクストが安定していない。とくにBurnet以前の校訂本には δὲ の後のコンマがなく、μᾶλλον の読み方も一定ではない。また、前半部だけなら29C7と同じである。

(60) A. E. Taylor, 1928, pp.59-61, 73. なお、以下のTaylorとCornfordの議論については、藤澤令夫、二〇〇一年、二九六－三〇〇、三〇四－三〇七頁を参照されたい。

(61) F. M. Cornford, 1937, pp.29-32.

(62) そのように考えたのは、バーネット（J. Burnet, 1914, p.340）である。藤澤令夫、二〇〇一年、二九九－三〇〇頁参照。

(63) もっとも、そのような場合にもプラトンは真理という語を使っている。53E3で、図形による基本物質の説明で ἀλήθειαν という語が用いられている。72D5でも魂の部分について神の同意があれば τὸ ἀληθές を語ることができるかのように言われている。しかし、プラトンはこのような場合に常に言葉を厳密に用いているわけではない。

(64) 55D5では「エイコース・ロゴスにしたがって」宇宙を一つの神であるとする見解が述べられ、すぐその後で、ほかの人は「ほかのところに目を向けて（εἰς ἄλλα πῃ βλέψας）」ほかの考えをもつであろう、と言われている。われわれの問題は、それではプラトンは何に注目して、仮説を立てているのかというところにある。

(65) F. M. Cornford, 1937, p.30.

(66) 天文学に関して、しばしば『国家』と『ティマイオス』との間で考えに相違があるかが問われる。『国家』では天文学は「幾何学のように問題を用いることによって探究して、天体のうちのいろいろの事象は放っておく」(530B-C) ことが勧められている。『国家』においても観察はまったく軽視されているわけではないが、視覚による観察のみに頼る天文学には批判的である。『ティマイオス』においても同様であって、二つの作品に基本的な見解の違いはみられない。視覚があたえられた真の原因は、天体を観測し、それによって数が考案され、時間の観念を得て、や万有の本性の研究に役立てるためであった (47A)。しかし、それも「思考する側のものを思考される側のものに似せる」(90D) ことが目的であって、視覚はあくまでも思考に至る媒体にすぎないと考えるべきであろう (90D4 の κατανοουμένῳ や κατανοοῦν は単に視覚的な観察をいう言葉ではない)。

(67) プラトンにおける悪の原因についての諸解釈は Cherniss, 1954 (1977), p.23. n.1 に詳しい。

(68) アリストテレス『天体論』279b32-280a1 (シンプリキオス『アリストテレス「天体論」注解』303, 33-304, 15, アレクサンドロス『アリストテレス「形而上学」注解』819, 37-38 参照)。

(69) F. M. Cornford, 1937, pp.57, 176-177, 205, 209-210.

(70) G. Vlastos, 1965a, pp.391-392; M. Meldrum, 1950, pp.65-67; J. B. Skemp, 1967, pp.78-82; T. M. Robinson, 1970, pp.78-82; J. S. Clegg, 1976, pp.53-54.

(71) 古代で字義的解釈をとった解釈者として知られるのは、プルタルコスとアッティコスである。プロクロスの「その他多くのプラトニストたち」(『プラトン「ティマイオス」注解』I, 276, 31-277, 1(Diehl)) という言葉が、H. Cherniss, 1944, p.423, n.356 と G. Vlastos, 1965a, p.384, W. K. C. Guthrie, 1978, p.303, n.2 とでは、違ったふうに読まれているけれども、アカデメイアいずれの解釈が優勢であったかは、史料も少ないので、あまり重要な問題とは思えない。

(72) プルタルコス『ティマイオスにおける魂の生成』1014A-D、『プラトン哲学の諸問題』1003A。J. B. Skemp, 1967, pp.74-78, 82-84, 111 の解釈も、基本的にはプルタルコスと同じ立場である。

(73) G. Vlastos, 1965a, pp.390-399.

(74) R. Hackforth, 1959, p.21; H. J. Earsterling, 1967, 31-38; T. M. Robinson, 1970, pp.93-97.

(75) G. Vlastos, 1965a, p.396, n.4.

(76) H. Cherniss, 1944, pp.444-450; L. Tarán, 1971, pp.384-388.

(77) A.-J. Festugière, 1950, pp.117-132; G. Vlastos, 1965b, pp.414-419; R. D. Mohr, 1985, pp.116-138, 158-170.

(78) G. Vlastos, 1965b, pp.409-414. Cf. R. Hackforth, 1959, pp.21-22. 二種類の時間を区別する考え方は、キケロの『神々の本性について』1. 21 に登場するウェレイウス (Velleius)、プルタルコス、アッティコス (プロクロス『プラトン「ティマイオス」注解』I, 276, 31-277, 1, III, 37, 7-38, 12(Diehl)) にすでに見られる (したがって Vlastos の 'no one in antiquity succeeded in seeing this' という発言は誤りである)。 Cf. L. Tarán, 1971, p.379; R. Sorabji, 1983, p.270.

(79) G. Vlastos, 1965b, p.412; R. Hackforth, 1959, pp.22.

(80) 39D1 (χρόνον ὄντα τὰς τούτων πλάνας) は、惑星の彷徨がすなわち時間であるということではなく、惑星の各周期が時間の単位を構成するという意味である (H. Cherniss, 1944, p.418, n.349)。 W. K. C. Guthrie, 1978, p.300; R. D. Mohr, 1985, pp.55-67 にも同様の混同がある。

(81) 田中美知太郎、一九八一年、四四一 - 四四二頁。

(82) F. M. Cornford, 1937, p.240, n.1: "Obviously the mover here cannot be the soul, which belongs to a higher order of existence." Cf. T. M. Robinson, 1986, p.149.

(83) Cf. R. D. Mohr, 1985, pp.128ff.

(84) Cf. 51A. したがって、R. D. Mohr の "Plato specifically tells us that the shape of space is round" (p.149) という発言には同意できない。

(85) 『ティマイオス』では、魂の運動原因説は直接的には一度も語られていないが、37B5, 46D5-E2, 77C1-5, 89A1-3 の四箇所で暗示されている。

(86) T. M. Robinson, 1970, p.97.

(87) Cf. R. D. Mohr, 1985, pp.108ff. もっとも、53B5の与格形はinstrumental dativeであって、respect（Mohr, p.111）の意味ではない。

(88) G. Vlastos, 1965a, p.390.

(89) T. M. Robinson, 1986, p.148.

(90) Cf. G. Vlastos, 1965a, p.398, n.2. したがって、“mechanism nevertheless does contain an order of its own” は言葉として無意味であって、ヴラストスが言うような、思考の矛盾ではない。

(91) Cf. W. K. C. Guthrie, 1978, pp.291-292.

(92) A. E. Taylor, 1928, pp.610-614など。これに対する反論としては、W. C. Greene, 1944, p.306が優れている。

(93) これがプラトンの一貫した考えである。「身体（物体）は、身体（物体）であるかぎりにおいては、善でも悪でもない（σῶμα ..... κατὰ τὸ σῶμα εἶναι οὔτε ἀγαθὸν οὔτε κακόν）」（『リュシス』217B2-3）。

(94)『国家』617E, θεὸς ἀναίτιος.

(95) H. Herter, 1957, S.333, 338. これに対するR. D. Mohr, 1985, p.127, n.38の批判は当たっていない。

(96)『テアイテトス』176A参照。

(97) テクストは「このような悪」（τοιούτου κακοῦ）とあるが、「このような」とは直前のτὸ σῶμα（66B5）すなわち身体（物体）を指す。

(98) 身体とティターンを結びつけるのは次のような神話である。ゼウスとペルセポネの間に生まれたディオニュソス（ザグレウス）は、ティターン族に謀られて、ディオニュソスが牛の姿になったときに、八つ裂きにされてしまう。ティターン族はディオニュソスを食らうが、心臓だけはアテナによって救われ、それがゼウスのもとに運ばれる。ゼウスは心臓を飲み込んで、セメレと床を共にすると、そこから新しくディオニュソスが誕生する。一方、ディオニュソスを食らったティターン族をゼウスは雷電によって滅ぼし、灰にしてしまうが、そこから人間が生まれる。人間はこのようにして誕生したために、ディオニュソス的要素とティターン的要素をもつことになった。この神話はオルペウス教によるものであるが、人間の悪の起源を説明している。Cf. E. Rohde, 1925, pp.340-347; W. C. Greene,

1944, pp.59-60.

(99) 一九二六年の段階で関連文献は一七〇〇にのぼった（J. Gattefossé et C. C. Roux, 1926 の計算による）。この問題に関して、Cherniss は「壷から呪文でジン（精霊）を呼び出すほうが、ふたたび壷に戻すよりも簡単だ」と評した（H. Cherniss, 1943, p.200）。

(100) ソロンは一〇年間諸国を巡ったとされる。ヘロドトス（『歴史』第一巻30）によれば、第二六代王朝ファラオのアマシスが支配した頃であるが、プルタルコスはこのアマシス王に言及することなく、ソロンのエジプト訪問を前五九三年頃だとしている。

(101) すなわち、火山の噴火と大洪水。

(102) リュビアは今日のエジプト以西のアフリカに、アシアは通例小アジアに相当する。

(103) これはいわゆる「黄金時代」にあたる。『政治家』のミュートスではクロノスの治世に相当する。

(104) ここで、一般に男女はともにその優れた性質を実践する能力を生まれながらにして所有している（『クリティアス』110C）と言われているのは興味深い。

(105) Cf. C. Gill, 1980, ad loc.(p.59). この 'inconsistency' と『ティマイオス』23E で古アテナイ市建国が遡ること九〇〇〇年前とされているのに、その九〇〇〇年前というのが『クリティアス』108E ではアトランティスとの戦争があった年代になっているという矛盾――その指摘そのものはその通りであるとしても――の二つを挙げて、この物語の史実性を疑う根拠とするのは（C. Gill, 1980, ad 108E2）誤りであろう。

(106)「オリハルコン」（文字通りには「山の銅」）は、銅と鉛の自然合金である真鍮がふつう考えられるが、正確なことはわからない。

(107) Cf. A. Rivaud, 1925, pp.233-234.

(108) プルタルコス『ソロン伝』31-32。

(109) ディオゲネス・ラエルティオス『ギリシア哲学者列伝』3. 37。

(110) 現在から遡って一万二〇〇〇年以前まで、大西洋に大陸が沈んだ可能性はほとんどないとされている。レザーノフ『消えた大陸』一一頁参照。

(111) J. V. Luce, 1969, pp.46–57.

(112)「この島は樹木鬱蒼と生い茂り、残忍なアトラスの娘なる女神が、家を構えて住んでおります。海のいかなる深みも知らざるはなく、天地を隔つ巨大な柱を自ら支えるあのアトラスの娘が」（ホメロス『オデュッセイア』第一歌51-54、松平千秋訳）言うまでもなく、アトランティスとは「アトラスの島（Ἀτλαντίς sc. νῆσος）」の意味である。すでにヘロドトスがヘラクレスの柱の外側にある「アトランティスの海」（『歴史』第一巻202）について語っている。

(113) プロクロス（『プラトン「ティマイオス」注解』177, 20）は、ほかにもマルケロス（Marcellos）の散逸した地誌『エティオピア誌』があったことを示唆しているが、信憑性はおそらくない。なお、このマルケロスについては不詳。

(114) ストラボン『地誌』第二巻3-6、第一三巻1–35。

(115) プリニウス『博物誌』第一一巻92。

(116) アレゴリーという語がテクニカル・タームとなるのは前一世紀のデメトリオスの頃からで、それまでは ὑπόνοια が主として用いられた。本書九〇頁参照。

(117) つまり、虚偽（事実でないこと）を語ることと虚構（フィクション）を語ることとは異なるということである。前者はそれが事実であるか否かが問われうるが、われわれがふつう考えているフィクションは事実としての真偽が問題にされないからである。この区別をもっとも明確にしたのは Gill である。なお、Gill によると、プラトンには純然たる虚構の作品は存在しない（C. Gill, 1993, pp.79ff.）。この点において、後にわれわれがふれる Gill のそれ以前の論考に対して論点の修正がある。なお、本書一一八頁以下参照。

(118) プロクロス『プラトン「ティマイオス」注解』76.21 以下。

(119) 例えば、『ティマイオス』（35A 以下）で宇宙の魂が「同」と「異」の二つの輪から構成されているとする話などがアレゴリーの例として考えられるだろう。

(120) P. Friedländer, 1958, pp.273–277; A. Rivaud, 1925, p.252.

(121)『クリティアス』116A 以下、ヘロドトス『歴史』第一巻 98, 178 参照。

(122) P. Vidal-Naquet, 1964, pp.428–429, C. Gill, 1980, pp.xvii–xviii.

(123)『法律』707B–C 参照。

(124) L. Brisson, 1970, pp.402–438; C. Gill, 1980, pp.xvii–xx; G. Naddaf, 1994, pp.197–200.

(125) Cf. P. Vidal-Naquet, 1964, pp.436–437. さらに、ポセイドンが娶ったクレイトは、大地から生まれた人間エウエノルとレウキッペの娘である。『クリティアス』113D 参照。

(126)『法律』704D–705B においてプラトンは港の収益を重視する海洋国家を非難している。そこでは海は「塩辛く苦い隣人」とされる。

(127) Vidal-Naquet によれば、アトランティスの堕落は、ポセイドンが最初設定した「水」と「土」との適度な配合をアトランティスの王たちが次第に忘れ、バランスを失うことから始まる。P. Vidal-Naquet, 1964, pp.437ff.

(128) トゥキュディデス『歴史』6.74 参照。

(129)『ゴルギアス』519A 参照。

(130)『クリティアス』108C 参照。

(131) 本書九八頁注(2)参照。

(132) F. M. Cornford, 1937, p.18 n.1: "Serious scholars now agree that Atlantis probably owed its existence entirely to Plato's imagination."

(133) このクリティアスについてはさまざまな論議があるが、一応プラトンの曽祖父にあたるクリティアス(「三十人政権」の恐怖政治で有名なクリティアスではなく)としておく。田中美知太郎、一九七九年、二二一-二二七頁参照。

(134) G. W. F. Hegel, 1999, GW Suhrkamp 19, S.29–30.

(135) ミュートスに含まれる真実と虚偽については、本書一一一頁以下を参照されたい。

(136)『ティマイオス』冒頭で語られるこの理想国家論の要約が、どの程度『国家』と対応しているかという問題はここでは問わない。P. Friedländer (1958, pp.356–357) や Cornford (1937, pp.4–5) は『国家』とまったく同一とすることはできないという立場をとっている。ただし、『ティマイオス』17A–19A が『国家』369–471 の要約であることは間違いない。

(137) C. Gill, 1977, 291 n.13が引くB. E. Perry, *The Ancient Romance*, 1967, pp.72ff. を参照。

(138) 本書一一七頁参照。

(139)『国家』の議論の中では、その真理は「神は善き者である」ことを指す。

(140) もちろん、歴史を語ることは事実を語ることとまったく同じであるわけではない。しかし、この問題にはここでは立ち入らない。

(141) C. Gill, 1977, p.299; K. Morgan, 1998, pp.102f.

(142) C. Gill, 1979, p.75: "a pastiche of historiography, almost a parody", 1980, pp.xx–xxi P. Vidal-Naquet, 1964, p.360; L. Edelstein, 1949, pp.469–471も同様にプラトンの歴史物語は真面目な意図のものではないと考える。一方、G. Naddaf, 1994, pp.200ff. はこのミュートスを'a game'とみることに対して批判的である（A. W. Nightingale, 1999, p.301も同様）。

(143)「作り事でない」と言われたのは、「拵えあげられた（πλασθέντα）話」でないという意味である。

(144) 例えば、H. Cherniss, 1943, n.97.

(145) C. Gill, 1977, pp.287–291.

(146) 第四章2.「エイコース・ロゴス」参照。

(147) C. Gillによれば、前者はモデルに「似ている（ressemblance, likeness）」の意味で、後者はたかだか「ありそうな（vraisemblable, likelihood）」という意味でしかない。

(148)『クリティアス』121B（アトランティスがその富によって堕落しはじめたとき、これを見守っていたゼウスが罰をあたえようとする）参照。

(149)『法律』889Cでは「必然」は「偶然」と同じようなものとして扱われている。

(150) A.W. Nightingale, 1999, pp.307–311.

(151) A. E. Taylor, 1928, p.50.

(152) R. Hackforth, 1944, p.9.
(153)『国家』421D 以下、550D 以下参照。

結語　プラトンのミュートス

第一部の議論は、プラトンのミュートスを理解するうえできわめて重要であり、またいくつかの教訓をわれわれに与えてくれた。その一つは、ミュートスを、ロゴスが完成に至ったときには排除されるような、なにか子供向けの物語として考えてはならないということである。ヘーゲルを代表とするこのミュートスの評価の仕方は、今日でもなお残っており、プラトンの思想をもっぱらロゴス的な面に、すなわち問答法的議論とそれに付随する政治論のみにプラトンの思想を求め、ミュートスは哲学とは言えないものとしてこれを軽視する傾向は今なお強いと言わなければならない。もう一つは、過去のミュートスに対して古代の哲学者たちがおこなった批判は、ミュートスを伝える形式についてのものではなく、むしろその内容に関するもの（例えば擬人化された神々）であったことを確認しておくことである。この点ではプラトンも同様であることは、『国家』における詩人追放論を見ればすぐに明らかになる。プラトンは、ミュートスという表現形式を用いたことでホメロスやヘシオドスを批判したのではなく、ミュートスによって真実が正しく伝えられていないがゆえに非難したのであった。

さて、第二部において、プラトンのミュートスに関して述べるにあたって、いくつか確認しておくべきことがあった。まず、プラトンのミュートスをアレゴリー（寓意）として読むべきかどうかという問題がある。アレゴリー解釈は古くよりあるが、プラトン哲学の解釈としては、新プラトン派のそれが重要である。例えば、『クリティアス』における古アテナイとアトランティスの戦いを「魂と悪しきダイモーン」との争いを表現したもの（ポルピュリオス）と解するなどがそうである。プラトンはミュートスで語られていることが、まったくその通りにおこなわれたとは考えていなかったであろう。その中にはむろんアレゴリーも含まれているのである。しかし、たとえ部分的には寓意的に述べていても、その全部をアレゴリーとして読むことは、これを実際にはない虚構の出来事と解釈することになってしまう。この点については、すでに何度か述べたように、われわれはアレゴリーではなく、タウテゴリー（シェリング）すなわち自意的に解釈する立場を採択した。まずはミュートスそれ自体をして語らしめよという立場である。ミュートスについての先入見を捨てて、ミュートスそのものが語ることに耳を傾けることによって、その真意はおのずから明らかになると信じるからである。

ミュートスに関して確認しておくべきことの第二は、プラトンが「ミュートス」という語を使用しているとき、必ずしもいわゆるミュートスが語られているのではないということである。その典型的な例が、「ミュートスではなくロゴスだ」という表現であろう。この表現は『ゴルギアス』（523A）に出てくるが、このように言ってもソクラテスが実際に語ったのは魂の死後の運命に関するミュートスである。この表現の意味は、このミュートスで語られることは本当にあったこと（ロゴス）であり、作り事ではない（ミュートス）という意味である。このようにプラトンがロゴスという言葉を用いているときに、語られている事柄がミュートスであり、あるいは、ミュートスという言葉を用いているときに、それが必ずしもミュートスではないのだとすると、言葉遣いだけでミュートスであるかないかを判定することができないことになろう。したがって、われわれはこれをミュートスだとする判定の基準を別に求めねばならないことになる。それは問答法的な議論と対比されるような、いわゆる「物語」と言われるようなものを指すのだと言えばいいのかもしれない。しかし、これも十分な基準ではありえない。例えば、『ティマイオス』に見られるような宇宙論はどうであろうか。この宇宙論をミュートスとみなすか、あるいはそうでないかは解釈が分かれるところであるが、もしミュートスだとすると、これはとても「物語」という表現でわれわれが連想するようなものではないであろう。さらに、われわれがなんらかの仕方でミュートスの規定を得たとしても、このうちプラトンのミュートスとされるものは、このうちどれであるのか。本文において、われわれはブリッソンの研究の成果を借りて、プラトンのミュートスとすべきものと、そうでないものとを分類したが、その配分の基準もまたきわめて曖昧なものであることがわかった。このようにしてわれわれは明確な基準が得られぬまま、ますます混乱することになる。

そこで、一つの方策として（そして、これは最近のミュートス研究が同様に採用しているものであるが）、われわれは『国家』においてプラトンが初等教育において使用されるミュートスを規定している箇所を選んで、ここでミュートスの特徴とされていることを析出したのである。そして、考察の結果得られたのは、ミュートスに関する二つの特徴であった。一つは、ミュートスは、語られる事柄が事実であるかないかをわれわれが知ること（ヴェリフィケーション）のできないことを対象とする。もう一つは、ミュートスがすぐれたものであるためには、語られる対象に関する真実（『国家』の例では、神々についての真実）を正しく伝えるものでなければならない。この二つである。ここでわれわれは、初期ギリシア詩について考察した第一部の場合とまったく違った結果を得たことになる。ミュートスを語るさいの真実（アレーテイア）とは、過去に起こった出来事について、記憶によって正しく伝達されることと考えられていた。このような事実に関することは、プラトンにとっても重要ではあるが、しかしもともとどの出来事が事実かを特定することは困難なことと考えられている。プラトンにとってより重要なことは、それが真実に似ているか否かにある。「真実に似た虚偽」はもっともらしい非事実であったが、ピンダロスが讃美したように、オデュッセウスの語る虚偽が巧みであればあるほど、すぐれた物語となった。しかし、それは話が甘美で聞くに楽しいものであることと不即不離《ふそくふり》の関係にあった。プラトンがおこなった批判は、すぐれたミュートスであることの基準から、この楽しさ、甘美といった特徴を剥奪することにあったと言うことができる。プラトンは、すぐれたミュートスの基準を、むしろ語られる事柄の真実を正しく語っているか、文字通り「真実に似た」虚偽であるか、というところに見出したのである。

われわれは以上のような考察を経て、プラトンのミュートスのいくつかを具体的に検討した。ミュートスのいずれを選ぶかについては、明確な規定は困難である。むしろ、最近のミュートス研究の一般の傾向に倣って厳格な区分をすることをせず、そして『国家』におけるミュートス規定を考慮して、最もプラトン的なミュートスと思われるものを選んで、これを考察することにした。それは、(1)『ゴルギアス』『パイドン』『国家』における、魂の死後の運命に関するミュートスと、(2)『政治家（ポリティコス）』『ティマイオス』『クリティアス』における、宇宙と歴史のミュートスである。(1)は問答法的議論と並置されているところに特色があり、当然ながらそれとの関係が問題となる。(2)はプラトンの後期における、宇宙や歴史への関心の強さが特徴となっている。(1)

(1)まず、『ゴルギアス』『パイドン』『国家』に登場する魂の死後の運命についてのミュートスであるが、プラトンはこれらのミュートスを書くにあたって、おそらくオルペウス教（オルペウス教と呼ばれる宗教の実態を明らかにするのは至難の業であるが）の教説を土台にしているのであろうと考えられる。しかしその教説の内容がどのようなものであるか、いかなる経緯でこれを受け入れたのかといったことは、われわれの扱うテーマではない。むしろ、このような教説をどのように解釈したかが問題となる。しかし、それにしてもなぜプラトンはあれほど一問一答式の問答にこだわっていながら、[2]長いミュートスを導入するようなことをあえてしたのか。『ゴルギアス』では、不正をなすよりは、不正を受けることのほうがよいことを、ソクラテスは論理によって対話相手のカリクレスに証明してみせる。『パイドン』では、魂の不死について、幾度もの曲折を経てシミアスとケベスとに論証した。そして、『国家』では、対話篇全体のテーマが正義（正しさ）とは何かという問題におかれているが、対話者のグラウコンが善を結果のゆえにではなく、それ自体のゆえに求められるもの、それ自体のゆえにも、結果のゆえにも求められるもの、それ自体のゆえにではなく、結果のゆえに求められるものに分け、正義が真の意味で善きものであるならば、その結果（正しく行為することで得られる報酬）ではなく、それ自体で善いと言えるような力をもつものであるかどうかを示してくれと要請し、ソクラテスがそれを受けて、正義（およびそれと反対の不正）の本性となるものを、アデイマイトスとグラウコン相手に論じた。しかるに、この議論が終結するにおよんで、ソクラテスは正義の報酬となるものについても述べようと言って、エルのミュートスを語るのである。この『国家』の構成上の不均衡の問題は解釈者を悩ませ、ミュートスは議論全体からすれば必要のない部分であると断じた者もいた。しかし、この作品構成の不均衡という問題は、それほど解決の困難な問題ではない。ソクラテスははじめから、正義はそれ自体にも、その結果のゆえにも善いものであるという立場であったから、報酬について一言することは不自然なことではない。正義をそれ自体の姿において論じたのは、グラウコンの要請に答えたからにすぎない。けれども、それでもやはり問題は残ると言わざるをえないだろう。われわれは正義がそれだけで善きものであれば十分で、それをもつことからくる結果が何であろうとも、つまり死後のわれわれを何が待ち受けようとも、みずからが善き人であるという確信があれば、それで十分だと考えるだろうからである。これは『ゴルギアス』や『パイドン』と同じ問題である。なぜソクラテスは宗教的な教説——それはたいてい不確かな内容のものである——を借りてまで、魂の死後待ち受けているとされる裁き、刑罰、そしてさらなる転生について語る必要があったのか。この問題を考える上でヒントとなるものは、ミュートスの前後に語られた言葉にある。ソクラテスの問答は「どことなく人を肯《うなず》かせるところがあるような気もする。けれども、わたしの結局の気持ちといえば、……あなたの言葉にすっかり承服することはできないのだ」という『ゴルギアス』（513C）のカリクレスの言葉は、論理では納得しても、情念ではまだ説得されないままであるということを語っている。『パイドン』では、魂は身体から離れる（すなわち死ぬ）と、風がものを吹き飛ばすように、吹き飛ばされてしまうのではないかと、死を恐れる子供のようだとソクラテスにからかわれると、ケベスは、死を恐れる必要がないということを説得してくれと懇願する（77D–E）。むろんその説得は、これに続く問答法的議論を指しているが、最後のミュートスをも含んでいることは明らかである。ソクラテスは恐怖を追い出してやるように、毎日呪文をとなえ（ἐπᾴδειν）なければならないと言う（77E）。この言葉は重要である。ソクラテスはミュートスを終えるにあたって、このミュートスがそっくりそのまま事実だとするのは賢明な者の考えることではないが、このようなことを考えるのは適切なことであり、これに賭けるだけの価値もあると思うと言うと、その直後に、ミュートスで語られたことをひとは呪文をとなえる（ἐπᾴδειν）ように自分に語って聞かせねばならない、この長い物語（ミュートス）もそのためにしているのだ（114D）ということが言われる。これはソクラテスが毒杯を仰《あお》ぐ直前の言葉である。ここで呪文とは言葉による説得を言い換えたものである。問答法的議論ももちろん人を説得する。それはひとに有無を言わせぬ強制力をもつが、ひとはそれによって完全には説得されないことは、カリクレスの例を見てもわかる。そのうえさらに、ミュートスによって説得される必要がある。それは「鉄と鋼の論理」（『ゴルギアス』509A）とは異なる、もっとしなやかな、それでいてひとの情念に訴えかけてくる説得である。ミュートスはこのような説得を目指すとともに、問答法的議論（ディアレクティコス・ロゴス）を補完するものである。(3)

もう一つこれらのミュートスで注目されるのは、ミュートスで語られる事柄が事実であるかどうかについてプラトンが断定することを避けていることである。語られた事柄が、そっくりそのまま事実であると断言するのは賢明ではない（『パイドン』114D）とソクラテスは言う。ミュートスが仮の表現であって、より適切な説明の仕方があれば、それと取って代わられるべき性質のものであるという意味であることは、すでに述べられた。これは話が宗教的な教説に基づいているからであることは言うまでもないが、同時に当時可能なかぎりでの科学的知見を参照していることとも関係している。われわれはこのような宗教的な色彩の濃いミュートスに科学との関連を認めることに戸惑いを感じざるをえないであろう。しかし、これはプラトンのミュートスにおいて看過してはならない特色である。『パイドン』の真の大地についての記述は科学的というよりは文学的な性格のものである印象を受けるが、『国家』における紡錘の記述は、惑星の不規則運動を説明することを試みたものであり、「惑星」というのは名ばかりで、じつは惑星や恒星天の相互の運動が協和しあったものであるという想定は、後期作品の『ティマイオス』にも見られるものである。先に述べたように、このような天文学的な内容のことだけがプラトンの関心ではなかったことは言うまでもない。しかし、可能なかぎり合理的な説明を目指しながら、同時にそれはつねに「仮の表現」として、より有効な説明方式があればこれと変更可能であるという態度は、後期作品においても見られるものである。

⑵宇宙と歴史のミュートスは後期作品の『政治家』『ティマイオス』『クリティアス』に登場した。『政治家』のミュートスでは、宇宙が神の手によって直接導かれて運行していく時期と、神が手を放し、それによって宇宙が逆向きに運動していく時期の、二つの周期（すなわち、クロノスの時代とゼウスの時代である。三周期説の解釈もあるが、それが妥当でないことはすでに述べた）が交互に続くことで宇宙が進行していくという、途方もないミュートスが語られる。このミュートスは、クロノス時代を理想郷として、今の時代はゼウス時代であり、苦悩に満ちた世であるといったふうに読まれてきたが、これではプラトンがなぜ二つの時代について語ったのか、またこのミュートスが作品全体とどのように関連するのかについて十分に説明することができなかった。われわれは、プラトンの関心がクロノスの時代にはほとんどなく、クロノス時代というのは、現代のゼウス時代を正しく見すえるための引き立て役でしかないという解釈を提示した。現代は宇宙が、そして当然人間も、何事につけても自分でやっていかねばならない辛い時代ではあるが、完全に神の支配から離れてしまったのではなく、思慮（プロネーシス）を授けられることによって間接的に神によってなお支配される時代である。したがって、あたえられた思慮に従って生きること、これを遵守していくことが宇宙にとっても人間にとっても最善のありかたであることになる。

このミュートスはプラトンが人類の歴史をどのように見ていたかについて教えてくれる。プラトンによれば、宇宙の組成に物体的な要素が含まれるために、人類の歴史は下降の一途をたどることになり、われわれはそのような歴史観に戸惑ってしまうのであるが、プラトンはけっして人類の進歩を単純に信じるオプティミストでないばかりでなく、人類になんらの希望もいだくことのないペシミストでもなかった。人類史はやがて堕落に至る歴史であるが、これはむろん人間が宇宙と同様に身体を有することから結果するものである。しかも、この堕落は必然的に生起する。われわれはこの辺りのプラトンの記述がきわめて巧妙であることに注意すべきである。一方で、プラトンは一貫して悪の原因が神にはないことを強調しながら、同時に物体（身体）的要素を堕落の直接原因とはしていない。もしも物体（身体）的要素が原因だとすると、人間的悪はすでにその組成において決定されているという、困難な決定論（determinism）に陥る。宇宙や人間が、神があたえた思慮を忘れ、劣化していくのは物体（身体）を具えているためなのであるが、しかし、物体（身体）が劣化の直接原因なのではない。宇宙の回転運動の原因が魂にあるように、宇宙が、そして人間がすぐれたものになるか否かは、魂のありかたで決まる。つまり、宇宙も人間も思慮にしたがって生きるのが最善であるのだが、それでもやがては堕落に至る。堕落に至る力に抵抗はできても、やがては屈してしまうのである。しかし、ひとは、宇宙も人類も思慮を具えていても、結局は堕落に至るのであれば、思慮をもつことにどれほどの意味があるのか、と問うかもしれない。これは、もし思慮を正しく用いるならば、宇宙の逆回転を止めることは可能か、と問うのと同じことである。けれども、宇宙の逆回転を宇宙の（もちろん人間も）力によって止めることはできない。それは文字通り必然[4]である。しかしそれでも、プラトンによれば、宇宙の、人間の生きかたは決定されてはいないのである。このようにわれわれは、プラトンのミュートスを読むときに、彼が決定論を避けようと努力しているのを見出すのである。

人間の悪の問題は、後期のプラトンを悩ませた問題の一つである。『政治家』では宇宙と人間はパラレルな関係のもとに論じられたが、『ティマイオス』では、宇宙と人間の生誕を語ることによって、人間がなぜ悪に陥るのか、人間の責任の所在がどこにあるかを明らかにしている。けれども、悪の起源が何かということは『ティマイオス』解釈においても困難な、そしてこれまで幾多の研究者が解釈を試みた問題である。それはおおむね二つの解釈に分かれている。一つは、悪の起源（原因）は物体（身体）にあるとするもの、もう一つは、むしろ魂にあるとするものである。そして、われわれはプラトンが一貫して魂こそが悪の（あるいは善の）起源（原因）であり、物体は堕落に至るきっかけとなっても、それ自体はニュートラルで、善でも悪でもないとみなしたと考える。この問題は、『パイドロス』『法律』のいわゆる魂運動原因説と呼ばれるもの（あらゆる運動の原因は魂にあるとする考え）と『ティマイオス』の無秩序な動（宇宙が神によって作られる以前に、無秩序に動く動）とをつき合わせることで、顕在化してくる。二つの主張は一見矛盾しているようにみえるので、これをどう調停するかで解釈が分かれるのである。そして、この問題は宇宙生成を文字通り（リテラル）に考えるか、あるいはアレゴリーないし比喩とみるかという、プラトンの死後多くのプラトン読者を悩ませた問題とも絡み合って、いっそう複雑な様相を呈することになる。

われわれの解釈は、これまでのすべての解釈を検討し批判したが、この問題についての十全な結論を得たとは言えないものかもしれない。しかし、それでも考察の中でいくつかの重要な論点を確認することができた。すなわち、『ティマイオス』においても、魂は運動の原因であるが、無秩序な動の原因ではないということである。これは次のことを意味する。物体（身体）が無秩序をもたらすものであることは、宇宙の生成の以前、以後にかかわりなく言えることである。したがって、魂は身体を有することで混乱に陥るのである。しかしこのことは、身体（物体）が悪の原因ということではない。善悪の原因はつねに魂の側にあって、魂がどのようにふるまうかによって、善か悪かが決まるのである。[5] ここでもやはりプラトンの関心は決定論をいかに避けるかにあったことがわかる。物体（身体）が原因であれば「魂に責任（原因）はない」（決定論）ことになり、「神に責任がある」という非難を免れることがむずかしくなるが、プラトンは宇宙の誕生から説き起こすことによって、「神には責任がない」（『国家』）ことを明らかにしつつ、人間の魂に責任があることを、宇宙と人間の生誕のミュートスを語ることによって、示したのである。

最後に論じたアトランティスの物語は、『政治家』のミュートスに負けるとも劣らない奇想天外な物語である。このミュートスについても、古来より文字通りに解釈するか、アレゴリーないし比喩と読むかで解釈が分かれた。われわれはできるだけ文字通りに解釈する方針でこれを読んだ。そうでなければ、そもそものはじめにソクラテスが『国家』において言葉で建設した理想国家が「現実に」動いているところを見たいと言った、その要請に答えたことにはならないからである。もちろん実際にアトランティスの王国が大西洋に沈んだのか、あるいは別の地域での王国の消滅がこのように伝えられたのかといったことは、海洋学者や歴史家が扱う問題である。

われわれの関心はプラトンがこれらの作品を書こうとした意図が何かというところにある。従来の解釈の決定的な誤りは、例えばコーンフォードが『ティマイオス』を『プラトンの宇宙論』(*Plato's Cosmology*)と名づけたように、これとアトランティス物語を切り離して考えることである。『ティマイオス』、中断された『クリティアス』、そして書かれずに終わった『ヘルモクラテス』と、この三部作は完成に至ることはなかったけれども、その内容は一貫するものがあった。『ティマイオス』の宇宙と人間の誕生に関する記述から始めて、アトランティス物語（構成上は、これが『ティマイオス』冒頭部分と『クリティアス』の中断部分までを含む）では、人間が理想的な教育を得て、人類史において輝かしい功績を残したことを述べ、『ヘルモクラテス』は執筆されなかったので、想像にまかせるしかないが、おそらくはアテナイ古史に続く現代史を語ろうとしたのではないか（そのモティーフは部分的には『法律』に継承される）と思われるが、それはそれとして、対話人物ティマイオスが描く宇宙誕生の歴史は、ひと言で言うならば、神と不合理性との闘争の歴史である。神は不合理性に対して優位に立つが、絶対的に優位なのではなく、両者の関係は「知性がアナンケーを説得する」という表現からも窺われるように、それ自身が善きものである工作者（神）は世界をその可能なかぎり善いものにするが、完全に善がこの世を支配することはない。しかし、それでもプラトンは人間のもつ知性の力を疑ってはいない。人間は宇宙のもつ思考の働きと周期（秩序ある天体運動）より学んでみずからを矯正する、すなわち人間の本来の姿に戻すこと、これが哲学する（知を愛する）ことであり、これによって最善の生（幸福）が得られるのである。そして、これに続く『クリティアス』では、ティマイオスからは誕生させられた人間を、ソクラテスからは「よく教育された人間」を受け取って、その上で理想国家を現実のものとしてもつ人類史を語る。しかし、人類史において知性は絶対的に優位にあるのではなく、神の完全な支配のもとに進行するのではない。この作品において、アトランティスも古アテナイもともに滅びる。アトランティスの滅亡は、『政治家』のミュートスを連想させる。当初神の掟に従っていたアトランティス人は、はじめは思慮（プロネーシス）が彼らを支配していたから、莫大な富の重みに耐えていたが、神の性が死すべきもの（むろんこれは物体的要素を暗示する）との度重なる混合によって割合が減じ、人間の性が優位となって堕落が始まる。つまりアトランティスは道徳的退廃ゆえに滅んだ。しかし、ここにおいても人間の歴史が善から悪へと必然的に下降すると考えられているのではない。もしそうだとすると、プラトンの思想は自然学的には決定論、歴史学的には歴史主義ということになろう。しかし、そうでないことは古アテナイの存在からもわかることである。しかし、古アテナイにはアトランティス人のような欠陥はないにもかかわらず、ある日突然大地に呑み込まれてしまう。このような国家の消滅は、興亡を繰り返す人類史のひとこまであり、モラルを超えた原因によるものである。

このミュートスにおいても、われわれが『政治家』『ティマイオス』と同様な弁神論的な意図を読み取ることはさして困難ではない。われわれ人間はきわめて脆い存在であり、劣化しやすいが、それを防ぐ策がないわけではない。これは神が人間にあたえた思慮（プロネーシス）である。こうしてみると、アトランティス物語の主役はアトランティスの王国でないことがわかってくるであろう。それは古アテナイの功業を後世に伝えることで、現アテナイの、あるいは一般に現在ある国家が歩むべき道と将来の指針とを明らかにすることを意図したものであり、アトランティスのほうは、ちょうど『政治家』のクロノス時代のように、たかだか端役にすぎないことになる。

以上のように⑴魂の死後の運命に関するミュートス、⑵宇宙と歴史のミュートスとを順に見てきたが、⑴の場合には、人間がいかに生きるべきかという倫理的な問題を考察する中で、問答法的議論と補完する仕方でミュートスが語られており、それは人間の情念に訴えて、よき生へ向かうべく説得することを意図したものであった。⑵にはむしろ、プラトンの後期における、歴史や自然への関心の強さを窺わせるものがあると言えるだろう。しかしながら、よく注意してみると、⑴では人間は正しく生きることが自分にとって益となることが言われ、正しい人間はこの世の生のみならず死後においてもよき希望があることが告げられ、したがって人間は生の選びに最大の関心を向けねばならないことになるが、その選択においてどのような生を選ぶかは人間に責任があり、神にはそれについての責任はないと考える点では、⑴も⑵も共通の理念の上に立っていると言うことができる。いつも選ぶのは人間、人間の魂なのである。

プラトンにとって、神はつねに善きことのみの原因である。この点ではすべての作品において一貫している。しかし、そのような神の姿を描くことは簡単なことではない。物体的なものを魂が悪に陥る原因とすれば、魂から責任や義務を奪う決定論となる。人類史が必然的に堕落に至るのであれば、歴史主義との非難を受ける。さらには、物体的なものを魂よりも先なるものとすれば自然主義的な無神論（『法律』第一〇巻）に陥るであろう。このような陥穽《かんせい》に陥ることなく、神の真の姿を描くことは人間にとってこの上ない難事である。神の事跡を死すべき身でありながら完璧に描くことは不可能である。人間はそれについて真実を完全には知らないからである。しかし、できるだけ真実な姿を描くことは可能である。「エイコース・ロゴス（あるいはミュートス）」とは「ありそうな話」の意であるが、それはもっともらしい話のことではなく、神の真実にできるだけ似せた話のことである。宇宙の生誕と人類史における神の足跡を可能なかぎり辿るということである。『国家』における「真実に似た虚偽」というミュートスの規定は、プラトンのミュートスにおいて見事に結実していると言うことができるだろう。自然史も歴史もプラトンにとってともにミュートスなのである。

かくして、ロゴスとミュートスという二つの概念は、プラトンにおいても対立する概念ではなかった。ロゴスは問答法（ディアレクティケー）という方法を借りてイデアに至る過程を示したが、他方ミュートスは神の事跡を辿るものであった。両者の関係をある著者が適切にも、ミュートスは「ディアレクティケーの行手を照す光明である(6)」と表現したように、両者は補完しあい、かつまた適度な緊張のもとにプラトンの思想を形成するのである。

結語　注

（1）『政治家』のミュートスは、たしかに、問答法的な議論の間に挿入されているが、⑴の場合のような緊迫感は希薄である。むしろ、『政治家』のミュートスは、問答法的議論を方向転換させる点で巧妙であり、同時に、政治家が宇宙や歴史との関連が明らかにされている点では、⑵の傾向をもっていると言える。

（2）『プロタゴラス』336B-C, 338A 参照。

（3）本書では、問答法的議論とミュートスとの関係について、どちらが優位にあるかといった問い方はしない。この問題は多くの解釈者の関心の対象となった（例えば、J. A. Elias, 1984, pp.77-81）が、重要なのはいずれが優位かということではなく、その両方がなければ議論が完了しないということである。本書では扱わなかったが、『プロタゴラス』でプロタゴラスが語る、いわゆる新プロメテウス神話では、プロタゴラスは徳が教えられることについて、物語（ミュートス）を話そうか、理論的に説明する（ロゴス）のがよいか（μῦθον λέγων ἐπιδείξω ἢ λόγῳ διεξελθών, 320C3-4）と尋ねている。明らかに彼はどちらも可能であると言いたいのである。実際に、プロタゴラスは 324D ではミュートスでの話から、ロゴスによる説明に変えている。われわれが本書でみたプラトンのミュートスは、これとは明らかに異なっている。ロゴスでもミュートスでも可能だというのではなく、両者はともに補完しあうのである。

（4）『政治家』で使われていた言葉は「ヘイマルメネー」である。これは「必然」「宿命」を表わす言葉である。

（5）『法律』897A-B は明らかにこの方向の解釈を示している。ここでは宇宙の魂について言われているのであるが、魂の動は物体的な動を導くものであるが、そのさいに知性を伴うならば万物を幸福に正しく導くことになるが、無知を仲間にすればこの反対の結果となる、と言われている。

（6）田中美知太郎、一九六九年、「ミュートス」、一七一頁。

初出一覧

本書のいくつかの章は、すでになんらかのかたちで発表したものがある。その一覧を以下に掲げるが、文字遣いの変更ばかりでなく、大幅に書き改めたものも少なくないことをお断りしておく。

［第一部］

第一―二章

神話と哲学、ロゴスとミュートス

『哲学研究』第五八〇号、創文社発行、平成一七年一〇月。

第三章

ホメロスにおけるアレーテイア（原題「ホメロスに於けるΑΛΗΘΕΙΑ」）

『哲学』関西大学哲学会発行、平成二年一月。

ヘシオドスにおける真実と真実に似た虚偽（原題「真実と真実に似た虚偽―ヘシオドス『神統記』27‐28行の解釈」）

『古代哲学研究 METHODOS』第二四号、京都大学古代哲学会発行、平成四年五月。

［第二部］

第一章

ミュートスの定義（原題「言葉における虚偽」）

『古代哲学研究 METHODOS』第三四号、京都大学古代哲学会発行、平成一四年五月。

第三章

『政治家（ポリティコス）』のミュートス（原題「プラトン『政治家』のミュートス」）

『西洋古典学研究』第三八号、岩波書店発行、平成二年三月。

エイコース・ロゴス

『古代哲学研究 METHODOS』第三七号、京都大学古代哲学会発行、平成一七年五月。

『ティマイオス』における無秩序な動（原題「『ティマイオス』における無秩序な動について」）

『古代哲学研究室紀要 HYPOTHESIS』第三号、京都大学古代哲学研究室発行、平成五年一二月。

アトランティス物語

『イリソスのほとり―藤澤令夫先生献呈論文集』（内山勝利、中畑正志編）、世界思想社発行、平成一七年三月。

参照文献（本文、注で言及したものに限る）

J. Adam, 1963, *The Republic of Plato,* 2nd ed., 2 vols, (orign. 1902), Cambridge.

A. W. H. Adkins, 1972, 'Truth, ΚΟΣΜΟΣ, and ΑΡΕΤΗ in the Homeric Poems', *Classical Quarterly* 22.

K. F. Ameis-C. Hentze, 1930, *Homers Ilias*, Leipzig und Berlin.

J. Annas, 1981, *An Introduction to Plato's Republic*, Oxford.

J. Annas, 1982, 'Plato's Myths of Judgement', *Phronesis* 27.

O. Apelt, 1914, *Platons Politikos*, Leipzig.

E. Belfiore, 1985, '"Lies Unlike the Truth": Plato on Hesiod, Theogony 27', *Transactions of the American Philological Association* 115.

H. Boeder, 1952, 'Der frühgriechische Wortgebrauch von Logos und Aletheia', *Archiv für Begriffsgeschichte* 4.

E. Boisacq, 1923, *Dictionnaire étymologique de la langue grecque*, Heidelberg-Paris.

B. Bosanquet, 1895, *A Companion to Plato's Republic for English Readers*, London.

L. Brisson, 1970, 'De la philosophie politique à l'épopée. Le "Critias" de Platon'. *Revue de métaphysique et de morale* 75.

L. Brisson, 1974, *Le Même et l'autre dans la Structure ontologique du Timée de Platon*, Paris.

L. Brisson, 1995, *Timée et Critias*, Paris.

L. Brisson, 1982, *Platon, les Mots et les mythes: comment et pourquoi Platon nomma le mythe?*, Paris. =1999, *Plato the Myth Maker*, translated, edited, and with an Introduction by G. Naddaf, Chicago and London.

L. Brisson, 1995, 'Interprétation du mythe du Politique', in *Reading the Statesman*, ed. by C. Rowe.

V. Brochard, 1900, 'Les Mythes dans la Philosophie de Platon', *L'Année Philosophique* 11.

W. Burkert, 1979, *Structure and History in Greek Mythology and Ritual*, Berkeley and Los Angels.

J. Burnet, 1892, *Early Greek Philosophy*, London.

J. Burnet, 1911, *Plato's Phaedo*, ed. with Introduction and Notes, Oxford.

J. Burnet, 1914, *Greek Philosophy, Thales to Plato*, London.

R. Buxton ed., 1999, *From Myth to Reason? : Studies in the Development of Greek Thought*, Oxford.

L. Campbell, 1867, *The Sophistes and Politicus of Plato*, Oxford.

G. R. Carone, 2004, 'Reversing the Myth of the *Politicus*', *Classical Quarterly* 54.

P. Chantraine, 1968, *Dictionnaire étymologique de la langue grecque*, Paris.

H. Cherniss, 1943, 'Some War-Time Publications concerning Plato', *American Journal of Philology* 68.

H. Cherniss, 1944, *Aristotle's Criticism of Plato and the Academy*, New York.

H. Cherniss, 1954, 'The Sources of Evil According to Plato', *Proceedings of the American Philosophical Society* 98.

J. S. Clegg, 1976, 'Plato's Vision of Chaos', *Classical Quarterly* 26, 1976.

T. Cole, 1983, 'Archaic truth', *Quaderni Urbinati di Cultura Classica* 13.

F. M. Cornford, 1912, *From Religion to Philosophy*, London.

F. M. Cornford, 1937, *Plato's Cosmology*, London.

F. M. Cornford, 1941, *The Republic of Plato*, trans. with introduction and notes, London.

F. M. Cornford, 1952, *Principium Sapientiae*, ed. by W. K. C. Guthrie, Cambridge.

L. Couturat, 1896, *De Platonis Mythis*, Paris.

M. I .S. Cruz, 1997, Le Discours de la Physique: EIKOS LOGOS, in *Interpreting the Timaeus - Critias*, ed. By T. Calvo and L. Brisson, Academica.

M. Détienne, 1972, *Les Jardins d'Adonis: La Mythologie des aromates en Grèce*, Paris.

M. Détienne, 1986, *The Creation of Mythology*, trans. by M. Cook, (origin. *L'invention de la Mythology*, 1981, Paris), Chicago and London.

H. Diels, 1879, *Doxographi Graeci*, Berlin.

A. Diès, 1950, *Platon le Politique*, Paris.

H. Diller, 1946, 'Hesiod und die Anfänge der griechische Philosophie', *Antike und Abendland* 2.

E. R. Dodds, 1951, *The Greeks and the Irrational*, Berkeley.

D. A. Dombrowski, 1981, 'Atlantis and Plato's Philosophy', *Apeiron* 15.

T. Dorandi, 1991, *Filodemo, Storia dei filosofi. Platone e l'Academia*, Napoli, 1991.

A. Döring, 1893, 'Die eschatologischen Mythen Platos', *Archiv für Geschchite der Philosophie* 6.

H. Ebeling, 1885, *Lexicon Homericum*, Hildesheim.

L. Edelstein, 1949, 'The Function of the Myth in Plato's Philosophy', *Journal of the History of Ideas* 10.

H. J. Earsterling, 1967, 'Causation in the *Timaeus* and *Laws* X', *Eranos* 65.

J. A. Elias, 1984, *Plato's Defense of Poetry*, New York.

G. F. Else, 1986, *Plato and Aristotle on poetry*, Chapel Hill and London.

J. Ferguson, 1957, *Plato Republic: Book X*, London.

G. Ferrari, 1989, 'Plato and poetry', in Kennedy, *The Cambridge history of literary criticism*, vol.1, Cambridge.

A.-J. Festugière, 1950, *La Révélation d'Hermès Trismégiste*, II, 2nd ed.

M. Finley, 1975, *The Use and Abuse of History*, London.

P. Friedländer, 1954, *Platon*, 2. Auflage.

P. Friedländer, 1964, *Platon*, 3. Auflage.

P. Friedländer, 1958, *Plato, an Introduction*, London.

H. Frisk, 1954, *Griechisches Etymologisches Wörterbuch*, Heidelberg.

P. Frutiger, 1930, *Les Mythes de Platon*, Paris.

K. Gaiser, 1988, *Philodems Academica*, Stuttgart, 1988.

T. Gaisford, 1814, *Poetae Minores Graeci*, vol.III, Oxford.

J. Gattefossé et C. C. Roux, 1926, *Bibliographie de l'Atlantide et des questions connexes*, Lion.

L. Gernet, 1917, *Recherches sur le développement de la pensée juridique et moral en Grèce*, Paris.

L. Gernet, 1983, *Les Grecs sans miracle: Textes réunis et présentés par Riccardo di Donato*, Paris.

O. Gigon, 1968, *Der Ursprung der griechischen Philosophie: von Hesiod bis Parmenides*, 2. Auflage. Basel,

C. Gill, 1976, 'The Origin of the Atlantic Myth', *Trivium* 11.

C. Gill, 1977, 'The Genre of the Atlantis Story', *Classical Philology* 72.

C. Gill, 1979, 'Plato's Atlantis Story and the Birth of Fiction', *Philosophy and Literature* 3.

C. Gill, 1980, *Plato: The Atlantis Story*, Bristol.

C. Gill, 1993, 'Plato on Falsehood — not Fiction', ed. by Gill & Wiseman, *Lies and Fiction in the ancient World*, Austin.

C. Goettling, 1878, *Hesiodi carmina*, ed. tertia quam curavit Flach, Leipzig.

J. Gould, 1955, *The Development of Plato's Ethics*, Cambridge.

F. Graf, 1993, *Greek Mythology: An Introduction*, Baltimore（org. 1985, *Griechische Mythologie: Eine Einführung*, Munich）.

W. C. Greene, 1944, *Moira, Fate, Good, and Evil in Greek Thought*, New York.

W. K. C. Guthrie, 1952, *Orpheus and Greek Religion*, 2nd ed., London.

W. K. C. Guthrie, 1957, *In the Beginning, Some Greek views on the origins of life and the early state of man*, London.

W. K. C. Guthrie, 1962, *A History of Greek Philosophy*, I, Cambridge.

W. K. C. Guthrie, 1978, *A History of Greek Philosophy*, V, Cambridge.

R. Hackforth, 1955, *Plato's Phaedo*, Cambridge.

R, Hackforth, 1959, 'Plato's Cosmogony (*Timaeus* 27dff.) ', *Classical Quarterly* 9.

R. Hackforth, 1944, 'The Story of Atlantis: its purpose and moral', *Classical Review* 58.

D. Hahm, 1969, 'Palto's "Noble Lie"and Political Brotherhood,' *Classica et Mediaevalia* 30.

E. Havelock, 1963, *Preface to Plato*, Oxford.

M. Heath, 1985, 'Hesiod's Didactic Poetry', *Classical Quarterly* 35.

T. Heath, 1913, *Aristarchus of Samos, The Ancient Copernicus*, Oxford.

T. Heath, 1921, *A History of Greek Mathematics*, vol.1, Oxford.

G. W. F. Hegel, 1999, *Vorlesungen über die Geschchte der Philosophie*, (orig. 1833), Suhrkamp Taschenbuch Wissenschaft, ed. E. Moldenhauer und K. M. Michel, Frankfurt am Main.

G. W. F. Hegel, 1970, *Vorlesungen über die Ästhetik*, (orig. 1837), I, Suhrkamp Taschenbuch Wissenschaft, ed. E. Moldenhauer und K. M. Michel, Frankfurt am Main.

M. Heidegger, 1929, *Sein und Zeit*, 2. Aufl., Tübingen.

M. Heidegger, 1992, *Parmenides*, Freiburger Vorlesung Wintersemester 1942/43, hrsg. von M. S. Frings, 2.Auflage.

E. Heitsch, 1962, 'Die nicht-philosophische ΑΛΗΘΕΙΑ', *Hermes* 90.

H. Herter, 1957, 'Bewegung der Materie bei Platon', *Rheinische Museum für Philologie* 100.

H. Herter, 1958, 'Gott und die Welt bei Platon: Eine Studie zum Mythos des *Politikos*', *Bonner Jahrbücher* 158.

R. Hirzel, 1871, *Ueber das Rhetorische und seine Bedeutung bei Platon*, Leipzig.

D. L. Hitchcock, 1974, *The Role of the Myth and Its Relation to the Rational Argument in Plato's Dialogues*, unpublished: Claremont Graduate School.

E. Hoffmann, 1925, 'Die Sprache und die archaische Logik, in *Heidelberger Abhandlungen zur Philosophie und ihrer Geschchite*', hrsg. von E. Hoffmann und H. Rickrt, Heidelberg.

M. Janka, 2002, 'Semantik und Kontext: Mythos und Verwandtes im *Corpus Platonicum*', in *Platon als Mythologe*,

hrsg. von M. Janka und C. Schäfer, Stuttgart.
T. J. Johansen, 2004, *Plato's Natural Philosophy A Study of the* Timaeus-Critias, Cambridge.
B. Jowett and L. Campbell, 1894, *The Republic of Plato*, vol.3, Oxford.
G. A. Kennedy, 1989, 'Language and meaning in Archaic and Classical Greece', ed. by G. A. Kennedy, *The Cambridge History of Literary Criticism*, vol.1, Cambridge.
G. S. Kirk, 1974, *The Nature of Greek Myths*, Penguin, Harmondworth.
G. S. Kirk, J. E. Raven and M. Schofield, 1983, *The Presocratic Philosophers*, 2nd ed., Cambridge.
T. Krischer, 1965, 'ΕΤΥΜΟΣ und ΑΛΗΘΗΣ', *Philologos* 109.
T. Krischer, 1971, *Formale Konventionen der homerischen Epik, Zetemata* 56.
M. Lane, 1998, *Method and Politics in Plato's Statesman*, Cambridge.
W. Leaf, 1900-1902, *The Iliad*, 2 vols., London.
D. J. van Lennep, 1843, *Hesiodi Theogonia*, Amsterdam.
J.-P. Levet, 1976, *Le vrai et le faux dans la pensée grecque archaïque*, Paris.
R. B. Levinson, 1953, *In Defense of Plato*, Cambridge.
H. G. Liddell and R. Scott, 1940, *A Greek-English Lexicon*, 9th ed., Oxford.
I. M. Linforth, 1941, *The Arts of Orpheus*, Berkeley.
G. E. R. Lloyd, 1979, *Magic, Reason and Experience: Studies in the Origin and Development of Greek Science*, Cambridge.
R. Loriaux, 1981 (1969), *Le Phédon de Platon*, Commentaire et traduction, vol. 1, Namur.
A. O. Lovejoy and G. Boas, 1935, *Primitism and Related Ideas in Antiquity*, Baltimore.
J. V. Luce, 1969, *The End of Atlantis*, London.
W. Luther, 1966, 'Wahrheit, Licht und Erkenntnis in der griechischen Philosophie bis Demokrit', *Archiv für*

Begriffsgeschichte 10.

H. Maehler, 1963, *Die Auffassung des Dichterberufs im frühen Griechentum bis zur Pindars, Hypomnemata* 3.

W. Marg, 1970, *Hesiod, Sämtliche Gedichte*, Stuttgart.

S. Marinatos, 1939, 'The Volcanic Destruction of Minoan Crete', *Antiquity* 13.

R. P. Martin, 1989, *The Languages of Heroes, Speech and Performance in the Iliad*, Ithaca.

M. M. McCabe, 1997, 'Chaos and Control: Reading Plato's Politicus', *Phronesis* 43.

M. Meldrum, 'Plato and ΑΡΧΗ ΚΑΚΩΝ', *Journal of Hellenic Studies* 70, 1950.

H. J. Mette, 1955-1978, *Lexikon des frühgriechischen Epos*, B. Snell und H. Erbse ed., Göttingen.

M. F. Meyer, 1999, 'Die Bedeutungsgenese der Begriffe ‚Mythos' und ‚Logos' in der griechischen Antike', *Archiv für Begriffsgeschichte* 41.

K. M. Meyer-Abich, 1973, 'Eikos Logos: Platons Theorie der Naturwissenschaft', in *Einheit und Vielheit*, ed. by E. Scheibe and G. Süssman.

R. D. Mohr, 1985, *The Platonic Cosmology*, Leiden.

K. F. Moors, 1982, *Platoic Myth: An Introductory Study*, Washington DC.

K. A. Morgan, 1998, 'Designer History: Plato's Atlantis Story and Fourth-Century Ideology', *Journal of Hellenic Studies* 118.

K. A. Morgan, 2000, *Myth and Philosophy from the Presocratics to Plato*, Cambridge.

P. Murray, 1996, *Plato on Poetry*, Cambridge.

G. Naddaf, 1994, 'The Atlantis Myth, an introduction to Plato's Later Philosophy of History', *Phoenix* 48.

G. Naddaf, 1999, Translator's introduction to L. Brisson, 1999, *Plato the Myth Maker*, Chicago and London.

G. Nagi, 1982, 'Review of M. Détienne *L'invention de la mythologie* (1981)', *Annales* 37.

H. Neitzel, 1980, 'Hesiods lügenden Musen', *Hermes* 108.

W. Nestle, 1940, *Vom Mythos zum Logos*, Stuttgart.

R. Nettleship, 1935, *The Theory of Education in Plato's Republic*, Oxford.

R. Nettleship, 1961, *Lectures on the Republic of Plato*, London.

A. W. Nightingale, 1999, 'Historiography and Cosmology in Plato's Laws', *Ancient Philosophy* 19.

R. Padel, 1992, *In and Out of the Mind: Greek Images of the Tragic Self*, Princeton.

K. R. Popper, 1966, *The Open Society and its Enemies*, vol.I, *The Spell of Plato*, 5th ed., London.

L. H. Pratt, 1993, *Lying and Poetry from Homer to Pindar, Falsehood and Deception in Archaic Greek Poetics*, University of Michigan Press.

Proclos, *Im Platonis Timaeum Commentaria*, ed. Diehl 1903, Leipzig.

A. Rivaud, 1925, *Timée- Critias*, Paris.

S. von Reden, 1999, 'Re-evaluating Gernet: Value and Greek Myth', in *From Myth to Reason?*, ed. by R.Buxton, Oxford.

Zs. Ritoók, 1989, 'The Views of Early Greek Epic on Poetry and Art', *Mnemosyne* 42.

L. Robin, 1950, *Œuvres Compètes II*, traduction nouvelle et notes par Léon Robin avec la collaboration de M. -J. Moreau, Gallimard.

T. M. Robinson, 1970, *Plato's Psychology*, Toronto.

T. M. Robinson, 1986, 'The Timaeus on Types of Duration', *Illinois Classical Studies* 11.

E. Rohde, 1925, *Psyche, The Cult of Souls and Belief in Immortality among the Greeks*, tr. By W. B. Hills, London, (orig. 1890, *Psyche : Seelenkult und Unsterblichkeitsglaube der Griechen*).

C. J. Rowe, 1993, *Plato, Phaedo*, Cambridge.

C. J. Rowe ed., 1995a, *Reading the Statesman: Proceeding of the III Symposium Platonicum*, Sankt Augustin.

C. J. Rowe, 1995b, *Plato Statesman*, edited with an introduction, translation and commentary, Warminster.

D. H. Roy, 1977, *The Political Status and Function of Plato's Myths*, unpublished: University of Notre Dame.

F. W. J. Schelling, 1856, *Einleitung in die Philosophie der Mythologie*, Stuttgart und Augsburg.

J. H. Schmidt, 1876, *Synonymik der griechischen Sprach*, Bd.1, Leipzig.

P. -M. Schuhl, 1968, *La Fabulation Platonicienne*, Paris.

H. R. Scodel, 1987, *Diaeresis and Myth in Plato's Statesman*, *Hypomnemata* 85, Göttingen.

J. B. Skemp, 1952, *Plato The Statesman*, London.

J. B. Skemp, 1967, *The Theory of Motion in Plato's Later Dialogues*, 2nd ed.

J. E. Smith, 1982, *Plato's Use of Myth as a Pedagogical Device*, unpublished: University of Toront.

J. E. Smith, 1985, 'Plato's Myths as "Likely Accounts", Worthy of Belief', *Apeiron* 19.

B. Snell, 1980[5], *Die Entdeckung des Geistes: Studien zur Entstehung des europäischen Denkens bei den Griechen*, Hamburg.

B. Snell, 1978, 'Die Entwicklung des Wahrheitsbegriffs bei den Griechen', *Hypomnemata* 57.

R. Sorabji, 1983, *Time, Creation and Continuum*, Amsterdam.

J. A. Stewart, 1905, *The Myths of Plato*, London, rep.1960, ed. G.R. Levy.

W. Stroh, 'Hesiod und die lügende Musen', *Beiträge zur Klassischen Philologie* 72.

L. Tarán, 1971, 'The Creation Myth in Plato's Timaeus', J.P. Anton and G.L. Kustas ed., *Essays in Ancient Greek Philsophy*, New York.

A. E. Taylor, 1928, *A Commentary on Plato's Timaeus*, Oxford.

K. Tiemann, 1892, *Die platonischen Eschatologie in ihrer genetischen Entwicklung*, Berlin.

E. N. Tigerstedt, 1970, 'Furor Poeticus: Poetic Inspiration in Greek Literature before Democritus and Plato', *Journal of the History of Ideas* 31.

W. J. Verdenius, 1972, 'Notes on the Proem of Hesiod's *Theogony*', *Mnemosyne* 25.

W. J. Verdenius, 1983, 'The Principles of Greek Literary Criticism', *Mnemosyne* 36.

J.-P. Vernant, 1962, *Les Origines de la pensée grecque*, Paris.
J.-P. Vernant, 1965, *Mythe et pensée chez les Grecs*, Paris.
J.-P. Vernant, 1995, *Passé et présente: Contributions à une psychologie historique réuniès par Riccardo di Donato*, Rome.
P. Vidal-Naquet, 1964, 'Athènes et l'Atlantide', *Revue des Études Greques* 77.
P. Vidal-Naquet, 1978, 'Plato's Myth of the Statesman, the Ambiguities of the Golden Age and of History', *Journal of Hellenic Studies* 98.
G. Vlastos, 1965a, 'The Disorderly Motion in the *Timaeus*', (orig. 1939), R. E. Allen ed., *Studies in Plato's Metaphysics*, London.
G. Vlastos, 1965b, 'Creation in the *Timaeus*: is it a fiction?', (orig. 1964), R. E. Allen ed., *Studies in Plato's Metaphysics*, London.
G. B. Walsh, 1984, *The Variety of Enchantment*, Chapel Hill and London.
T. B. L. Webster, 'Greek Theories of Art and Literature down to 400B.C.', *Classical Quarterly* 33.
M. L. West, 1966, *Hesiod Theogony*, Oxford.
W. Willi, 1925, *Versuch einer Grundlegung der platonischen Mythologie*, Zurich.
B. Williams, 1993, *Shame and Necessity*, Berkeley and Los Angels.
R. Zaslavsky, 1981, *Platonic Myth and Platonic Writing*, Washington DC.

内山勝利訳、一九九六年、「ヘラクレイトス断片」、『ソクラテス以前哲学者断片集』第Ⅰ冊所収、岩波書店。

内山勝利、一九九七年、「人の語りとしてのロゴス」、『人間存在論』第三号（「竹市明弘教授退官記念論集」）。

岡道男、一九八八年、『ホメロスにおける伝統の継承と創造』、創文社。

岡道男、一九九二年、「ヘシオドスの神話と叙述技法——ガイア、テュポエウス、ティタノマキア、ムーサイ」、『ギリシア・ローマ神話の宗教性と文芸性の研究』所収、平成3年度科学研究費補助金研究成果報告書。

小池澄夫訳、一九九七年、「ゴルギアス断片」、『ソクラテス以前哲学者断片集』第Ⅴ冊所収、岩波書店。

田中美知太郎、一九六九年、「ミュートス」、(『ギリシア人の智慧』)『田中美知太郎全集7』再録、筑摩書房。

田中美知太郎、一九七九年、『プラトンⅠ』、岩波書店。

田中美知太郎、一九八一年、『プラトンⅡ――哲学(1)』、岩波書店。

中村健、一九九九年、「「本当の偽り」と「言葉における偽り」」、『古代哲学研究』三一号。

西村清和、一九九三年、『フィクションの美学』、勁草書房。

廣川洋一+山崎賞選考委員会、一九七九年、『ギリシア思想の生誕』、河出書房新社。

廣川洋一訳、一九八四年、ヘシオドス『神統記』、岩波文庫。

藤澤令夫訳、一九六六年、プラトン『ゴルギアス』、(世界の名著)中央公論社。

藤澤令夫訳、一九六七年、プラトン『パイドロス』、岩波文庫。

藤澤令夫訳、一九七二年、プラトン『パイドン』、筑摩書房。

藤澤令夫訳、一九七九年、プラトン『国家(上)(下)』、岩波文庫。

藤澤令夫訳、一九六九年、プラトン『国家』(旧訳)、(世界の名著)中央公論社。

藤澤令夫、二〇〇一年、「エイコース・ロゴス――プラトンにおける自然学のあり方について」、(『西洋古典学研究Ⅱ』)『藤沢令夫著作集1』再録、岩波書店。

藤澤令夫、内山勝利訳、一九九七年、「パルメニデス断片」、『ソクラテス以前哲学者断片集』第Ⅱ冊所収、岩波書店。

山田道夫、一九八八年、「プラトンにおける自然学の可能性」、『自然観の展開と形而上学――西洋古代より現代まで』所収、紀伊国屋書店。

アラン、一九八八年、『プラトンに関する十一章』、森進一訳、筑摩書房(原題:Alain, 1932, *Idées*, 'Onze chapitres sur Platon', Paris)。

ガスリー、一九七八年、『ギリシア人の人間観——生命の起源から文化の萌芽へ』、岩田靖夫訳、白水社（原題：W. K. C. Guthrie, 1957, *In the Beginning: Some Greek views on the origins of life and the early state of man*）。

シュール、一九九〇年、「古代における神話」、野町啓訳（原題：'Myth in Antiquity' by P. -M. Schuhl）、『西洋思想大事典』（*Dictionary of the History of Ideas*）第3巻所収、平凡社。

チェントローネ、二〇〇〇年、『ピュタゴラス派——その生と哲学』、斉藤憲訳、岩波書店（原題：B. Centrone, 1996, *Introduzione A I Pitagorici*, Roma-Bari）。

レザーノフ、一九七六年、『消えた大陸』、東京図書。

あとがき

数年前のことであるが、いままで書いたものを博士論文にまとめてみないかというお勧めを京都大学教授の内山勝利先生からいただいた。当時生活に追われていた筆者にとっては寝耳に水の話で、自分の研究をこういうかたちで公にすることなど思ってもみなかった。まず、時間がなかった。さらに、研究に必要な書籍を購うだけの余裕がなかった。困惑していた自分に、妻はぜひ博士論文にしてみたらと応援してくれた。そして、ノート・パソコンを買ってくれたが、当時のわたしには、その代金は文学博士号などのどんな栄誉よりも重い意味をもっていた。このパソコンを始終離さず鞄に仕舞い込み、通勤途中の電車の中でぽつぽつと書き込んだ。同時に、大学に通うバスの中で全体の構想を練って、懸命にメモをとった。こうしてまとめていくうちに、いつか原稿は六〇〇枚を超えた。もとより不完全であることは本人がよく承知していた。心の中で不完全であると思っているものを今こうして書物として世に出すのは、この機会を逸すればもう本になることはあるまいと思ったからである。

博士論文の試問には、内山勝利教授（現名誉教授）、中務哲郎教授、中畑正志助教授（現教授）に立ち会って頂き、それぞれの先生方より多くの貴重なご助言をいただいた。内山先生には、出版にあたってのお世話もして頂いた。

ギリシア語は三人の先生に習った。ひとりはギリシア語初歩文法を教えて頂いた尼ヶ崎徳一先生である。もうひとりは藤澤令夫先生であり、その厳しい指導を受け、その真摯な研究態度から学んで、今日活躍されている先輩、友人諸氏は多い。三人目は森進一先生である。枚方市宮之阪での金曜日夜の読書会に一五年にわたり参加し、主としてプラトンを読んだが、先生から語学以外にも多くのことを教えて頂いた。しかし、三人の先生はすでに鬼籍に入り、その学恩に報いることはできなかった。

岩波書店の元編集者に田中博明氏がいる。故田中美知太郎に愛されたこの編集者は、病気のうちにありながら、これまで多くの研究者を助け、見守ってきた人である。氏には原稿を全体にわたり注意深く読んでいただき、そのご指摘によって文を改めたところが少なくない。

また、京都大学学術出版会の小野利家氏からも、全体の構成や細部にわたって貴重な指摘をして頂いた。この拙なる研究を世に出すにあたって、これらの先生方、諸兄にこの場を借りて感謝申し上げます。

二〇〇六年一一月

國方　栄二

本書は独立行政法人日本学術振興会平成一八年度科学研究費補助金（研究成果公開促進費）の助成により出版されたものである。

人名索引

本書に登場する人名を古代、近代に分けて収録する。古代の作家については、出典箇所も記す（左が出典箇所、右が当該頁）。また、カッコ内の数字は注番号を示している。神話に登場する名前などは採録されていない。

A）古代

ア　行

カ　行

サ　行

タ　行

ハ　行

マ　行

ラ　行

B）近代

著者略歴

國方　栄二（くにかた　えいじ）

京都大学文学部非常勤講師

1952 年　大阪府生まれ

1985 年　京都大学大学院文学研究科博士課程修了

2005 年　京都大学博士（文学）

主な著訳書

『新プラトン主義の原型と水脈』（共著、昭和堂）

『イリソスのほとり――藤澤令夫先生献呈論文集』（共著、世界思想社）

『地中海哲学紀行』Ｋ・ヘルト，全２巻（共訳、晃洋書房）

『ソクラテス以前哲学者断片集』Ⅰ―Ⅲ巻（共訳、岩波書店）

『ソクラテス以前の哲学者たち』Ｇ・Ｓ・カーク／Ｊ・Ｅ・レイヴン／Ｍ・スコフィールド（共訳、京都大学学術出版会）

プラトンのミュートス

平成 19（2007）年 2 月 15 日　初版第一刷発行

著　者　國《くに》　方《かた》　栄《えい》　二《じ》

発行者　本　山　美　彦

発行所　京都大学学術出版会

京都市左京区吉田河原町15-9

京大会館内（606-8305）

電話　075(761)6182

FAX　075(761)6190

http: //www.kyoto-up.or.jp/

印刷・製本　亜細亜印刷株式会社

ISBN978-4-87698-707-8